pörtakal

İSTANBUL 2018

www.portakalkitap.com

póŕtakal

ÇAMUR, TER VE GÖZYAŞI
BEAR GRYLLS

EDİTÖR
Tuğçe İnceoğlu

ISBN
ISBN: 978-975-2468-38-2

9 789752 468382

PORTAKAL KİTAP
Cağaloğlu, Hocapaşa Mahallesi
Ankara Caddesi, Nº 18 Kat: 1 / C
Fatih / İstanbul
T. 0212 511 24 24
P.K. 50 Sirkeci / İstanbul

Kültür Bakanlığı Yayıncılık
Sertifika Nº 12755

PORTAKAL KİTAP | 25
Biyografi | 1

KAPAK / İÇ TASARIM
Orhan Nalın / Tamer Turp

1. BASKI
Ocak 2018, İstanbul

BASKI VE CİLT
Çağlayan Basım Yayın A.Ş.
Sarnıç yolu No:7
Gaziemir / İzmir
Tel: (0232) 274 22 15
Sertifika No: 11314

www.portakalkitap.com
portakal@portakalkitap.com
 /portakalkitap
 /KitapPortakal

BEAR GRYLLS

ÇAMUR, TER VE GÖZYAŞI

OTOBİYOGRAFİ

Çeviri: Perihan Sevde Nacak

Anneme... Teşekkür ederim.

GİRİŞ

Hava -20 derece. Parmaklarımı kımıldatıyorum ama hâlâ buz gibiler. Eski buz yanığı yaraları hep o zamanları hatırlatıyor. Everest'i suçluyorum.

"Hazır mısın dostum?" diyor kameraman Simon gülümseyerek. Bütün ekipmanı toplanmış ve hazır vaziyette...

Ben de gülümsüyorum. Ancak her zamankinden daha endişeliyim. Bir şeyler yanlışmış gibi geliyor. Ama içimdeki sesi dinlemiyorum.

İşe gitme zamanı...

***

Ekibim bana bu sabah Kanada'nın kuzeyinde kıvrılarak uzanan Rocky Dağları'nın muhteşem göründüğünü söylüyor. Fark etmiyorum.

Şimdi gizli parçamı; içimdeki o odaklanmış, cesur ve net adamı bulma zamanı. Bu, benim en iyi bildiğim ama en az ziyaret ettiğim parçam. Sadece gerektiğinde kullanmayı tercih ediyorum. Mesela şimdi!

Ayaklarımın altında kar ve buz doksan metre boyunca dimdik iniyor. Dik ama inilebilir... Böyle hızlı ve tehlikeli inişleri daha önce defalarca yaptım. Yine de, *Asla rahat olma,* diyor içimdeki ses ve her zaman haklı...

Son bir derin nefes. Simon'a bir bakış. Onun sessiz onayı.

Neticede bu riski almak zorundayız. Biliyorum ama hiçbir şey yapmıyorum.

Atlıyorum.

Ânında hızlanmaya başlıyorum. Normalde bu hissi çok severim. Ama nedense bu kez endişeliyim. Oysa böyle anlarda hiçbir zaman endişeli olmam. Bu sefer bir şeylerin yolunda olmadığını biliyorum. Kısa süre sonra, saatte 40 kilometrenin üzerinde bir hıza ulaşıyorum. Dağdan dik bir biçimde iniyorum. Buzlar başımın sadece birkaç santim ötesinden geçip gidiyor. Bu benim dünyam...

İyice hız kazanıyorum. Maksimum hıza ulaşmanın eşiğindeyim. Şimdi düşüşü durdurma/yavaşlatma zamanı!

Hızla önüme dönüp buz baltamı kara saplıyorum. Beyaz karlar havaya saçılıyor ve buz gökyüzüne yükseliyor. Bütün gücümle baltayı dağın derinliklerine saplarken yavaşladığımı hissediyorum.

Her şey her zamanki gibi işliyor. Saat mekanizması gibi... Kesin güven... O nadir berraklık anlarından biri...

Bir an sürüyor ve hemen geçiyor.

Şimdi hareketsizim. Bütün dünya hareketsiz... Ve sonra—bam!

Simon, ağır tahta kızağı ve sert, metal kamera kutusu sol uyluğuma yığılıyor. Simon 45 kilometrenin üzerinde gidiyordu. Ani bir acı patlaması ve bir gürültü oluyor. Sonrası beyaz... Üzerime gelen bir tren gibi... Ve oyuncak bir bebek gibi dağdan düşmeye başlıyorum.

Hayat donuyor. Her şeyi ağır çekimde görüyor ve hissediyorum. Ama bir saniyeden kısa o anda bir şeyi fark ediyorum; şayet Simon bir derece farklı bir açıyla düşseydi o kızak kafama çarpacaktı. Şüphesiz bu benim son düşüncem olurdu.

Ama onun yerine acı içinde çırpınıyorum.

Ağlıyorum. İçim rahatladığı için akıyor bu gözyaşları.

Yaralıyım ama hayattayım.

Bir helikopter görüyorum ama hiçbir şey duymuyorum. Sonra hastane. "İnsan Doğaya Karşı/Doğuştan Mücadeleci: Bear Grylls" başladığından beri birkaç kez hastaneye gitmiştim. Hastanelerden nefret ediyorum.

Kapalı gözlerimin arkasından hepsini görebiliyor, sanki o anları bir daha yaşıyorum.

Mesela parmağımın yarısı ormanda koptuktan sonra gittiğim Vietnam'daki kirli, kan lekeleriyle dolu acil servis... Yatakların kenarlıkları bile yoktu. Bir de Yukon'daki düşüş vardı. Costa Rica'da üzerimize kaya düşmesiyse çok daha korkunçtu. Montana'daki maden kuyusunun çöküşü ya da Avustralya'daki tuzlu su timsahı... Ya da Pasifik'te üzerine indiğim beş metre boyundaki kaplanla Borneo'daki yılan sokması...

Defalarca ölümün kıyısından geçtim. Hepsi birbirine karışıyor, hepsi kötü. Ama hepsi aslında iyi. Çünkü hayattayım.

Kin tutacak çok fazla şey var. Bunun yerine hayatı yaşamak lazım.

Gülümsüyorum.

Sonraki gün kazayı unutuyorum. Benim için artık geçmişte kaldı. Kazalar olur, kimsenin suçu değil bu.

Dersimi öğrendim. Önemli olan da buydu.

İçindeki sesi dinle.

Ve her şeyi geride bırakıp yoluma bakıyorum.

"Hey Si, ben iyiyim. Sadece buradan çıktığımızda bana bir *pina colada* al. Ah, bir de hastane ve doktor faturalarını da sana yollayacağım."

Simon elime uzanıyor. Bu adamı seviyorum. Doğada inanılmaz pek çok şey yaşadık.

Ardından yere; parçalanmış tırmanma pantolonuma, kan lekesi olmuş ceketime, kırılmış kameraya ve gözlüklere bakıyor ve içimden soruyorum; *bu çılgınlık ne zaman benim hayatım oldu?*

BİRİNCİ BÖLÜM

"Gençler ihtiyatlı olmayı bilmiyor, o yüzden de imkânsıza kalkışıyorlar—ve başarıyorlar, nesillerce."

Pearl S. Buck

1

Büyük büyük babam Walter Smiles'ın çok net bir hayali vardı. O çok sevdiği Kuzey İrlanda kıyısının temiz, tuzlu havasını içine çekerken uzaklardaki County Down'ın Copeland Adaları'nı izlerdi. Bir gün buraya, Portavo Zirvesi'ne, bu yabani ve rüzgârlı koya dönüp orada yaşayacağına dair kendine söz vermişti. Bir servet edinip hayatının aşkıyla evlenmeyi ve burada, bu güzel İrlanda kıyılarına bakan küçük koyda eşi için bir ev inşa etmeyi hayal ediyordu. Bu hayal hayatına şekil verdiği gibi sonunda da o hayatın bitmesine neden olacaktı.

***

Walter kararlı, kendini motive etmeyi bilen, güçlü bir soydan geliyordu; asil değil, sosyete değil ama mantıklı, ailelerine bağlı ve becerikli insanlar. Walter'ın büyükbabası 1859'da ilk kişisel gelişim kitabı olan *Self-Help*'in yazarıydı. Çığır açan ve ânında çok satanlar listesine giren bu kitap, Charles Darwin'in *Türlerin Kökeni* kitabının ilk çıktığında sattığı sayıyı bile geride bırakmıştı.

Samuel'in kitabı *Self-Help* kişisel gelişimin anahtarının çok çalışmak ve azim olduğunu ortaya koyuyordu. Eğer birinin kalkıp bir şeyleri gerçekleştirecek azmi varsa, bir İngiliz olarak dünyanın bütün nimetlerinin ayaklarının altında olacağını anlatan kitap Victoria dönemi toplumunu çok etkiledi. Dönemin en önemli yol göstericilerinden biri oldu ve halka her zaman en yükseği hedeflemeleri konusunda güç verdi. Asıl mesajıysa asaletin doğuştan edinilen bir hak olmadığı, yaptıklarımızla kazanıldığıydı. Anlamlı, tatmin edici bir hayatın basit ama daha önce söylenmemiş sırlarını ortaya koyup bir insanı soyunun değil, karakterinin centilmen yaptığını anlatıyordu.

Zenginlik ve makamın gerçek centilmenliği gösteren özelliklerle hiçbir bağlantısı yok.

Ruhu zengin olan fakir bir adam, ruhu fakir olan zengin adamdan her konuda üstündür.

St. Paul'un dediği gibi, fakir adamın "hiçbir şeyi yoktur ama her şeye sahiptir" fakat zengin adamın her şeye sahip olmasına rağmen hiçbir şeyi yoktur.

Sadece ruhu fakir olanlar gerçekten fakirdir. Her şeyi kaybetmesine rağmen hâlâ cesaretini, neşesini, umudunu, doğruluğunu ve kendine olan saygısını koruyan insan hâlâ zengindir.

Bunlar aristokratlar ve sınıf ayrılıklarıyla dolu Victoria dönemi İngiltere'sinde devrim niteliğinde sözlerdi. Mesajını ikna edici kılmak (ve birkaç soylu aristokratın egosunu yaralamak için) Samuel, centilmenliğin kazanılan bir şey olduğunu tekrar tekrar vurgulamıştı; "Yücelik bedava değildir."

***

Samuel Smiles kitabını centilmen bir generalin bu etkileyici hikâyesiyle bitiriyor:

Bir centilmen hayatındaki basit, günlük olaylarda kendini feda edip başkalarını ön plana koymasından belli olur. Burada cesur Sir Ralph Abercomby'nin başından geçen bir olayı anlatabiliriz. Sir Ralph Abercomby, Aboukir Savaşı sırasında ölümcül bir yara aldıktan sonra, acısını hafifletmek için başının altına bir askerin battaniyesi konulur. Bunun üzerine Sir Abemrcomby kendini çok daha iyi hissedip başının altına ne koyduklarını sorar.

Cevabı, "Sadece bir askerin battaniyesi," olur.

"Kimin battaniyesi?" der Sir Abercomby yavaşça başını kaldırarak.

"Adamlardan birinin."

"Bu battaniyenin sahibinin adını bilmek istiyorum."

"42. Bölük'ten Duncan Roy'un efendim."

"Öyleyse bu gece Duncan Roy'a battaniyesini geri verin."

General kendi acısını azaltmak için bile bir askeri battaniyesinden mahrum etmemişti.

Samuel'in yazdığı gibi, "Gerçek cesaret her zaman nezaketle yan yanadır."

Büyük büyükbabam Walter da böyle bir ailede, böyle bir inanç sistemi ve mirasla büyümüş ve o hayalleri kurma cesaretini gösterebilmişti.

2

Birinci Dünya Savaşı'nda büyük büyük babam Walter her zaman, her yerde hareket hâlindeymiş. Keza kendisinin, "Ancak aksiyondayken rahatlayan o nadir askerlerden biri" olduğu söylenirdi.

Walter pilot ruhsatı almıştı ama uçak olmamasından ötürü hava saldırısının pek mümkün olmadığını fark edince, Winston Churchill tarafından oluşturulan ilkel bir Özel Kuvvetler organizasyonu olan Kraliyet Bahri Zırhlı Araç Birimi'ne asteğmen olarak geçti.

Walter, Batı Cephesi'nde aylarca siperlerinde mahkûm kalan İngiliz askerlerin aksine, savaşın asıl sahneleri arasında gidip geliyordu—ve tam olması gerektiği yeri bulmuş gibiydi. Hatta Walter'ın Birlik Komutanı resmî bir raporda, "Asteğmen Smiles'ın zorluklar ve tehlike karşısındaki güler yüzlü teslimiyeti oldukça kayda değer," yazmıştı.

Daha sonra Kafkasya Cephesi'nde Türklerle dövüşmesi için Çar'ın Rus Kraliyet Ordusu'na gönderilmişti. Burada Walter hızla görevinde yükselerek 1915'te teğmen, 1917'de binbaşı, 1918'de de general oldu. Bu dönemde pek çok madalya da aldı; iki üstün hizmet madalyası (1916 ve 1917), üsleri tarafından övüldüğü için bir madalya (1919), bir de Rusya ve Romanya'nın verdiği madalyalar.

İlk madalyasıyla verilen takdir belgesinde şöyle yazıyordu: "28 Kasım 1916'da Dobruca'da yaralandı. Hastaneden çıktıktan sonra bir hava filosunu özel bir görev için Breila'ya götürmeye gönüllü oldu. Başarımızın asıl sebebi bu olaydaki cesaretiydi."

Bir keresinde hafif zırhlı bir araçla mücadele ederken aracı tekrar çalıştırmak için ağır düşman ateşi altında iki kere dışarı çıkmış. Bir mermi ona isabet edince çukura yuvarlanmış ve orada bütün gün mücadele etmeye devam etmiş. Yaralı olmasına rağmen Walter, yirmi dört saat içinde tekrar bölüğüyle bir araya gelmiş ve hâlâ sürekli hareket hâlindeymiş. Ayağa kalktığı gibi araçlarını tekrar savaşa götürüyormuş. Hem kendini ülkesine nasıl hiç çekinmeden adadığını hem de inanılmaz derecede cesur olduğunu ortaya koymuş.

1917'de *Russian Journal*'da yayımlanan bir yazıda Walter'ın "son derece cesur bir asker ve harika bir insan" olduğu belirtiliyordu. Ayrıca Rus Ordusu'nun komutanı, Walter'ın komutanına şöyle bir mektup göndermişti; "Binbaşı Smiles'ın inanılmaz cesareti ve kelimelerin kifayetsiz kalacağı kahramanlığı İngiliz ordusunun yıllıklarında yer etmiştir ve benim de ona en kıymetli madalyamız olan dördüncü sınıf St. George Madalyası vermeyi talep etme şansı edinmemi sağlamıştır." O dönemde bu, Rus askerlerine verilen en büyük kahramanlık ödülüydü.

Dürüst olmak gerekirse ben büyürken Walter gibi bir adı olan büyük büyük babamı hep biraz ciddi ya da fazla resmî biri olarak hayal ettim. Ama biraz araştırdıktan sonra aslında onun çılgın, karizmatik, normalin üzerinde cesarete sahip biri olduğunu keşfettim. Gördüğüm aile portrelerinde Walter'ın en büyük oğlum Jesse'ye benzemesi de çok hoşuma gidiyor. Her gördüğümde gülümsüyorum. Hakikaten de Walter özenilecek, büyük bir adamdı. Madalyaları bugün hâlâ evimizin duvarlarına asılı ve ben hiçbir zaman büyük büyük babamın ne kadar cesur bir adam olduğunu tam olarak anlayamayacağım.

***

Walter savaştan sonra daha önce çalıştığı Hindistan'a dönmüş. Orada sahibi olduğu çay tarlasında çalışan yerli işçilerle rahatça muhabbet eden, "alt" sınıfların sorunları konusunda gerçekten endişe duyan biri olarak biliniyormuş. 1930'da şövalyelik unvanı alarak Sir Walter Smiles olacaktı.

Walter ileride karısı olacak kadın Margaret'la Hindistan'dan İngiltere'ye dönen bir gemide tanışmıştı. Margaret son derece özgür, orta yaşlı bir kadındı. Sürekli briç ve polo oynardı. Güzel, girişken, aptallara katlanamayan biriydi. Bir yük gemisinin güvertesinde kart oyununun başına oturup içkisini yudumlarken en beklemediği şey muhtemelen âşık olmaktı ama Walter'la tam olarak böyle tanışmıştı. Aşk genelde böyledir; aniden hayatınıza girip her şeyi değiştirebilir.

Walter döndükten kısa süre sonra Margaret'la evlendi ve Margaret "ilerleyen" yaşına rağmen hamile kaldı. Bu onun için korkunç bir şeydi. Kırklarındaki bir kadının doğum yapması doğru değildi, en azından Margaret böyle düşünüyordu ve hamileliği sonlandırmak için elinden gelen her şeyi yaptı.

Babaannem Patsie, (kendisi o sırada Margaret'ın karnındaki çocuktu) annesinin ne yaptığını bize anlatmıştı. Hemen dışarı çıkıp hamile bir kadının yapabileceği en kötü üç şeyi yapmış; dörtnala at sürmüş, yarım şişe içki içmiş ve saatlerce çok sıcak bir banyoda oturmuş.

Ama planı başarısız oldu (Tanrı'ya şükür!) ve 1921'in Nisan'ında Walter ve Margaret'ın tek çocuğu Patricia (ya da Patsie), yani anneannem dünyaya geldi.

Walter Hindistan'dan Kuzey İrlanda'ya dönerken sonunda hayalini de gerçekleştirmişti. Yıllarca County Down'da izlediği o araziye Margaret için bir ev inşa etti.

Ardından bir diplomatın keskin zekâsına sahip Walter sonunda politika dünyasına girdi ve Kuzey İrlanda, Ulster'daki North Down'ın yöneticiliğini kazandı. Burada yıllarca sadakatle çalıştı.

Ancak 30 Ocak 1953'te şartlar değişmek üzereydi. Walter Londra'daki Parlamento'dan çıkıp Ulster'a giden uçağa binmeyi planlamıştı ama o akşam Londra'ya İngiltere'nin son on yılının en kötü havalarından birini getirecek bir fırtına yaklaşıyordu. Uçuşu iptal edilmişti. Walter da Stranraer'e giden gece treninde kendine bir yer ayırttı.

Sonraki gün fırtına güçlenmeye devam ederken Walter, Kuzey İrlanda'daki Larne'a giden *Princess Victoria* adlı feribota bindi. Yolculara geminin kalkmaya uygun olduğunu söylemişlerdi. Vakit nakitti ve feribot zamanında limandan ayrıldı.

O gece olanların etkisini bugün bile Larne ve Stranraer kasabalarında görebilirsiniz. Önlenebilir kazalar, insanoğlunun aptalca doğaya meydan okuyup kaybettiği olaylar buna sebep oluyor.

Kendime not; dikkatli ol.

3

Walter ve Margaret'ın Donaghadee kıyılarındaki evi "Portavo Nok-tası" olarak bilinirdi. Sevgiyle kurulan bu ev, havanın açık olduğu günlerde uzaktaki adaların da ötesinde uzanan denizin görülebildiği bir kıyı manzarasına sahip... Eskiden olduğu gibi şimdi de büyüleyici bir yer... Ama o gece değildi.

Walter feribotun penceresinden İskoçya kıyılarının kaybolmasını ve çelikten yapılmış, gövdesi düz geminin denizde bekleyen fırtınanın ortasına düşüşünü izledi. Denizi geçmek hava kötüleştikçe daha zor hâle geldi. *Princess Victoria,* Kuzey İrlanda'daki varış noktasına birkaç mil uzaklıktayken kendini İrlanda Denizi'nin en korkunç fırtınalarından birinin ortasında bulmuştu. Başta feribot ilerleyebiliyordu ama geminin arka tarafındaki kapıların zayıflığı büyük bir felakete neden olacaktı.

Nitekim kapılar yavaşça su almaya başladı. Deniz suyu içeri girdikçe dalgalar bordayı dövmeye başlamış, gemi manevra yapma ve ilerleme yeteneğini kaybetmişti. Sintineler de çalışmakta zorlanıyordu. Şüphe-siz su alan arka kapılar ve fazla sudan kurtulmayı sağlayan sistemin çalışmaması her fırtınada ölümcül bir kombinasyondur.

Denizin feribotun hakkından gelmesi çok sürmeyecekti.

Kısa süre sonra rüzgârın gücüyle dalgaların arasına itilen *Prenses Victoria,* içine dolan suyun ağırlığı altında sallanmaya ve yana yatmaya başladı. Kaptan cankurtaran sandallarının indirilmesini emretti.

Bu olaydan sağ çıkan biri, daha sonra Ulster Yüksek Mahkemesi'ne Walter'ın, "Kadınlara ve çocuklara can yeleği verin!" diye haykırdığını duyduğunu söylemişti.

Fırtına ve rüzgârın gürlemesi arasında kaptan ve ekibi panik hâlindeki yolcuları sandallara bindirdi. Kimse kadınları ve çocukları ölümlerine gönderdiklerinin farkında değildi. Keza sandallar indirildiği gibi yolcular çelikten geminin gövdesiyle parçalayıcı bir güçle gelen beyaz dalgalar arasındaki "ölüm bölgesi"nde mahsur kaldı. O fırtına ve yağmurda orada mahsur kalmak ölümcüldü.

Sandallar ilerlemeye çalıştı ama dalgaların gücü altında defalarca yalpaladılar. Feribotun yanından uzaklaşamıyorlardı. Geminin tayfası sert rüzgâra ve dalgalara karşı hiçbir şey yapamıyordu. Sonunda bütün sandallar tek tek alabora oldu. Dondurucu İrlanda Denizi'nde, üstelik de Ocak ayında hayatta kalabilecekleri süre sadece birkaç dakikaydı.

Fırtına galip gelmek üzereydi. Dalgalar gemiye gitgide artan bir hızla saldırmaya başladı. Feribot doğaya karşı kaybetmek üzere olduğu bir mücadelenin içindeydi ve bunu geminin kaptanı da Walter da biliyordu.

Donaghadee cankurtaran botu *Sir Samuel Kelly*, Cumartesi günü öğlen saat 13.40 civarında azgın denize açılarak felaketin ortasındaki feribota ulaştı. Fırtına ve dalgalarla mücadele ederek 165 yolcudan sadece otuz üçünü kurtarabildiler.

***

Birinci Dünya Savaşı'nda pilotluk yapan Walter her zaman uçmayı deniz yoluyla gitmeye tercih etmişti. Ne zaman Dakota'dan uçakla Kuzey İrlanda'ya gelecek olsa hep en ön koltukta oturmak ister, şakayla karışık bir şekilde kaza yaparlarsa ilk ölen olmak istediğini söylerdi. Onu öldürenin uçak değil de deniz olması ironik bir durumdu.

Mümkün olduğunca yardım etmeye çalışmış, elinden gelen her şeyi yapmıştı. Feribotta bir tane bile cankurtaran sandal kalmamıştı. Walter sessizce kamarasına, beklemeye çekildi. Denizin son darbesini bekliyordu.

Bekleyişi uzun sürmedi ama ona sonsuzluk kadar uzun gelmiş olmalıydı. Walter'ın kamarasındaki pencere, suyun amansız basıncına dayanamayarak paramparça olmuştu.

Büyük büyük babam Walter, geminin kaptanı ve tayfayla yolculardan oluşan 129 kişi kısa süre sonra karanlık tarafından yutuldu.

Ölmüşlerdi.

Ulster kıyısından, Margaret ve Walter'ın Portavo Noktası'ndaki evinden sadece birkaç mil uzaktaydılar.

Margaret ve ailesi misafir odasının koya bakan penceresi önünde sahil güvenliğin yardım için işaret fişeği atmalarını ve Donaghadee cankurtaran botu ekibinin göreve çağırılmasını izlerken yapabilecekleri tek şey korku içinde bekleyip dua etmekti.

Duaları kabul olmayacaktı.

4

Donaghadee cankurtaran botu, Pazar sabahı saat 07.00'de, fırtına sonrası sakin ama rahatsız edici bir havası olan denize tekrar açıldı. Etrafa dağılmış gemi parçalarının yanında on bir adam, bir kadın ve bir çocuğun cansız bedenlerine ulaştılar. Sağ kalan tek bir kişi bile yoktu. Herkes denizde kaybolmuştu.

Aynı gün hâlâ şokta olan Margaret, Donaghadee Limanı'na, rıhtımın yanına gelip getirilen cesetlerin kim olduklarını tespit etmek gibi korkunç bir görev üstlendi. Sevdiği adamın cesedi hiçbir zaman bulunamadı, Margaret bunu atlatamadı ve bir yıl sonra üzüntüden öldü.

Bangor'daki kilisede binden fazla kişinin katıldığı cenazede Down'ın papazı, Walter Smiles'ın yaşadığı gibi; "iyi, cesur, bencil davranmayan, 'Sadece kendinizi değil, başkalarının iyiliğini de düşünün,' ilkesine uygun yaşayan bir adam olarak" öldüğünü söyleyecekti.

***

Yaklaşık yüzyıl önce aynı günde, Samuel Smiles *Self-Help* kitabının son sayfalarını yazmıştı. O sayfalar Kraliçe Victoria döneminde yaşayan bir İngiliz'in insanı duygulandıran kahramanlık hikâyesini anlatıyordu. Büyük büyük babam Walter'ın kaderini de düşününce bu hikâye son derece üzücü bir hâl alıyor.

Afrika kıyısında yol alan bir gemide 472 adam, 166 kadın ve çocuk vardı. Adamların çoğu kısa bir süre askerlik yapmış erlerden oluşuyordu.

Sabah saat 02.30'da, herkes uyurken gemi daha önce fark edilmeyen bir kayaya çarptı ve geminin altında bir yarık açıldı.

Batacağı belliydi. Davul sesleri askerleri üst güverteye çağırdı ve adamlar geçit törenindeymiş gibi toplandı.

Biri, "Kadınları ve çocukları kurtarın!" diye bağırdı ve alt kattan çoğu daha tam giyinmemiş zavallı kadınlar ve çocuklar getirilip ses çıkarmadan botlara bindirildi. Botlar gemiden uzaklaştıktan sonra geminin kaptanı çok düşünmeden adamlara seslendi.

"Yüzebilen herkes denize atlayıp botlara yetişmeye çalışsın."

Ama 91. İskoç Alayı'ndan Kaptan Wright, "Hayır," dedi. "Eğer yüzüp botlara giderseniz kadınlar suya devrilecek." Bunu duyan cesur adamlar hareket etmeden bekledi. Kimse korkuya kapılmamış, görevinden kaçmak istememişti.

"Gemi tamamen sulara gömülene kadar adamlardan ne bir mırıltı ne de feryat yükseldi," dedi bu kazadan canlı kurtulan Kaptan Wright. Gemiyle birlikte batan bu kahramanlar dalgaların arasında kaybolurken sevinçle havaya ateş açmış. Şan ve onur, kibar ve cesur insanlarındır! Böyle insanların hatıraları hiçbir zaman ölmez; onlara dair anılar gibi, ölümsüzdürler.

Walter genç bir adamken kesinlikle büyükbabasının kitabını okumuştu.

Son derece üzücü...

Hakikaten de böyle insanlar hiçbir zaman ölmez; onlara dair anılar gibi, ölümsüzdürler.

5

Margaret'ın kızı Patsie, yani anneannem, *Princess Victoria* gemisi battığında gençliğinin baharındaydı. Medya bu olayın üzerine eğildi; kahramanlık ve fedakârlıkla dolu hikâyeler yazdılar. Bütün bu ilgi bir şekilde Patsie'nin acısını dindirdi. Hiç olmazsa bir süreliğine...

Acısından doğan medya çılgınlığı arasında Patsie kendini babasının Parlamento'da Ulster'ı temsil eden koltuğunu kazanırken buldu; "*Zarif, güzel kız kahraman babasının politik koltuğunu alıyor.*" Film senaryosu gibiydi. Ama hayat bir sinema filmi değildi. Nitekim Westminster'ın cazibesi Kuzey İrlanda'nın en genç kadın milletvekilini inanılmaz derecede yoracaktı.

Patsie büyükbabam Neville Ford'la evlendi. Yedi kardeşten biri olan Neville, iri yarı ama sevecen ve nazik biriydi. Babası York'un dekanı ve Harrow Okulu'nun müdürüydü. İnanılmaz bir sporcu olan kardeşi Richard, Eton'da bir öğrenciyken, on altı yaşına girmeden bir gün önce beklenmedik bir şekilde hayatını kaybetmiş. Neville'ın diğer erkek kardeşi Christopher ise üzücü bir şekilde İkinci Dünya Savaşı sırasında Anzio'da öldürülmüş. Ama Neville hayatta kalmış ve kendini kanıtlamıştı.

Oxford'un en yakışıklı adamı seçilen Neville sadece görünüşüyle değil, inanılmaz sporculuğuyla da ön plana çıkıyordu. Üst düzey bir kriket oyuncusu olarak 1.90'ın üzerindeki boyu sayesinde altı puanlık toplar atmasıyla gazetelerde üne kavuşmuştu. Ama en çok istediği şey hayatının aşkı Patsie'yle evlenmekti.

Cheshire'ın taşrasında eşiyle yaşayan bir adam olarak hayatından son derece memnundu. Wiggins Teape'de bir kâğıt imalatı işinde çalışmaya başladı ve Patsie'yle şehrin dışında küçük bir aile kurdular. Ancak Patsie'nin bu kadar açık bir şekilde babasının izinden gitmesi Neville'ı rahatsız ediyordu. Bunun hayatlarını inanılmaz derecede değiştireceğini bilse de yine de razı olmuştu.

Evet, Westminster'ın cazibesi karısını sarhoş etmişti ama aynı şekilde Westminster'ın koridorları da zeki ve güzel Patsie'den etkilenmiyor değildi.

Neville, Cheshire'daki evlerinde sabırla bekleyip olayları izledi ama boşuna!

Kısa bir süre sonra Patsie bir parlamento üyesiyle romantik bir ilişki yaşamaya başlamıştı. Milletvekili, eğer Neville'den ayrılırsa karısından ayrılacağına dair Patsie'ye söz vermişti. Klişe, boş bir sözdü bu ama gücün kıskacı Patsie'yi sıkıca sarmıştı. Neville'den ayrılmaya karar verdi. Ancak bu yaptığından dolayı öleceği güne kadar pişmanlık duyacaktı.

Tabii ki milletvekili karısından ayrılmadı ama Patsie o noktada herkesi geride bırakmıştı ve hayat devam ediyordu. Ancak ailemiz zarar görmüştü bile. Neville ve Patsie'nin iki genç kızının (annem Sallie ve kız kardeşi Mary Rose) bütün hayatları değişmişti. Neville içinse bu, kalp kırıklığının da ötesinde bir şeydi.

Kısa süre sonra Nigel Fisher adında başka bir politikacı Patsie'ye ilgi duymaya başladı ve Patsie onunla evlendi. Ama evliliklerinin başından beri Nigel, Patsie'ye sadık değildi. Yine de Patsie onunla evli kaldı ve sadakatsizliğine sabretti. Bunu, onu gerçekten seven tek adam Neville'i terk ettiği için, Tanrı'nın ona verdiği bir ceza olarak görüyordu.

Patsie, Sally ve Mary Rose'u yetiştirirken pek çok başarıya da imza attı. Mesela Kuzey İrlanda'nın en başarılı yardım kuruluşlarından biri Women's Caring Trust'u kurdu ve bu kuruluş hâlâ insanları müzik, sanat ve tırmanma gibi etkinliklerle bir araya getiriyor. (Tırmanma her zaman kanımızda varmış!)

Anneannem Patsie'yi herkes çok severdi. Babasının ve büyükbabasının gösterdiği güçlü karaktere o da sahipti. Ama genç yaşında omuzlarında taşımaya başladığı o pişmanlığı hiçbir zaman geride bırakamamıştı.

Kız kardeşim Lara doğduğunda ona çok güzel ama aynı zamanda oldukça duygusal bir mektup yazmıştı. Mektup şöyle bitiyordu:

Kıymetli birer mücevher olan katıksız mutluluk anlarının tadını çıkar; beklemediğin bir anda, seni sarhoş edecek bir heyecanla gelirler.

Ama tabii ki her şeyin karanlık olduğu anlar da olacak. Belki çok sevdiğin biri incinecek ya da onu hayal kırıklığına uğratacaksın, her şey çok zor ve anlamsız gelecek. Ama bunu hiçbir zaman unutma; her şey geçer, hiçbir şey aynı kalmaz... Her yeni gün yeni bir başlangıcı beraberinde getirir ve ne kadar korkunç olursa olsun hiçbir şey tamamen ümitsiz değildir.

Şefkat hayattaki en önemli şeylerdendir ve birileri için çok şey ifade edebilir. Sevdiklerini asla incitmemeye çalış. Hepimiz hata yapıyoruz, hatta bazen bunlar çok korkunç oluyor ama asla insanları kendi bencilliğin yüzünden incitme.

Geçmişe değil, her zaman geleceğe bakmaya çalış ama geçmişin üzerini tamamen örtme; çünkü o da senin bir parçan... Seni bugün olduğun insana dönüştüren geçmişindir. Geçmişten bir şeyler öğrenmeyi de sakın ihmal etme.

Hayatının sonlarına doğru Patsie, Neville'le tekrar bir araya geldiler.

Neville artık benim gençliğimi geçirdiğim Wight Adası'ndaki evden birkaç yüz kilometre uzakta yaşıyor, Patsie de uzun yazları bizimle o evde geçiriyordu.

Birlikte yürüyüşe çıkar, denize bakan bir bankta otururlardı. Ama Neville, Patsie ona ne kadar sıcak ve iyi davranırsa davransın, onunla tekrar eskisi kadar yakın olamadı. Patsie onu terk ettikten sonra acı içinde bir elli yıl geçirmişti; böyle bir acıyı unutmak zor... Gençliğimde hep Patsie'nin parmaklarını Neville'nin iri parmaklarının arasına geçirişini izlerdim. Her zaman çok güzel bir sahneydi bu.

Onlardan çok önemli iki şey öğrendim; *her şey göründüğü kadar güzel değil ve gerçek aşk mücadele etmeye değer.*

6

Hayatımın ilk yıllarında bütün okul tatillerimi Kuzey İrlanda, Donaghadee'de, büyükbabam Walter'ın yaşadığı ve çok yakınında öldüğü Portavo Noktası'nda geçirdim.

O evi çok severdim. Denizden gelen rüzgâr ve tuzlu suyun kokusu her köşesine işlemişti. Muslukları açtığımda gıcırdardı. Yataklar o kadar eski ve yüksekti ki yatağıma ancak karyolaya tırmanarak yetişebilirdim.

Babamın, havanın sakin olduğu günler bizimle denize açılmaya gittiğinde sahile götürdüğü, o çok eski tahta bota taktığımız eski Yamaha motorun kokusunu; çan çiçeklerinin açtığı zamanlarda ormanda yaptığımız yürüyüşleri hatırlıyorum. Ağaçların arasında koşuşturup saklanmaktan ve babamın beni arayıp bulmasından çok hoşlanırdım. Ablam Lara'nın beni garaj yolunda kaykayın üzerinde ittiğini ve çitlere çarptığımı, anneannem Patsie'yle kızamık olduğumuzda evdekilerden uzak durmak için bahçedeki kulübede karantinaya alındığımızı ve yan yana uzandığımızı hatırlıyorum. Soğuk denizde yüzüp her sabah kahvaltıda haşlanmış yumurta yediğimi de... Kısaca o ev, doğaya ve denize olan tutkumu keşfettiğim yerdi. Ama o sırada bunun farkında değildim.

***

Diğer taraftan okul dönemlerini babamın politikacı olarak çalıştığı Londra'da geçirirdik. (Çocukluğunda annesi Patsie sebebiyle birinci elden politikanın tehlikeli gücüne tanık olan annemin gelecekte milletvekili olacak bir adamla evlenmesi ilginç bir ironi... Ama aslında belki o kadar da ilginç değil.)

Evlendiklerinde babam üç yıl boyunca hizmet ettiği Kraliyet Deniz Kuvvetleri Komandosu'ndan yeni ayrılmış ve şarap ithalatçısı olarak çalışıyormuş. Daha sonra bir süre Londra'da bir bar işletmiş. Sonunda yerel meclise girmek için seçimlere katılmış ve Londra'nın hemen güneyinde kalan Chertsey'nin parlamento temsilcisi olmuş. Hepsinden önemlisi, babamın her şeyden önce iyi bir adam olmasıydı; şefkatli, kibar, eğlenceli, sadık ve pek çok insan tarafından sevilen biriydi.

Ama çocukluğumda Londra'da geçirdiğimiz o zamanlarda hep çok yalnız hissettiğimi hatırlıyorum. Babam çok çalışıyor, eve genelde geç saatlerde geliyordu. Annem de asistanı olarak onun yanında çalışıyordu. Bense ailece geçirdiğimiz o sakin, acelemiz olmayan zamanları özlüyordum.

Şimdi dönüp bakınca anlıyorum; ailemle geçirdiğim o huzurlu zamanların hakikaten eksikliğini hissediyordum. Okulda o kadar yaramaz bir çocuk olmamın sebebi muhtemelen buydu.

Bir keresinde bir çocuğu o kadar sert ısırmıştım ki kanatmıştım. Daha sonra öğretmenler babamı aramış ve benimle nasıl başa çıkacaklarını bilemediklerini söylemişti. Babamsa bunun üstesinden gelebileceğini söyleyip hemen okula gelmişti. Spor salonunun ortasına koyduğu bir sandalyeye oturmuş, diğer çocuklar da onun etrafında bağdaş kurarak daire şeklinde dizilmişti ve babam bana popom mosmor olana kadar vurmuştu. Sonraki gün Londra'daki kalabalık bir caddede annemin elini bırakıp kaçtım. Birkaç saat sonra polisler beni bulmuştu. Tek istediğim hakikaten ilgiydi sanırım.

Annem beni yaramazlığımdan ötürü odama kilitlemek zorunda kalırdı ama oksijensiz kalmamdan korktuğu için bir gün bir marangoz getirip kapıda hava alabileceğim delikler açtırmıştı. Bütün buluşların en büyük sebebi ihtiyaçtır derler. Ben de kısa süre sonra eğdiğim bir askıyla hava deliklerinden kapının sürgüsüne ulaşıp kaçmayı başarabilmiştim. Doğaçlama çalışma ve ortama uyum sağlama konusunda attığım ilk adım buydu ve bu yeteneklerim bütün ömrüm boyunca işe yaradı.

Aynı zamanda bedensel aktivitelere de ilgim artıyordu. Annem beni her hafta genç jimnastikçilerin gittiği bir spor salonuna götürürdü. Spor salonunun sahibi asla unutamayacağım Bay Sturgess'tı. Dersler Westminster'daki bir blokun arkasındaki eski, tozlu, iki kapılı bir garajda yapılırdı.

Bay Sturgess sınıfı çok sert bir şekilde, eski asker disipliniyle kontrol ediyordu. Her birimizin bir sonraki görevimize başlamadan önce nerede saygı duruşuna geçmemiz gerektiğini gösteren belirli "yerleri" vardı. Bizi çok zorlardı. Sanki bizim altı yaşında çocuklar olduğumuzu unutuyor gibiydi ama biz çocuklar olarak buna bayılırdık. Bizi özel hissettirdi.

Bazıları yerden neredeyse iki metre yüksekte olan metal çubukların altında sıraya girerdik ve tek tek, "Yukarı lütfen Bay Sturgess," derdik. O da bizi kaldırırdı ve çubuğa tutunurduk. Biz asılı beklerken o diğerlerini tek tek yukarı kaldırırdı.

Kurallar basitti; bütün sıra bir avcının kilerindeki ölü sülünler gibi çubuğa asılana kadar inmek istemek yasaktı. O zaman da tek bir istek hakkımız olurdu; "İndirin lütfen Bay Sturgess." Gelip bizi indirmeden önce düşenler utanç içinde yerlerine gönderilirdi.

Ben bu dersleri çok sevdiğimi fark etmiştim. Asılı kalan son kişi olmak için uğraşmaktan gurur duyuyordum. Annem küçücük vücudumu orada asılı, yüzümü mosmor ve son kalan kişi olmanın kararlılığıyla buruşmuş hâlde izlemeye katlanamadığını söylerdi. Diğer çocuklar birer birer düşerdi ve ben orada asılı kalan tek kişi olarak Bay Sturgess'ın bile inmem gerektiğini düşüneceği zamana kadar direnmeye çalışırdım. Daha sonra yüzümde kocaman bir gülümsemeyle yerime dönerdim.

"İndirin lütfen Bay Sturgess," lafı ailemizde ağır fiziksel egzersizi, sert disiplini ve gözü kara kararlılığı ifade eden bir cümle oldu. Daha sonra askerî eğitimle geçirdiğim günlerde bunun bana çok yardımı olacaktı.

Yani antrenmanım oldukça iyiydi. Tırmanma, asılma, kaçma; hepsini çok sevdim.

Annem hâlâ çocukluğumda sanki Robin Hood, Harry Houdini, Yahya Peygamber ve suikastçı karışımı bir adam olacakmışım gibi göründüğümü söyler.

Bu, benim için büyük bir iltifattı.

O dönemde en sevdiğim zamanlar Salı günleri, okuldan sonraydı. Akşamları anneannem Patsie'nin dairesine gidip çay içer ve geceyi orada geçirirdim.

O evin *Silk Cut* sigara, pişmiş fasulye ve anneannemin çayın yanında yemem için pişirdiği balık kroketlerin kokusunun karışımından oluşan bir aroması olduğunu hatırlıyorum. Ama bu kokuyu çok severdim. Sürekli evimi özlemediğim tek yerdi burası.

Annemle babam evde olmadığında geceyi tanımadığım yaşlı bir teyzenin yanında geçirmeye gönderilirdim. O da beni tanıyormuş gibi görünmezdi. (Muhtemelen sevecen bir komşu veya tanıdığımızdı, en azından ben öyle umuyorum.) Oradan nefret ederdim. O tanımadığım yatakta uzanırken elimde tuttuğum, içinde annemle babamın bir fotoğrafı olan deri çerçevenin kokusunu hatırlıyorum. Onların yakında geri geleceklerini anlayamayacak kadar küçüktüm.

Ama bu bana başka önemli bir ders verdi; *çocuklarınız gitmenizi istemiyorsa onları terk etmeyin.* Hayat ve onların çocuklukları çok kısa ve kırılgan...

Bütün bu süre zarfında ve geliştiğim gençlik yıllarında hep yaslanabildiğim kişi kız kardeşim Lara'ydı. Annem ondan sonra üç düşük yapmıştı ve sekiz yıl sonra bir daha çocuğu olmayacağına inanıyordu ama sonunda hamile kalmıştı. Bana dediğine göre düşük yapmamak için dokuz ay boyunca yataktan çıkmamış.

İşe yaramış, annem beni kurtarmıştı.

Sonunda artık doğduğum için gerçekten sevinmiş olmalı. Lara'nın da kıymetli bir küçük kardeşi ya da daha çok kendi bebeği olmuştu. Böylece Lara bana bakan kişi oldu ve ben de bu yüzden ona çok bağlandım.

Annem çalışan bir anne olarak babama meclisle ilgili işlerinde ve diğer konularda yardım ediyordu, o yüzden Lara annem gibi oldu. Bebekliğimden yaklaşık beş yaşıma kadar bütün akşam yemeklerimi bana o yedirdi. Altımı o değiştirirdi. Bana konuşmayı, sonra da yürümeyi öğretti. (Tabii ki o kadar üzerime düştüğü için yürümeyi inanılmaz derecede erken öğrendim.) Giyinmeyi ve dişlerimi fırçalamayı da... Bana hep kendisinin yapmaya korktuğu ya da sadece ona ilginç gelen şeyleri de yaptırırdı, mesela çiğ domuz pastırması yemek ya da frenleri olmayan bir üç tekerlekli bisikletle yokuş aşağı gitmek. Ben hayal edebileceği en iyi oyuncak bebek olan erkek kardeştim.

Bu yüzden hep çok yakın olduk. Lara'nın gözünde ben hâlâ onun küçük kardeşiyim ve onu bu yüzden seviyorum. Ama (bu gerçekten büyük bir "ama") Lara'yla birlikte büyürken bir an bile huzur yoktu. İlk günden, hastanenin yeni doğan servisine getirildiğim andan itibaren, beni herkese gösterip hava atmışlardı; kız kardeşimin yeni "oyuncağı" olmuştum ve bu hiç değişmedi. Şimdi bunlara gülüyorum ama hayatımın sonraki dönemlerinde dağların ve denizin getirdiği yalnızlığı ve huzuru büyük bir aşkla aramamın sebebinin bu olduğundan eminim. Birilerine bir gösteri sunmak zorunda olmak istemiyordum. Sadece büyüyebileceğim bir yer arıyor ve bütün bu çılgınlığın içinde kendimi bulmak istiyordum.

Bu vahşi doğa sevdasının nereden geldiğini anlamak zaman aldı ama aslında bunun sebebi muhtemelen Kuzey İrlanda'nın kıyılarında babamla yakın oluşum ve sevgi dolu ama patronluk taslayan bir abladan kaçma arzusuydu. (Tanrı onu bağışlasın!)

Bugün Lara'yla bu konu hakkında konuşup gülebiliyoruz ve her zaman hâlâ en yakın müttefikim ve dostum olarak kalıyor ama o her zaman dışadönük, sahnede olmak ya da bir gündüz programındaki koltuklardan birinde oturmak isterken ben ailem ve arkadaşlarımla sakince vakit geçirmek istiyorum. Kısacası, Lara ünlü biri olmada benden çok daha iyi olurdu. Kendisi bunu iyi özetliyor bence:

Bear doğana kadar tek çocuk olmaktan nefret ettim. Annemle babama sürekli yalnız olmaktan yakınırdım. Bütün arkadaşlarımın kardeşleri varken benim kardeşimin olmaması garip geliyordu. Bear'in dünyaya gelişi çok heyecanlıydı. (Erkek olmasının hayal kırıklığını atlattıktan sonra tabii, çünkü ben hep bir kız kardeş istemiştim!)

Ama beşiğinde ağlayan Bear'ı gördüğüm gibi dedim ki; "Bu benim bebeğim, ona ben bakacağım." Onu kucağıma aldığımda ağlamayı kesti. O günden Bear büyüyüp kocaman olana kadar onu her yere peşimden sürükledim.

O sisli Londra'da geçirdiğim çocukluğumun güzel yanlarından biri altı yaşında Scouts'a[1] katılmamdı. Oraya bayılmıştım! İlk günümde içeri girip gömlekleri düzgünce ütülenmiş, iri yarı, bir sürü ödülleri ve rozetleri olan çocuklar gördüğümü hatırlıyorum. Yanlarında ben çelimsiz bir ufaklıktım ve kendimi göründüğümden de küçük hissediyordum. Ama izci liderimiz sadece bir kibritle kaldırımda sosis kızartmamızı istediğinde buraya tamamen bağlandım.

Bir kibrit, bir sosis... Hmm ama kibrit yeterince uzun süre yanmayacak, diye düşündüm.

Sonra bana o kibritle nasıl ateş yakacağımı ve sosis pişireceğimi gösterdiler. Bu, benim için her şeyin açıklığa kavuştuğu bir ândı.

Eğer Scouts'ta geçirdiğimiz o gecelerden birinde oradaki izcilerden birine yıllar sonra benim izci lideri olup dünya çapındaki yirmi sekiz milyon izcinin sembolik liderliğini yapacağımı söyleseydiniz muhtemelen gülmekten ölürdü. Ama kendine güven ve fiziksel yapı konusundaki eksiklerimi hep kararlılık ve cesaretle kapattım, nitekim bunlar hayat oyununda da izcilikte de asıl önemli olan özelliklerdi.

Böylece Scouts hem kendimi serbest bırakabildiğim hem de arkadaşlarımı bulduğum yer oldu. Orası benim için bir aile gibiydi. Nasıl bir çevreden geldiğinizin bir önemi yoktu. İzciyseniz izciydiniz, önemli olan da buydu. Bu durumu çok sevmiştim ve kendime güvenim artmaya başlamıştı.

---

1 *The Scout Association*, İngiltere'de kurulup genç izciler yetiştiren ve kâr amacı gütmeyen bir kuruluş, uluslararası bir organizasyon.

Kısa süre sonra ailem Wight Adası'nda küçük bir kır evi aldı. Beş yaşından sekiz yaşına kadar hiç sevmediğim okul dönemlerini Londra'da, tatilleriyse o adada geçirdim.

Babama milletvekili olduğu için neredeyse okul tatilleri kadar uzun tatiller veriyorlardı. Temsil ettiği bölgenin Wight Adası'yla Londra arasında olması sayesinde de Cuma günleri adaya gelmeden önce yapması gereken ziyaretleri bitirip gelebiliyordu. (Bu işi yapmanın en iyi yolu değildi bu belki ama benim açımdan harikaydı.)

Tek istediğim en kısa sürede adaya dönmekti. Ada benim için cennet gibiydi. Annemle babam sürekli küçük kır evimize eklemeler yapıp evi büyütmeye çalışıyordu. Ve sonunda asıl evimiz burası olacaktı.

Adada hayat kışları sert, rüzgârlı ve yağmurlu; yazlarıysa bugün hâlâ yakın arkadaşlarım olan benim yaşımdaki çocuklarla dolu bir yaz kampı gibiydi. Hayatımda ilk kez özgür hissediyordum. Kendim olma ve keşfetme özgürlüğüne sahiptim.

Adada olmanın bir başka güzel yanı büyükbabam Neville'in yaklaşık üç yüz elli metre uzakta yaşamasıydı. Onun harika bir adam olduğunu hatırlıyorum, kendisini çok severdim. Kibar, iyi yürekli, güçlü, inançlı ve eğlenceliydi. Çikolataya bayılırdı. (İkram ettiğimizde bizi kızgın bir şekilde geri çevirirdi fakat her seferinde oradan uzaklaştığımız gibi o çikolata biterdi.)

Doksan üç yaşına kadar yaşadı. Her gün aksatmadan sporunu yapardı. Odasında mırıldandığını duyardık; "Dizleri büüük, ayak parmaklarına dokuuun, yukarı uzaaan, nefes al..." Sağlıklı bir hayatın anahtarının spor olduğunu söylerdi. (Çikolatanın ya da yağlı tostun bu rejime nasıl uyduğunu bilemiyorum ama hayatı da yaşamak lazım.)

Büyükbabam Neville evimizin yolu üzerinde, denize bakan bir bankta otururken öldü. O uzun, kedi bıyığı gibi kaşlarını, kocaman ellerini, bana sarılmasını, sıcaklığını, dualarını, hikâyelerini ama hepsinden çok yaşam ve ölüm konusunda hepimizin önüne koyduğu o harika örneği bugün hâlâ özlüyorum.

Amcam Andrew onu çok güzel anlatmıştı.

Neville'in ruhu her zaman çocuk kaldı, o yüzden gençlerle arası da çok iyiydi. Heyecan, cesaret ve sevgi onun düsturlarıydı.

Winston Churchill'in cenazesinde mübaşirdi, üst sınıf ailelerin arasında da rahat hareket ederdi. Ama herkesle aynı şekilde rahattı. Kiplings'in dediği, "Halka seslenebilen ve erdemli kalabilen biriysen, kralların yanında yürüsen de halkla bağını kaybetme," ilkesine uygun yaşadı.

Hem mükemmel bir sporcu hem de harika bir centilmendi. Kimsenin hakkında kötü konuştuğunu duymadım, kimseye kötü davrandığına tanık olmadım. Her konuda harika bir adamdı.

Adadaki çocukluğumun önemli bir parçası da anneannem Patsie'ydi. Oldukça sıradışı bir hayat yaşamış, inanılmaz bir kadındı. Kibar, sevgi dolu ama kırılgandı. Yine de bizim için sadece anneannemizdi. Yaşı ilerledikçe o narin kırılganlığıyla, depresyonla mücadele etti. Belki bunun sebebinin bir kısmı gençliğindeki sadakatsizliği dolayısıyla suçlu hissetmesiydi.

Bunu tedavi etmek için oldukça pahalı ama neredeyse tamamen anlamsız eşyalar alma alışkanlığı edindi. Kendini bunların büyük yatırımlar olduğuna ikna etmişti. İçlerinde son derece süslü, antik bir çingene karavanı ve evimize birkaç yüz metre uzaklıkta, kasabanın balıkçısının yanındaki dükkân da vardı. Asıl problemimiz karavanın temizlenmeyince çürümesi ve dükkânın anneannemin antik eşya/döküntü deposuna dönmesiydi. Tabii ki bu tam bir felaketti.

Bütün bunlara bir de dükkânda sürekli birinin olması gerektiğini ekleyince (Nigel da dâhil olmak üzere aile üyelerimizden biri orada dururdu. Ama Nigel genelde dükkânın önündeki sandalyede, başında bir gazeteyle uyuyakalırdı.) hayatın hem verimsiz hem de ilginç olduğunu çıkarabilirsiniz. Ama her şeyden çok eğlenceliydi. (Nigel anneannemin sevimli ama serseri ikinci eşiydi. Gençliğinde oldukça başarılı bir politikacıydı. İkinci Dünya Savaşı'nda bir Askerî Haç Madalyası kazanmıştı. Sonra da hükümet için çalışan bir bakan olmuştu. Ama benim için her zaman iyi kalpli, sevecen bir büyükbaba gibiydi ve hepimiz onu çok severdik.)

***

O evde büyürken hayatımızda hep bir şeyler oluyordu, tabii ki bu biraz kaosa da sebep oluyordu. Ama bu, ailem için normaldi. Annem kendi ilginç standartlarına göre bile, olabilecek en iyi şekilde sıradışı bir kadındı.

Aslında ailemi en iyi özetleyebileceğim söz şu olurdu: "Aile genelde tatlı bir kek gibidir ama bazen aralarında şeker kadar ekşilikler de olur."

Bunun iyi yanı ailecek durmadan taşınıyorduk ve dünyanın her yerinden annemle tanışmaya gelen ilginç insanlarla tanışırdık. Bu, hayatımızın sıradan bir parçasıydı. Eski bir kamyonette kamp yapar, Amerikalı motivasyon verici konuşmalar yapan birini görmeye gider ya da anneme yeni su filtresi ve mutfak robotu satma işinde yardımcı olurduk.

Yemekler gün boyunca farklı farklı saatlerde yenir ve pirzolalar çöpten ölümsüzleşen o sözlerle çıkarılırdı; "Bunlara hiçbir şey olma-mış." (Babam beyazlaştıkları için pirzolaları daha dün çöpe atmıştı.)

Annemin tek amacı bütün aile üyelerinin kilo almasıydı sanki. Bu beni tamamen zıt yöne itti ve bende sağlıklı olmayı "sağlıksız" bir saplantı hâline getirdi. (Yine de doğada hayatta kalmaya yönelik programları çekerken bu kadar güçlü bir midem olması çok iyi oldu. Bunun için anneme teşekkür etmeliyim sanırım. Sonuç olarak, iyi ki o pirzolaları yemişim.)

Etrafımızdaki insanlar annemi hep eğlenceli biri olarak görüyordu ama bazen bu yanı ailesi olan bizi tüketiyordu. Bazı fikirleri ve inançları tamamen çılgınca olmasına rağmen hep haklı olmak zorundaydı. Mesela onu sık sık bahçede bakır bir çubukla dolaşırken görürdük. Bize evdeki aşırı elektrik yüzünden "topraklanmaya" ihtiyacı olduğunu söylerdi.

(Evde ısıtmayı hiç açmadığımızı ve lamba yerine hep mum yaktığımızı göz önüne alınca onun tamamen normal olmadığına dair şüphelerimiz oluştu.) Ama annem de böyle biriydi işte.

Birkaç istisnai olay dışında çocukluğum sevgiyle ve mutlulukla geçti ve bunlar, kendi aile hayatımda da hep benimle kaldı.

9

Annemle babam tanıştıklarında annem yirmi bir, babam yirmi dokuz yaşındaymış. Çok çılgın bir aşk hikâyeleri varmış. Defalarca ayrılıp barışmışlar ve sonunda Barbados'a kaçıp orada evlenmişler.

İlişkileri sevgi doluydu ama annem pek çok konuda kendi ebeveynlerinin boşanmasının onu etkilediğini belli ediyordu. Terk edilmekten çok korkuyordu, bu sebeple babama karşı aşırı korumacıydı. O yüzden denize açılmaya ve tırmanmaya gitmek için babamla evden gizlice sıvışmamız gerekiyordu. (Tabii ki buna ikimiz de bayılıyorduk.) Sanırım bu durum her dışarı çıkışımızı bir gizli görev hâline getirdi. Ve çocukluğum boyunca bir sürü gizli göreve gittik.

Yaşım ilerledikçe kendi gezilerimi kendim planlamaya başladım ama ne kadar küçük olursa olsun artık babamla, sadece ikimiz, böyle gezilere gidemediğimiz için üzgündüm. Babamın maceralarımızı ne kadar sevdiğini biliyordum ama kendini annemle aramda kalmış hissediyordu.

Babam küçüklüğünde kendi annesi ve babasıyla pek yakın değilmiş. Babası çalışkan, kendini işine adamış, aynı zamanda oldukça sert bir tuğgeneralmiş. Belki de bu rütbeyi kazanmak için aile hayatını feda etmişti. Babamın kendi babasının ona soğuk davranması sebebiyle üzüldüğünü biliyordum.

Çocukken büyükbabam Ted'den korkardım. (Aslında bu son derece anlamsızdı. Evet, sert bir adamdı ama şimdi dönüp bakınca aslında iyi kalpli, herkesin sevdiği biri olduğunu görebiliyorum.)

Büyükbabam Ted'e dair en korkunç şey kocaman köpekleriydi. Bir keresinde altı yaşında yerde oturmuş, onunla oynamaya çalışırken köpeklerden biri bana saldırmıştı. Beni yüzümden ısırdı ve dişleri aşağı kaydı. Dudaklarım ve burnum yarılmıştı.

Dikiş atılması için beni hemen acile götürmüşler ama hemşirenin çok beklettiğini düşünen annem dikişleri kendisi atmaya karar vermiş. Harika bir iş çıkarmış aslında, yüzüme çok yakından bakmazsanız yaraları fark etmezsiniz ama burnumun şekli biraz yamuk kalmış. Hatta Amerika'daki *Men's Journal* dergisi için yakın çekim pozlar verirken derginin editörü bana şakayla karışık küçükken çok boks maçı kaybedip kaybetmediğimi sormuştu. Ama aslında o köpek saldırısından sonra burnum hep biraz garip duracaktı.

Büyükbabam Ted küçükken babama sert davranırmış ama babamın annesi çok daha sert biriymiş. Sadece güçlü karakteriyle değil, aptallığı hiçbir şekilde kaldırmayan yapısıyla bilinirmiş ve aptallık babamın diğer adıydı. Babam da bu sert ve ciddi yetiştirme biçimine aynı şekilde sert bir karşılık vererek ilk günden şakacı, eğlenceli bir adam olmuş.

Babamın sayısız hikâyesini hatırlıyorum. Mesela bir keresinde ablasıyla erkek arkadaşını görünce kendi odasının camından üzerlerine bir kova su dökmüş. Nitekim babam pek çok konuda hiçbir zaman büyümedi. Ama bu yüzden bu kadar harika bir baba ve arkadaş oldu. Bunun karşılığında da benim hiçbir zaman hemen büyüme arzum olmadı.

Bir keresinde ailece Alpler'e kaymaya giderken babamın şakacı yapısının başımızı derde soktuğunu hatırlıyorum. O zamanlar yaklaşık on yaşındaydım. Babam yanımızdaki odada kalan ve son derece ciddi görünüşleriyle kendilerine eşek şakası yapılması için resmen yalvaran Alman-İsviçreli bir aileyi gözüne kestirince içimden çok heyecanlanmıştım.

Her sabah ailecek aşağı inerlerdi. Anne baştan ayağa kürklere sarınmış, baba üzerine yapışan bir kayak tulumu giymiş ve beyaz bir atkı takmış olurdu. Arkalarından gelen ve oldukça kibirli görünen on üç yaşındaki hafif kilolu oğullarıysa geçerken bana dil çıkarırdı.

Otelin kurallarına göre sabah odada kahvaltı yapmak isteyenler istedikleri kahvaltıyı seçip geceden odalarının kapısına asabilirdi. Babam da odamızdaki kahvaltı formunu doldurup otuz beş haşlanmış yumurta, altmış beş Alman sosisi ve on yedi fümelenmiş balık isteyip yan odanın kapısına astı. Vazgeçemeyeceğimiz kadar komik bir şakaydı. Anneme hiçbir şey söylemedik, çünkü çok kızardı. Babamla kahkahalar içinde formu doldurduk ve yatmadan önce odadan gizlice çıkıp kapılarına astık.

Sabah saat 7.00'de babalarının bağırarak siparişi istemediğini söylediğini duyduk. Şakamızı o akşam tekrarladık. Sonraki akşam da... Babaları her geçen gün daha da kızıyordu ama sonunda annem ne yaptığımızı anlayıp beni özür dilemeye gönderdi. (Neden her şey babamın başının altından çıkmasına rağmen özür dilemesi gereken kişinin ben olduğumu bilmiyorum ama sanırım annem daha çok küçük olduğum için başımın belaya girmeyeceğini düşünmüştü.)

Yine de ben özür dilemeye giderken bunun kötü bir fikir olduğunu hissettim ve hislerim doğru çıktı. O andan itibaren özür dilememe rağmen oğullarının hedefi olmuştum.

Oradaki son gecemizde bütün gün kaydıktan sonra koridorda yürüyordum. Üzerimde tişörtümle termal kayak taytım vardı. Sivilceli, şişman genç odasından çıktı ve beni koridorda kız taytı gibi görünen bir kıyafetle yürürken gördü.

Parmağını uzatıp bana, "Kız kılıklı!" dedi ve ellerini beline koyup alaycı bir tavırla gülmeye başladı. Aramızdaki yaş ve kilo farkına bakmadan üzerine atlayıp çocuğu yere düşürdüm ve ona bütün gücümle vurmaya başladım. Babası sesleri duyup koşarak odasından çıktı ve oğlunu burnu kanlar içinde (abartılı bir şekilde) hüngür hüngür ağlarken buldu. Bu, bardağı taşıran son damlaydı. Adam beni tutup ailemin yanına götürdü ve onlara ne yaptığımı anlatmamı istedi.

Babam alaycı gülümsemesini saklamaya çalışıyordu ama annem gerçekten çok kızmıştı ve bu da benim ceza alacağım anlamına geliyordu.

Yine de böylece kahkahalarla dolu bir tatili geride bırakmıştık.

10

Çocukluğumda teyzem Mary Rose ve eşi Andrew (bir başka eski tuğgeneral) yılbaşında sık sık gelip bizimle kalırdı. Bir keresinde babam (yanında asistanı olarak benimle) klozetlerinin üzerini streç filmle kapattı (her zaman harika bir şakadır) ama bu şakayı çok kötü karşıladılar. Babam da başka şakalar denedi. Ve sonunda, bir sürü kötü karşılanan eşek şakasından sonra teyzemle eşi evlerine dönmeye karar verdi. Erkenden... Beklemedikleri şeyse babamın bunu tahmin edip önceden arabalarının bujisini çıkarmasıydı. Bu yüzden eşyalarını yükledikleri arabada öfkeyle oturup anahtarı defalarca çevirip durdular.

Yine de teyzemle eniştem her zaman yakın aile dostumuz olarak kaldı ve şimdi dönüp bakınca iyi kalpli, harika, her zaman yanımda olan insanlar olduklarını görebiliyor ve arkadaşlıklarına çok değer veriyorum. Bütün şakalarına rağmen babam da onlara karşı aynı şeyi hissediyordu. İnsanın sadece sevdiklerine takıldığının bir kanıtı bu da...

***

Ailesinin onu soğuk bir tavırla yetiştirmesi babamın bunun tam tersini yapma konusunda kararlı biri olmasına neden olmuştu. Kendisi ailesinden hiç takdir ve sevgi görmediği için Lara'ya ve bana ikisinden de bol bol verdi. Her şeyden çok sevgi dolu bir baba olmak istedi ve gerçekten de öyleydi, dünyanın en iyi babasıydı. Bunun için ona son derece minnettarım. Kendisini çok erken kaybetmeme rağmen, yirmi altı yaşına geldiğimde, hayata atılmadan önce alabileceğim en iyi eğitimi önüme koyduğu bu örneği izleyerek almıştım.

Yirmi yıldan uzun bir süre politika dünyasındaydı. Sadık ve çalışkan, yönetimde görev almayan bir parlamento üyesiydi. Hiçbir zaman politik dünyanın üst katlarına erişemedi. Hiçbir zaman bunu istiyormuş gibi de görünmedi. Hayatta en çok istediği şey sadece ailesine yakın olmaktı.

İşini sevdiğine hiçbir kuşku yoktu ve bir şeyleri değiştirmek ve insanların daha iyi bir hayat yaşamaları için uğraşırdı. Ama politika dünyasında yükselmek için gerekli olan o acımasız azme sahip değildi ve bu yüzden bizim hayatlarımız çok daha zengindi. Sanırım babamın mesleği iyi bir baba olmaktı.

Hazırlık okulundayken rugby takımına alınmıştım. Aslında dürüst olmak gerekirse yardımcı hakem olarak seçilmiştim, çünkü oyuncu olacak kadar iyi değildim. Neyse, korkunç derecede soğuk bir kış günüydü. Oyunu izleyen kimse yoktu ki bu aslında nadir bir durumdur. (Normalde en az birkaç öğrenci ya da öğretmen gelip okul maçlarını izlerdi.) Ama bu soğuk, rüzgârlı günde sahanın etrafı tamamen boştu. Kenarda bekleyen sadece bir kişi vardı; babam. Yağmurda durmuş; oğlunun, yani benim yardımcı hakemlik yapmamı izliyordu. Onu gördüğüm için çok mutlu olmuş ama aynı zamanda kendimi suçlu hissetmiştim. Takıma bile girememiştim ama o gelip elimde bayrakla oradan buraya koşmamı izliyordu. Dahası bu benim için dünyaya bedeldi.

Devre arasının başladığını belirten düdük çalınca ortaya çıkma zamanım gelmişti. Babam kenarda beni alkışlarken elimde turuncu bir kupayla sahaya koştum. İnsanın hayatı boyunca unutmadığı anlar bunlar...

Aynı şekilde onun babalar ve oğullar kriket maçında oynadığını da hatırlıyorum. Bütün babalar oyunu oldukça ciddiye alıyordu ve içlerinde, başında safari şapkasıyla topa vurmaya gelen babam kalesine takılmış ve hiç sayı yapamadan oyundan çıkmıştı. Onun bu eğlenceli yönünü çok severdim, diğer herkes de seviyor görünüyordu. Bunların bir parçası olmak beni hep çok mutlu etmişti.

Gençliğimde babamın eski bir fotoğrafını bulduğumu çok net hatırlıyorum. Fotoğrafta on yedi yaşında, temiz yüzlü bir deniz piyadesiydi. Aynen benim gibi görünüyordu ama çok daha zekiydi ve saçını iki yana ayırmıştı. Bu fotoğrafın yanında babamın, kışın diğer deniz piyadeleriyle Ben Nevis Dağı'nın kuzey yüzündeki buzlara tırmanırken çekilmiş bir fotoğrafı vardı. En ufak bir şeyin yanlış gitmesi böyle bir yerde korkunç olabilirdi.

Ona bu tırmanış hakkında sorular sorduğumda o gün bir taşın düşmesi sebebiyle ölümden döndüğünü söyledi. Basketbol topu büyüklüğündeki bir kaya babamın başının yaklaşık yetmiş metre üzerinden düşmüş ve başının birkaç santim yanından geçip hemen aşağıdaki bir çıkıntıya çarparak paramparça olmuş. O anda eline bir "hapisten çıkma kartı verilmiş" gibi hissetmiş. Sadece şanslı olduğu bir ânmış. Bana her zaman, "Şansına asla güvenme. Öyle anlar nadir hediyeler gibidir. Her zaman bir yedek planın olsun," derdi.

Bugünkü işimde ben de böyle düşünerek hareket ediyorum. Eğer öbür tarafta bunu okuyabiliyorsan, teşekkür ederim baba.

Küçüklüğümde onunla küçük gezilere gitmekten çok hoşlanırdım. Şimdi dönüp baktığımda onun da bu küçük maceralarımız sırasında, Wight Adası'nın kıyılarında arkasında benimle at sürdüğü ya da kıyıların yanındaki dik dağlara ve tepelere tırmandığımız zamanlarda özgür hissettiğini görebiliyorum. Böyle anlarda onunla gerçek bir samimiyetimiz olurdu. Aynı zamanda yine böyle gezilerde karnımın derinliklerindeki o sıkışma hissini ve hep bu hissi takip etmeyi öğrenmiştim. Bazıları buna, "korku" diyor.

Babamla kışın tırmanmaya gittiğimiz zamandaki mutluluğumu hatırlıyorum. Hep tam bir macera ve çoğunlukla tırmanmadan çok daha fazlasıydı bu geziler. Babam genelde sadece elli metrelik kireçtaşı bir kayalığa tırmanmakla yetinmezdi. Bu görevi, paraşütlü Alman askerlerinin ellerinde tuttukları bir yerde yaptığımızı hayal ederdik. Kayalığa sessizce ve kimse bizi görmeden tırmanmalı ve tepeye gelince uygun bir pozisyon alıp Alman askerlerine el bombası atmalıydık. Tabii bu gerçekte gübre parçalarını alıp tepede kalan boş banklara fırlatmak anlamına geliyordu. Harika! İnanın, sekiz yaşında (ya da yirmi sekiz yaşında) yağmurlu ve rüzgârlı bir kış günü daha iyi geçirilemezdi.

Bu tırmanışlardan çamur içinde, nefes nefese ve kendimi biraz yaralamış vaziyette dönmekten çok hoşlanırdım. O rüzgâr ve yağmurun yüzümü dövme hissini sevmeye başlamıştım. Aslında küçük bir çocukken kendimi koca bir adam gibi hissederdim.

Kayalıklara gitmek için düzlüklerde yürürken Everest Dağı'ndan konuşurduk. Bazı tırmanışlarımızın Everest Dağı'nın tepelerinde gerçekleştiğini hayal etmekten çok hoşlanırdım. Dikkatli bir şekilde yukarı çıkarken beyaz kireçtaşının buz olduğunu hayal ederdik. Babamın yanımda olduğu sürece Everest'e bile tırmanabileceğime inanırdım. Oraya tırmanmanın nasıl bir şey olduğuna dair hiçbir fikrim yoktu ama birlikte hayal kurmayı çok severdim.

Bunlar benim için önemli, büyülü ânlardı. Bizi birbirimize bağlayan, samimi, eğlenceli zamanlar... Bugün bile onları çok özlüyorum. Babamla yine böyle bir şey yapabilsek ne kadar güzel olurdu.

Sanırım bu yüzden şimdi oğullarımla tırmanmaya ya da doğada yürüyüş yapmaya gidince bu kadar duygusal hissediyorum. Dağlar, insanlar arasında güçlü bağlar kuruyor. Bu yüzden benim için bu kadar ilgi çekiciler...

Dahası sadece tırmanmaya da gitmezdik. Babamla birlikte bölgedeki ahırlara gidip 10 sterline iki at kiralar ve sahile çarpan dalgaların arasında ata binerdik. Islak kuma düşüp ağlamanın eşiğine geldiğim her seferinde babam beni alkışlayıp gerçek bir at binicisi olmaya yaklaştığımı söylerdi. Başka bir deyişle, defalarca düşüp kalkmadan gerçek bir at binicisi olamayacağım mesajını veriyordu.

Hayat da özetle böyle bir şey işte...

Bir keresinde babamla Dartmoor'a gitmiştik. Dartmoor, İngiltere'nin her mevsimde yabani olan bir bölgesidir. Küçük bir otelde kalıyor, her gün yürüyüşe ve at binmeye gidiyorduk.

Kışın ortasıydı, yerde kar vardı. Hâlâ orada olduğumuz her gün havanın ne kadar soğuk olduğunu hatırlıyorum. Çocuk yüzüm donup buz olacakmış gibi hissederdim. Burnumun ucunu hiç hissetmezdim ki bu, (on yaşında bile) benim kadar büyük bir burnu olan biri için daha önce hiç yaşamadığım, korkutucu bir şeydi.

Genellikle babama bir şeyin dikkat etmesini gerektirecek kadar önemli olduğunu anlatmak için ağlardım. O zaman da ağladım ama babam bana sadece daha sıkı giyinmemi ve direnmemi söyledi.

"Şimdi gerçek bir keşif gezisindeyiz, mızmızlanma zamanı değil. Seni rahatsız eden şeyler bir süre sonra geçecek."

Ben de sustum, çünkü haklıydı. Çok büyük bir şey olmasa da direndiğim için kendimle gurur duymuştum. Şüphesiz böyle anlar bana bir şeye azimle devam etme cesaretini verdi. Özellikle (ve bu oldukça önemli) soğukta ve korkunç durumlarda...

Babam hiçbir zaman beni bir şeye zorlamazdı ama bu maceralara katılacaksam yapmamı beklediği pek çok şey vardı. Özgüvenim arttıkça kendimi her seferinde biraz daha zorlama isteğim de arttı.

Babamla bazen denize de açılırdık. Annem evliliklerinin ilk yıllarında tekneyle denize açılmaktan soğumuştu. Bunun sebebi onun babamın "her şeye düşünmeden atlaması" dediği tavrıydı. Ama ben bu "düşünmeden atlama" kısmından çok hoşlanıyordum ve hep havanın kötü, dalgaların büyük olmasını istiyordum.

Bir gün kendi sürat teknemi almayı hedefliyordum. O tekneyle denize açılmak, motoruyla uğraşmak istiyordum. Tabii ki gerçek bir sürat teknemin olması imkânsızdı ama onun yerine babamla bir sürat teknesi yaptık; çok güzel, iki buçuk metre uzunluğunda tahta bir sandalın arkasına 1.5 beygir bir motor taktık. Teknenin hızı gelen dalgaların gücüne güçlükle karşı koyabiliyordu ama benim için harika bir tekneydi. Oturma yerine tutturduğumuz direksiyona bağlanan, birlikte uydurduğumuz bir kablo sistemi döşedik ve ben denize açıldım.

Kıyıya birkaç yüz metre uzaktaki bir koya, annemle babamı görmeye giderdim. Onlar yürür, ben teknemle giderdim. Bir teknenin içinde olmanın verdiği o özgürlük hissine bayılıyordum.

Babama hep Lara'nın ikinci el Laser teknesini kullanmama izin vermesi için yalvarırdım. (Bu, tek kişilik bir yarış teknesiydi. Alabora olması zorlaştırılmıştı ama tekneyi kontrol etmek için on bir yaşındaki küçük bedenimin yetirebileceğinden çok daha fazla güce ihtiyaç vardı.)

Mücadele beni zenginleştiriyordu; yalnızlık, büyük dalgalar ve çiseleyen yağmur. Yalnız olmayı seviyordum; sadece ben ve doğa. Ama tabii ki babamın yakınlarda ve bir kriz ânında yardım etmeye hazır olduğunu bilmem gerekiyordu. (Genelde de öyleydi zaten.)

Sırılsıklam, ağzım kulaklarımda, ellerim ve kaslarım iplere sımsıkı tutunmaktan yanarken; diğer tekneleri de oraya getiren rüzgâra karşı ilerleyip limana girerken bulutların üstündeydim.

Yaşıtım diğer çocuklardan farklı olduğumu ve gerekirse doğaya karşı mücadele edip kazanabileceğimi hissediyordum. Maceraya atılmak bana dünyadaki en normal şey gibi geliyordu ve yaşadığımı böyle anlarda hissediyor, ilk kez gerçekten kendim olduğumu fark ediyordum.

Yaşım ilerledikçe ve dünyamın kalanı doğadan daha uzak ve karışık bir hâl aldıkça maceraya atılmanın bana verdiği o benlik ve bütünlük hissini daha çok aramaya başladım. Kısacası, soğukta sırılsıklam, her yerim çamurlu o hâlimle milyon dolarlar kazanmış gibi hissederken herkesin büyük bir çabayla havalı olmaya çalıştığı arkadaşlarımın yanında garip hisseder; kendimden emin olamazdım. Çamur benim için sorun değildi ama havalı olmak konusunda asla başarılı olamadım.

Ben de doğayı sevmeyi ve arkadaşlarımla oturmaktan çekinmeyi öğrendim. (Tabii gençliğimin başlarında havalı olmak için de biraz uğraşmadım değil. Sivri uçlu botlar alıp uzun bir kış boyunca sürekli metal müzik dinledim ama hiçbiri beni tatmin etmedi ve sıkılıp ikisini de bıraktım.)

Bunun yerine en kötü (yani en iyi) ve kirli kıyafetlerimi giyer, Aralık'ta bahçedeki hortumun altında durup sırılsıklam olurdum. Sonra da tek başıma tepelere koşardım. Oranın halkı benim biraz deli olduğumu düşünürdü ama hem ben hem de köpeğim böyle şeylere bayılırdık. Bu çok çılgınca gelirdi ve o his beni gitgide daha çok içine çekti.

Bir keresinde çamur içinde böyle bir koşudan dönerken hoşlandığım bir kızla karşılaştım. Çamurlu hâlimi beğenip beğenmeyeceğini düşündüm. Hiç olmazsa değişikti. Ama kız bana garip biriymişim gibi bakıp hızla karşıya geçti.

Kızların çamurlar içinde ve kirli erkeklerden hoşlanmayabileceğini anlamak benim için biraz zaman almıştı. Meğerse benim doğal ve vahşi olarak gördüğüm şey çekici olmak zorunda değilmiş.

Bu dersi hâlâ öğreniyorum.

13

Bir keresinde, sanırım ben on bir yaşındayken, Wight Adası'ndaki bir arkadaşım onunla limanı deniz alçaldığında geçmemi istedi. Limanın ününü duymuştum ve vıcık vıcık çamurla mücadele etmeye kalkışmanın kötü bir fikir olduğunu kemiklerimde hissedebiliyordum. Ama aynı zamanda kulağa oldukça eğlenceli gelmişti.

Limanı deniz alçaldığında geçmek çok zor bir işti. Limandaki çamur en kötüsünden; yoğun, derin, insanı içine çeken türden bir çamurdu. Kısacası bu plan başından hatalı ve aptalcaydı.

Kıyıdan on metre uzaklaşmışken bunun çok kötü bir fikir olduğunu bilmeme rağmen aptalca bir inatla devam etmeye karar verdim. Tabii ki henüz yolun üçte birini gitmeden saplanmıştık, hem de çok kötü şekilde. Siyah, iğrenç kokan çamur, balçık ve kil karışımı göğsüme kadar geliyordu.

O kısacık mesafeyi gitmek için o kadar enerji harcamıştık ki tamamen tükenmiş, olduğumuz yerde kalmıştık. Ve başımız büyük bir beladaydı.

Her hareket etmeye çalıştığımızda daha da derine batıyorduk. Kontrol edemeyeceğim bir şeyin içinde olduğumu hissettiğim o anlarda yaşadığım o korkunç panikle doldum.

Ama sonra Tanrı'nın yardımıyla iki olay gerçekleşti. Öncelikle deneme-yanılma yöntemiyle bu çamurla mücadele etmek yerine içinde "yüzmeye" çalışırsam çok yavaş da olsa ilerleyebildiğimi fark ettim. Hiç olmazsa bir ilerlemeydi bu. Ve ikimiz de arkamızı dönüp yavaş yavaş kıyıya ilerlemeye başladık. İkinci olaysa kıyıdaki birinin bizi görüp cankurtaran çağırmasıydı. Artık buradan çıksak da çıkamasak da başımızın belada olacağı kesindi.

Cankurtaran teknesi geldiğinde biz çoktan kıyıya varmıştık. Denizin derinliklerinden gelen canavarlar gibi görünüyorduk. İkimiz de hemen oradan sıvıştık.

Tabii ki annem olanları ve bizi kurtarmak için cankurtaran gönderildiğini duymuştu. Bana, haklı olarak, cankurtaran teknesinin dümencisine gönderip özür dilememi ve sebep olduklarımın karşılığı olarak tayfanın ayak işlerini yapmayı teklif etmemi söyledi.

Bundan iyi bir ders çıkarmıştım; *sınırlarını bil, yedek planın olmadan bir şeye kalkışma, içgüdülerin sana bir fikrin kötü olduğunu söylüyorsa başkalarının gazına gelme.*

Bu garip felaket dışında, büyüdükçe daha da dışarılara düşkün hâle geldim. Annem, babamla çıktığımız söz konusu küçük ve gizli görevlerden hoşlanmadığı için ben büyüdükçe babamla atıldığımız maceralar maalesef azaldı.

İlerleyen yıllarda, İngiliz Özel Kuvvetler Birimi'ne girme sınavımdan sonra bir kere babamı benimle daha büyük dağlara tırmanmaya çıkardım. Güney Galler'deki birkaç tepeye tırmanmak için Brecon Beacons'a gitmeyi teklif ettim. Burası pek çok askerî sınavın ve yürüyüşün yapıldığı bir yerdi.

Birliğimin astsubayı Taff'i, Merthyr Tydfil Tren İstasyonu'na, babamı karşılamaya gönderdim.

"Taff'ı nasıl tanıyacağım?" diye sordu babam.

"Tanırsın," dedim. Taff tam bir asker gibi görünüyordu; kısa, iri, saçları düzgün biriydi ve klasik bir asker palabıyığı vardı.

Taff, babamı aldı ve Brecon Beacons'ın önünde buluştuk. Dağlarda ulurcasına esen bir rüzgâr vardı. İlk tepenin yarısına geldikten sonra normalde suyu çok alçak olan bir akıntının taşkın sularını büyük bir heyecanla geçtik ama o sırada babamın burnunun kanadığını fark ettim. Rengi solmuştu ve çok yorgun görünüyordu, o yüzden geri döndük.

Dağlarda bunun gibi birkaç gün geçirip eğlendik ama babam eve döndükten sonra annem beni, onu neredeyse öldürmekle suçladı ve oldukça sert bir tavırla, "Bir daha böyle ölümcül geziler yok!" dedi.

Neden endişelendiğini anlıyordum ama biraz abartıyordu ve onun bütün gezileri içine alan bu yasağı yüzünden babamla o çok sevdiği maceralara bir daha atılamadık.

Artık babam aramızda değil. O kıymetli yılları daha iyi değerlendirmediğimiz için üzülüyorum ama hayat bazen bize böyle oyunlar oynuyor.

***

Babamla son gerçek maceramız benim ilk kez ölüm tehlikesi geçirdiğim, hayatta kalmak için mücadele verdiğim bir maceraydı ve tehlikeye rağmen o hissi ne kadar sevdiğimi fark etmiştim.

Annemin babamla doğaya yaptığımız gezilere koyduğu yasağın arkasında muhtemelen bu son gizli görevimiz vardı fakat bütün büyük maceralar gibi, bu da çok zararsız bir şekilde başlamıştı.

14

Ailecek Kıbrıs'a, teyzemle eniştemi ziyarete gitmiştik. Eniştem Andrew o sırada adadaki bütün İngiliz güçlerinin tuğgeneraliydi. Bu kadar önemli bir askerî lider olarak bizim gelmemiz onu çok korkutmuş olmalı.

Garnizonda birkaç gün geçirdikten sonra eniştem masum bir öneride bulundu; dağlara küçük bir gezi yapmaktan hoşlanabilirdik. İkimizin de vereceğimiz cevabı biliyordu; tabii ki gidiyorduk!

Troodos Dağları; adanın ortasında yer alan, karlı bir tepeler dizisi... Kıbrıs'a gönderilen askerler bu dağlarda kayıyor ve antrenman yapıyormuş. Dağlarda birkaç kayak pisti var ama tepelerin çoğu kışın boş ve el değmemiş vaziyette... Yani tam maceraya atılacak yerler...

Babamla tepedeki garnizondan iki asker kayağı ve ikişer bot aldık ve birkaç kayak pistinden kayarak güzel bir öğlen geçirdik. Ama kayak pistleri sıkıcı olabiliyordu. Birbirimize baktık ve pistin dışında küçük bir gezi yapmaya karar verdik.

Benim için hepsi bir oyundan ibaretti. Daha on bir yaşındaydım. Bu karların altındaki "ağaçların arasına" yaptığımız küçük gezi henüz başlamıştı ki hava aniden inanılmaz derecede bozuldu. Karları görüş mesafesini neredeyse sıfıra indiren bir sis kaplamıştı. Durup piste hangi yöne yürüyerek dönebileceğimizi düşündük ama tahminimiz yanlıştı ve kaybolmuştuk. (Ya da artık bunu ifade ederken dediğim gibi:"kısa süreli jeolojik sıkıntılar yaşıyorduk.")

Böyle bir durumda pek çok insanın yaptığı hatayı yaptık; mucizevi bir şey olacağına dair anlamsız bir inançla karda yürümeye devam ettik. Ne haritamız ne pusulamız ne yiyeceğimiz ne içeceğimiz ne de telefonumuz (daha icat edilmemişlerdi bile) vardı ve yolumuzu bulma ihtimalimiz çok düşüktü. Bizden daha iyi felaketzede adayları olamazdı.

Küçük, üşüyen, ıslak ve yorgun biriyseniz o derin karın içinde yürümek çok zor oluyor. Sonunda dakikalar saatlere dönüştü ve saatler geçmeye başladı. Bir süre sonra karanlık bastırmıştı.

İlerlemeye devam ettik. Babamın endişeli olduğunun farkındaydım. Bir dağcıydı ama birkaç kez kaymaktan başka bir şey yapabileceğimizi hesaba katmamış, böyle bir durumu tahmin etmemişti. Basit bir hata yapmıştı ve bunu kabul ediyordu. İlerlemeye devam ettik ve sonunda ormanın ortasına, karın daha da derin olduğu bir yere vardık.

Bir süre sonra ilerlediğimiz düzlükte yol ikiye ayrıldı. Sağdan mı gitmeliydik, soldan mı? Babam soldan gitmeyi önerdi. Ama içimden bir ses sağı seçmemiz gerektiğini söylüyordu. Babam sol diye ısrar etti, ben sağ diye. Yarı yarıya şansımız vardı. Babam sonunda pes etti.

İki yüz metre kadar sonra karlı bir yola denk geldik ve heyecanla yolu takip ettik. Yaklaşık bir buçuk kilometre sonra bir dağ yoluna vardık. On dakika sonra karanlıkta tepeye çıkan bir arabayı durdurup binmiştik. Kurtulmuştuk ama ben tükenmiştim.

Araba bir otuz dakika sonra bizi garnizonun kapısında bıraktı. Saat oldukça geçti ama ben aniden enerjiyle ve heyecanla dolmuştum. Yorgunluk gitmişti. Babam dağdayken doğru kararı verdiğimi biliyordu. Eğer sol taraftan gitseydik hâlâ bilmediğimiz yerlerde dolaşıyor olacaktık. Kendimle gurur duyuyordum.

Muhtemelen sadece bir şanstı bu ama o geceden bir başka önemli ders daha çıkarmıştım; *içindeki sesi dinle, sezgilerin aklının sesidir.*

Ancak kışlaya girdiğimizde bir hafta içi günü sabahı için çok fazla insan trafiği olduğunu fark ettik. Kısa süre sonra nedenini öğrenecektik.

Önce yanımıza bir çavuş, sonra da bir er geldi. Bizi üst düzeyin blokuna götürdüler. Üniformasının içinde, son derece ciddi ve yorgun görünen eniştemi gördük. Yüzüme büyük bir gülümseme yayıldı. Sonra babam da gülümsedi. Heyecanlıydım. Birlikte dağlarda kaybolmuş, soğuktan ağır ağır ölmenin eşiğinden dönmüştük. Hayattaydık.

Heyecanımıza karşılık tuğgeneral eniştemin ölümsüzleşen o sözlerini duyduk; "Sizin yerinizde olsam gülmezdim!" Ve devam etti. "Ordunun bütün kurtarma timi şu anda dağlarda sizi arıyor. Bir de arama kurtarma helikopteri gönderdik. Umarım iyi bir açıklamanız vardır?"

Yoktu tabii ki. Dikkatsiz davranmıştık. Yine de sonra şansımız dönmüştü ama hayat böyleydi bazen.

Bugünden sonra, "Sizin yerinizde olsam gülmezdim," lafı da Grylls ailesinin klasik cümleleri arasına girecekti.

15

Çok eğlenceli zamanlar geçirdik ama hayat her zaman eğlenceden ibaret olamaz. Bu da beni okul zamanlarına götürüyor.

Çocukluğumda kendimi hiç çekinmeden dünyaya açar, hep bir macera arardım ama aynı zamanda evimin sıcaklığına ve sevgiye çok ihtiyaç duyardım. Bu, daha sonra yaşanacak olaylar karşısında hazırlıksız yakalanmama neden oldu.

Ailem küçük bir İngiliz çocuğunun yatılı okula gönderilmesinin en uygun eğitim şekli olduğuna karar vermişti. O sırada sekiz yaşındaydım ve bu benim için çılgınca bir fikirdi. Daha ayakkabılarımı bağlamayı yeni öğrenmiştim. Ama annem de babam da bunun benim için daha iyi olacağını düşünüyordu. Şüphesiz iyi niyetle hareket ediyorlardı ama ben o kadar uzak bir okulda yaşamaya göndermelerinden nefret ettim.

Okulun büyük kapılarının önünde toplandığımızda babamın yanaklarından yaşlar süzüldüğünü görmüştüm. Nasıl bir sevginin ya da içgüdünün bunu doğru bulabileceğini sorguladığımı hatırlıyorum. İçgüdülerim bunu yanlış buluyordu ama ben ne bilebilirdim ki, sadece sekiz yaşındaydım.

Ve yatılı okul maceram böylece başlamış oldu. Bir insanı böyle bir şeye nasıl hazırlayabilirdiniz ki? Kışın karın içinde sığınaklar inşa etmek, tenis takımına seçilmek ve denizci rozeti kazanmak gibi eğlenceli yönleri olsa da aslında burada yaşamakta çok zorlandım. Bu macera benim için başlı başına bir hayatta kalma mücadelesiydi.

En zoru korkuyla mücadele etmekti. Terk edilme ve arkadaşların tarafından ezilme korkusu ki bunlar gerçeklere dayanan korkulardı. Söz konusu iki korkuyla da tek başıma başa çıkamayacağımı öğrenmiştim.

Okulun kendisiyle ilgili bir problem yoktu. Hem müdür hem de öğretmenler son derece iyi kalpli ve iyi niyetli insanlardı ama bu orada hayatta kalmayı kolaylaştırmıyordu.

Henüz küçük yaştayken burada idare etmek istiyorsam bir savunma mekanizması geliştirmem gerektiğini fark etmiştim. Benim savunma mekanizmam yaramazlıktı. Diğer çocukların bana hedef almasını ve zarar vermesini engellemek için kavgacı bir çocuk oldum. Bu, aynı zamanda evimi hatırlamamı engelliyordu. Ama tek istediğiniz evde olmakken evi hatırlamamaya çalışmak oldukça zordu.

Annemle babamı çok özlerdim. Bu hasreti en çok hissettiğim anlarda, bütün yatakhane uyurken yüzümü yastığıma gömüp sessizce ağladığımı hatırlıyorum. Aslında bunu yapan tek kişi ben değildim. Neredeyse herkes ağlıyordu ama bunu saklamayı öğrenmişlerdi. Saklayamayanlarla dalga geçilirdi.

Nitekim ben de gözyaşlarım tükenene kadar ağladıktan sonra sonunda daha güçlü olmayı öğrenmiştim.

Şimdi yatılı okulların, çocukları hayatın zorluklarına hazırlamak için çok iyi olduğunu söyleyen pek çok insanla karşılaşıyorum. Bu bana biraz ters geliyor. Ben yatılı okula gitmeden önce çok daha serttim. Dışarıyı sevmeyi, doğayı anlamayı ve kendimi gerektiğinde zorlamayı öğrenmiştim. Okula başladığımdaysa tek hissettiğim korkuydu. Korku dışarıdan sert görünmeye çalışmanı sağlıyor ama aslında daha zayıf biri oluyorsun. Bu, benim okula gitmeden önce hissettiğim her şeyin tam tersiydi.

Babam bana eğlenceli, samimi, sevgi dolu ama şartlar gerektirdiğinde sert ve güçlü olmayı öğretmişti. Hazırlık okulunda bu dersi unutmam ve hayatta kalmak için yeni yöntemler bulmam gerekiyordu. Ve daha sadece sekiz yaşındayken yeni yöntemler bulmakta çok da iyi olduğum söylenemezdi.

16

Yurtta kalan herkesin her "çıkış", yani evde geçirebileceğimiz hafta sonuna gün saydığını hatırlıyorum (mahkûmlar gibi). Üstelik o günler bir türlü gelmez, gelince de hemen geçerdi. Okuldan çıkacağımız gün sonsuz bir mutlulukla dolardım. Annemle babam herkesin ailesinden önce gelir ve babam yüzünü sınıfın camına bastırıp komik hareketler yapardı. Biraz utanırdım ama aynı zamanda çok da mutlu olurdum.

Okula döneceğimiz Pazar geceleriyse tam bir işkenceydi. Özel Kuvvetler'e giriş sınavını okula dönmeye her zaman tercih ederim, düşünün ki o kadar kötüydü. Babam beni okula bırakırken benden çok üzülürdü. Bu beni biraz teselli ediyordu açıkçası ama aynı zamanda neden buraya gönderildiğim konusunda kafamı karıştırıyordu.

Ama beni en çok korkutan şey evden uzakta olmak değil, diğer çocukların zorbalık yapmasıydı.

Keza böyle iki zorba sürekli birkaç masum, zavallı çocukla uğraşıyordu. Bu çocuklar gerçekten kime sataşmaya karar verirse o kişinin hayatını cehenneme çevirebilirdi. Sadece fiziksel olarak saldırmaz, kurbanlarını sürekli dışlayarak ve onlarla durmadan acımasızca dalga geçerek psikolojik saldırılarda da bulunurlardı. Küçüklüğümde bunlara tanık olduğum için şimdi de böyle insanlardan nefret ediyorum. Böyle bir şeye tanık olduğumda çılgına dönüyorum.

Küçük yaşta böyle saldırılara maruz kalmadığım için şanslıydım. Ama bu, aynı zamanda korkudan sinip saklanmayı öğrenmem gerektiği anlamına geliyordu ve bir çocuğun bunu yapması iyi değildi. Nitekim ileri yaşlarımıza taşıdığımız pek çok korku genelde ne olduğuna değil, ne olması ihtimali olduğuna göre şekilleniyordu.

Zorbalar ve ailemin yanımda olmaması hariç, yatılı okul o kadar da kötü değildi. Aslında en iyi okullardan birinde oldukça iyi bir eğitim aldığım için şanslıyım.

Müdür ve karısı harika insanlardı ve her çocukla tek tek ilgilenip hepsine ellerinden geldiğince iyi baktılar. Ama okul, okuldur ve asıl olaylar hep öğretmenler arkalarını dönünce gerçekleşir.

Bu detayı geçip okulun hakkını vermek gerekirse tek öğrendiğim zorbalardan saklanmak değildi. Bizi kendi ilgi alanları olan gerçek insanlar olma konusunda da ciddi şekilde cesaretlendirdiler.

Arkadaşlarımızla ormanda kamp yapabiliyorduk. Hatta izin verilen alanın dışında gizli kamplar yapmak için okuldan kaçtığımızı görmezden gelirlerdi. Bizim için ölüm kalım meselesi olan atkestanesi şampiyonaları düzenlerdik. Kestanelerimiz sertleşsin diye haftalarca sirkede bekletirdik. Tenis turnuvalarıysa Wimbledon muamelesi görürdü. Her cumartesi gecesi bütün okul büyük koridorda toplanır, herkes banklara otururdu ve eski bir film makarasındaki İkinci Dünya Savaşı klasiklerinden birini izlerdik. Sonra da hepimize haftalık ikramımız olan birer çikolata verilirdi. Ben hakkımı olabildiğince uzun süre yiyebileceğim sayıda parçalara ayırırdım. Hepsi çok eğlenceliydi. Başka bir yüzyılda yaşıyor gibiydik ve okulun da böyle bir his vermeye çalıştığından eminim. Olabilecek en iyi şekilde "eski" bir okuldu.

Kışın donan gölde kayardık. Zavallı Latince hocamız yatay bir merdivenin üzerinde gölün sağlamlığını test etmek zorunda kalırdı. Hava nasıl olursa olsun bir uçtan öbür uca kaymama, ki çok sevdiğim bir şeydi, izin verirlerdi. "Sağlık ve Güvenlik" önlemleri konusunda sağlıklı bir şekilde çok da zorlanmazdık.

Hepsinden önemlisi birbirimizin arkasını kollamayı ve büyük resme bakmayı öğrenmiştik. Bu ikisi hayatta çok işe yarayan özelliklerdi ve bunlar için hâlâ minnettarım.

Ancak beş yılın sonunda gitgide daha yaramaz bir çocuk oluyordum ve bir keresinde arkadaşlarımla şansımızı fazla zorlamıştık. Rugby botlarımın içinde bira şişeleri, yastığımın altında sigaralar, müdür yardımcısının odasına girip purolarını çalmaya çalışırken yakalanmıştım.

Müdür bize son derece net bir şekilde, "Bu kadar yeter, başka bir yanlışınızı görürsem hepiniz atılacaksınız!" dedi.

Bardağı taşıran son damla bir okul gezisinden dönerken okullarında kaldığımız başka bir müdürün kızını öpmem oldu. Üstelik bütün suç benim de değildi.

Bizim okuldan on beş kişi bir geceliğine kalacağımız bu okulun spor salonunda, yerde yatmıştık. O akşam okul müdürünün genç kızının bizi baştan ayağa süzdüğünü görmüştüm. O gece kız karanlıkta yatakhanemize girdi (on üç yaşındaki erkek çocuklarla dolu bir odaya girebilecek kadar cesurmuş) ve birimizi öpeceğini söyledi. Hemen elimi havaya kaldırdım ve yanıma gelip dudaklarını dudaklarıma yapıştırdı. On üç yaşındayken birini öperken nefes almanın mümkün olduğunu bilmiyordum, o yüzden bir otuz saniye sonra nefes nefese kalmış hâlde çekilmek zorunda kaldım. Kız bana çok garip biriymişim gibi baktı ve koşarak dışarı çıktı.

Ama koşarak çıkarken bizi kontrol etmeye gelen babasına çarptı. Tabii ki kız bizim onu yatakhanemize çağırdığımız ve benim onu öpmeye çalıştığım yalanını uydurdu.

Son damla buydu.

Pek çok maceramda yanımda olan ve hep ortalığı karıştıran birkaç arkadaşımla birlikte kibarca "okuldan ayrılmamı" istediler.

Ancak yaz döneminin bitmesine çok az kalmıştı, o yüzden okuldan "atıldığımız" gibi geri geldik. Ailelerimiz bir araya gelmiş ve bize verebilecekleri en büyük cezanın bizi yaz dönemi bitince tekrar okula göndermek olduğuna karar vermişti ve yaz tatilimizin bir haftasını Latince kitapları temize çekerek geçirmiştik. İşe yaramıştı da...

Bu benim için bardağı taşıran son damla oldu ve o okuldan ayrılırken kendi çocuklarımı asla istemedikleri bir yere zorla göndermemeye karar verdim. Onların korku içinde büyümemesi için elimden geleni yapacaktım.

Devlet okulu daha kötü olamaz herhâlde, diye düşünüyordum.

Hiç olmazsa orada müdürün kızı gibi beni şikâyet edecek insanlar olmayacaktı.

Eton Koleji dünyanın en ünlü okulu unvanına sahip olduğu için oraya gitmek hem bir ayrıcalık hem de biraz korkutucu oluyor. Ama hayattaki pek çok durumda olduğu gibi, sizin buradaki hayatınızı nasıl yaşadığınız önemli...

Benim için bu korkutucu bir tecrübe olmasına rağmen aynı zamanda beni ben yapan şeydi. Diğer devlet okullarından farklı olarak Eton, liseden çok üniversiteye benzeyen bir okuldu. Eğer güvenilir biri olduğunu kanıtlayabilirsen sana çok büyük özgürlükler sunuyordu ve ben de bunu çok sevmiştim. Kendimi daha güçlü ve keşfetme konusunda özgür hissetmiştim. İyi olduğum şeylerin peşinden gidebilecektim.

Ama en başta böyle değildi.

***

Eton; on üç yaşında, endişeli bir çocuğun gidebileceği en korkutucu yerlerden biri olmalı.

Heyecanlıydım ama aynı zamanda korkuyordum. (Görevlerim ve gezilerim sayesinde şimdi bu hisse alıştım ama o zamanlar çok yeni bir duyguydu.)

Şimdi buraya ilk vardığında böyle hisseden tek kişinin ben olmadığımı bilmek iyi geliyor. Eğlenceli insanların kaldığı popüler binada kalmam da Eton'da geçirdiğim yılları çok iyi etkilemişti. Kısa süre sonra çok yakın olduğum arkadaşlar edindim ve bu insanlar bugüne kadar en yakın arkadaşlarım olarak kaldı. Zorlukların içinde şekillenen arkadaşlıklardı bunlar. Birlikte okuldaki zorbalarla mücadele etmek ya da onlardan kaçmak kadar hızlı arkadaş edinmenizi sağlayacak hiçbir şey yoktur.

Yeni bir öğrenci olarak Eton'a geldiğinizde kendinizi inanılmaz derecede küçük ve önemsiz hissediyorsunuz. Büyük öğrenciler tanrılar ya da devler gibi görünüyor; tıraş olan, testesteron dolu devler. Her binada elli öğrenci vardı ve bütün sınıflar, on üç yaşındakilerden on sekiz yaşındakilere kadar herkes, aynı binada kalıyordu.

Yılın başında bütün yeni öğrenciler birer birer en üst sınıfların ortak salonuna çağrıldı (buraya kütüphane de derlerdi) ve üst sınıfların kafalarına göre karar verdikleri bazı garip ritüelleri gerçekleştirmemiz istendi.

Tek tek bizi içeri çağırdılar. Ben ilk girenlerden biriydim. Bu iyi bir şeydi aslında, çünkü son sınıflar henüz tamamen acımasızlaşmamıştı. Çok zarar görmeden odadan çıktım. Benden sadece bir süt şişesini öpüyormuş gibi yapmamı istediler. Daha önce sadece bir kişiyi öptüğüm için (okul müdürünün kızını öpme meselesi, o da başlı başına bir felaketti zaten) şişeyi bu konuda uzmanmış gibi, çok etkileyici bir biçimde öptüğümü sanmıyorum. Bir süre sonra benden sıkılıp çıkmamı söylediler. Böylece sınavlarımı geçmiş ve binaya kabul edilmiştim.

Bir süre sonra dengemi buldum. Hazırlık okulunda olduğum zamana kıyasla evi çok daha az özlüyordum. Tanrı'ya şükür! Bir sürü boş zamanımız vardı ve bizi hep ilgi duyduğumuz konularda kendimizi geliştirmemiz konusunda cesaretlendiriyorlardı. Ben de bu sayede harika maceralar yaşayabileceğimi fark etmiştim.

Ben ve birkaç yakın arkadaşım okulun arazisindeki meşe ağaçlarına tırmanmaya başladık. Ağaçların arasında bir "maymun yolu" keşfettik. Bu yoldan giderek hiç yere inmeden, tepelerde dolaşabiliyorduk. Harikaydı!

Bir süre sonra büyük dallar ve makaralar yardımıyla ağaçların üzerine yerleştirdiğimiz çubuklarla kendimize gerçek bir Robin Hood sığınağı yaptık.

Thames Nehri'ni tren yolu köprüsünün üzerindeki kirişlere basarak geçerdik. Nehirde gezmek için strafordan tekneler yapardık. Hatta bir keresinde bir küvetten tekne yapmıştık. (Maalesef bu teknemiz altındaki açıklıktan içine su girdiği için, ki bu çok önemli bir problemdi, battı. Kendime not; *büyük nehirlere açılmadan önce teknenin yüzdüğünden emin ol.*)

Mutfakta çalışan güzel Fransız kızları izlerdik. Hatta bazen işten eve döndükleri yolu izlemek için etraftaki çatılarda kamp yapardık. Kızlar yürüyüp geçerken onlarla konuşmaya çalışırdık ama boşunaydı.

Bütün bu eğlencelerin arasında çok ders çalışmamız ve içinde frak ya da yelek olan saçma sapan takımlar giymemiz gerekiyordu. Bu bende şık kıyafetleri olabildiğince pejmürde göstermeye çalışma alışkanlığının oluşmasına neden oldu. O zamandan beri kaliteli kıyafetleri hep pejmürde görünecek şekilde giyiyorum. Hatta bu yüzden müdür yardımcısı bana "kıro" lakabını takmıştı. Eton argosunda bu kelime, "itibarsız, pejmürde görünen kimse" demektir.

18

Okul istediğimiz gibi giyinmemize çok sert bir şekilde karşı çıkıyordu. Hemen yanımızdaki Windsor kasabasına gitsek bile ceket giyip kravat takmak zorundaydık. Bu da kasabada yaşayan ve eğlence anlayışları "gösterişli" Eton öğrencilerini "dövmek" olan insanlara hedef olmamıza neden oluyordu.

Bir keresinde Windsor'daki McDonalds'ın tuvaletine gitmiştim. Yemek yenilen kısmın arkasında ve alt kattaydı. Tam erkekler tuvaletinden çıkıyordum ki kapı sonuna kadar açıldı ve içeri agresif görünen gençler girdi. Bu çelimsiz, ufak, ceket giyen Eton öğrencisini görünce turnayı gözünden vurmuş gibi birbirlerine baktılar. Ben de yalnız ve tehlikede olduğumun farkındaydım. (Bu sırada arkadaşlarım üst katta beni bekliyordu. Ne işe yarar arkadaşlar!)

Aralarından geçip çıkmaya çalıştım ama beni karşı duvara fırlatıp gülmeye başladılar. Sonra da bana ne yapacaklarını tartışmaya başladılar.

"Kafasını tuvalete sokup sifonu çekelim," dedi biri (*Bu, Eton'da çok başıma geldi*, diye düşündüm).

Şimdilik sorun yoktu.

Fakat sonra, kafamı tuvalete sokmadan önce tuvaleti doldurmayı düşündüler. Bunu duyunca endişelenmeye başladım.

Bundan sonraysa en tehlikelisini duyacaktım; "Etek tıraşına ne dersiniz?"

Genç bir erkek için hiç tüylerinin olmadığının keşfedilmesi kadar utanç verici bir şey olamaz ve benim de yoktu. Bir şeyler yapmak zorundaydım.

Gençlere saldırdım ve birini duvara fırlattım. Diğerini kenara ittim ve kapıdan çıkıp koşarak uzaklaştım. Beni kovalamaya başladılar ama üst kata çıkmayı başardım ve artık güvende olduğumu biliyordum. Bana saldıran gençler tamamen gözden kaybolana kadar arkadaşlarımla içeride bekledik. Sonra dikkatli bir şekilde çıkıp okula giden köprüden sıvıştık. (Sanırım gittiklerinden iyice emin olmak için yaklaşık iki saat beklemiştik. Korku insana sabretmeyi çok iyi öğretiyor.)

Bunun gibi birkaç olaydan sonra karate ve aikido öğrenmeye karar verdim. Bunlar Eton'da dersi verilen tek dövüş sporlarıydı.

Bahsettiğim bu olaylardan birinin sebebi bizim binanın üst sınıf öğrencilerinden biriydi. Adını vermeyeceğim; çünkü şu anda evli ve başarılı bir iş adamı ama o zamanlar agresif, zalim ve vücut geliştirmiş gibi görünen iri yarı bir gençti. Gözlerinde vahşi bir bakış vardı ve tutkal kokladığı zamanlarda gerçekten çıldırmış gibi olurdu. Kollarındaki, boynundaki ve alnındaki damarlar patlayacak gibi görünürdü ve nereden bulduğunu bilmediğim bir düdükle savaşa hazır olduğunu duyurmak gibi kötü bir alışkanlığı vardı.

Bir ara hedeflediği kurbanlar ben ve yanımdaki odada kalan Ed'di. Düdüğünün sesini duyduğumuz gibi ortadan kaybolmamız gerektiğini bilirdik.

Bir keresinde düdüğü duyunca Ed'le birlikte odama koştuk ve saklanacak bir yer aramaya başladık. Dolabı açtık, içine girip çömeldik ve bizi bulmaması için dua ettik. Düdüğün sesi gitgide arttı ve sonunda kapım gürültüyle açıldı. Sonra bir an bir sessizlik oldu.

Bu vahşi adam nefes nefese odanın altını üstüne getirip bize küfrederken nefeslerimizi tutmuştuk. Sonunda durdu. Dolaba yaklaşan ayak seslerini duyduk. Sonra tekrar sessizlik oldu. Ardından dolabın kapısını sertçe açtı ve düşmanımızın bize çıldırmış gibi bakan gözleriyle karşı karşıya geldik.

Çığlığı basmıştık.

Önce kafalarımızı tutup birbirine vurdu. O andan sonrası biraz bulanık... Bizi odanın içinde bir oraya bir buraya fırlattı. Sonunda kolumu o kadar geriye doğru büktü ki omzumun kırılacağından emindim. Bizden sıkılınca "ninja tekmesi" dediği bir tekmeyi göstereceğini söyleyerek bizi tekmeledi, sonra da gitti.

Yeter, dedim içimden. *Kendimi nasıl adam gibi savunacağımı öğrenmem lazım!*

Bunun gibi bir iki olay, arada kafamı tuvalete sokup sifonu çekmeleri, ah bir de iki de bir şortumdan kapının arkasındaki askılığa asılmam gibi olaylar olurken günler hızla geçti.

Eton'daki acımasızlıkla hazırlık okulundakinin farkı Eton'da bunlarla tek başıma mücadele etmek zorunda olmamamdı. Genelde bu negatif tecrübeleri paylaştığım birileri olurdu. Bu kez ezilen ve diğerlerini şikâyet eden ben ve arkadaşlarımdık.

Ve, nasıl olduysa, bu olaylar arasında büyürken gerçekten geliştiğimi fark ettim.

Karate ve aikido kulüplerine en kısa sürede katıldım ve dövüş kulüplerinin atmosferini çok sevdiğimi keşfettim; odaklanma, birbirini kollama ve hepsinden önemlisi zekâyı fiziksel gücün, tekniği kuvvetin önüne koymayı gerektiren bir sanatı öğrenmek.

Ve devam ettim. Dövüş sanatlarında ilerlemenin püf noktası zaman ve motivasyondur ve o düdüklü çocuk sağolsun, bende kesinlikle motivasyon vardı.

Arkadaşlarımdan birkaçı da benimle birlikte kaydoldu ve ilk derslere geldiler. Aslına bakarsanız kursa başladığımızda benden çok daha iyiydiler; daha güçlü, daha formda ve esnek ama birkaç hafta sonra gelmemeye başladılar.

Pazar akşamı herkes masa tenisi oynarken ya da televizyon izlerken o kış akşamlarının karanlığına çıkıp iki saat manyak bir dövüş hocasından dayak yemeye gitmek zordu. Ama ben devam ettim. Forest Gump gibi inatla derslere devam ettim ve öyle yaptığım için şimdi çok mutluyum.

Bir yaz İngiltere Karate Topluluğu'yla Japonya'ya gitme fırsatı buldum. Hayallerim gerçek olmuştu. Annemin beni Londra'nın otobüs terminaline bıraktığını ve ona endişeli bir hâlde el salladığımı hatırlıyorum. Güzelce ceketimi giyip kravatımı takmıştım. Gömleğimin yakasına karate kulübünün arması dikilmişti.

Terminalde İngiltere'nin her yerinden karate kursuna giden öğrenciler vardı. Bu insanların hiçbirini tanımıyordum. Hepsi benden daha sert ve büyük görünüyordu. Sesleri de daha çok çıkıyordu. Korkmuştum. Japonya o sırada korkutucu derecede uzak göründü bana. Derin bir nefes aldım ve kendimi çok küçük, çok önemsiz hissederek oturdum.

Takım pek çok farklı karate uzmanıyla doluydu; kimi Londra'da taksiciydi, kimi tam zamanlı dövüş uzmanıydı. (Eton'dan bu geziye gitmek üzere seçilen diğer öğrenci Rory Stewart'tı. Afganistan'a gitmesiyle ünlü, henüz otuz yaşındayken o sırada işgal altındaki Irak'ın bir ilini kontrol etmiş milletvekili Stewart.)

Bu ilginç bir gezi olacak, diye düşündüm. Ama korkmamı gerektiren bir şey yoktu. Ekip en genç üyeleri olarak beni kanatlarının altına aldı. Gencecik bir adam olarak evden ayrılıp Tokyo'ya gitmek ufkumu açan bir olaydı.

Tokyo'nun dışındaki dağlara doğru yol alıp antrenman kampımıza yerleştik. Burada dünyanın en ünlü karate ustalarından Yahara Sensei tarafından eğitilmeye başladık. Her gece küçük Japon kulübelerinin yerlerinde uyur, gün içinde de dövüşmeyi öğrenirdik. Oldukça zor ve gerçekçi dövüşlerdi bunlar. Antrenmanlar daha önce yaptığım her şeyden daha yorucu ve meşakkatliydi. Pozisyonlarımızda ve duruşlarımızda en ufak bir yanlış olsa Yahara Sensei *"jo"* denilen bambu bir çubukla bize vururdu.

Kısa süre sonra, yorgun olduğumuz zamanlarda bile yorgun görünmemeyi öğrendik.

Antrenmanımız akşamın erken saatlerinde bitince üç kilometre kadar yürüyüp yolun kenarındaki küçük bir kulübeye gider; bir tür kek olan sütlü ekmek alıp yukarı, tekrar kampa yürürken yavaş yavaş yerdim. Sonra da kaplıcaların doğal, sıcak suyunda yorgun kaslarımı dinlendirirdim. Buradaki her şeyi çok sevmiştim.

İngiltere'ye dönmek için Tokyo'ya gittiğimizde dünyanın en iyi yirmi karatecisinin özel eğitimlerini izleme şansı bulduk. Oldukça etkileyiciydi. Hızlı, bazen çok sert hareketler vardı ama aynı zamanda şiir gibiydi. Burada öncekinden daha da çok bağlanmıştım karateye.

Bir gün ben de o kadar iyi olacağım, diye söz verdim kendime.

*** Siyah kuşağımı kazandığım günü ve o gün hissettiğim gururu asla unutmayacağım.

Sınavın olacağı günü üç yıl beklemiştim ve o üç yıl boyunca elimden geleni ardıma koymamıştım; her hafta dört beş kez kesinlikle antrenman yapardım.

Annem son sınavı izlemeye gelmişti. Dövüştüğümü izlemekten nefret ediyordu. (Bunun aksine, okul arkadaşlarım dövüşlerimi izlemeye bayılıyordu ve ben daha iyi oldukça daha çok izlemek istiyorlardı.) Ancak annemin kötü bir alışkanlığı vardı. Dövüşlerin gerçekleştiği spor salonunu yukarıdaki balkonlardan izlemek yerine daha iyi görmek için kenarlarda toplanan insanların arasında yere uzanırdı. Bana nedenini sormayın. Canımın yandığını görmeye katlanamadığını söylerdi ama öyleyse neden sadece dışarıda beklemediğini hiçbir zaman anlayamazdım. Canım annemin çok da mantıklı davranan bir kadın olmadığını zamanla öğrendim ama kalbinde yatan sevgi ve ilgi her zaman kendini gösterirdi.

Neyse, o gün büyük gündü. Bütün *kata*ları[2] sergilemiştim; şimdi kuşak sınavının *kumite*, yani dövüş kısmına geçmem gerekiyordu. Avrupalı büyük usta Sensei Enoeda hakemlik yapmaya gelmişti. Hem heyecan hem de korkuyla doluydum, yine.

Dövüş başladı.

Rakibimle (yakınlardaki bir okula giden, çok iyi bir rugby oyuncusuydu) en başta birbirimize birkaç yumruk atıp karşı tarafı blokladık ancak ikimiz de çok sıradışı bir şey yapmıyorduk. Fakat sonra bir anda kendimi köşeye sıkışmış buldum ve içgüdüsel bir şekilde (belki de çaresizlikten) eğildim, kendi etrafımda dönüp rakibimin suratına yumruğu yapıştırdım.

Yere düşmüştü. Bu, benim için harikaydı!

Rakibimin formu kötüydü ve kontrolsüz davranıyordu. Yapmam gereken rakibimi dövmek değildi. Bu dövüşün amacı gereken hızda ve uygun teknikle gerçek anlamda vurucu olmayan darbeler indirerek rakibimi yaralamadan saldırmaktı. Ben de yüzümü buruşturdum, özür diledim ve rakibimi yerden kaldırmak için elimi uzattım.

Sonra Sensei Enoeda'ya döndüm. Yaptığımı onaylamayan bir bakış bekliyordum ama yüzünde mutlu bir ifade vardı. Bir çocuğa beklemediği bir hediye verince yüzünde gördüğünüz o ifade gibi... Sanırım içindeki

---

2 *Kata*, Uzakdoğu dövüş sporlarında her biri birbirini takip eden birkaç hareket. (Ç.N.)

dövüşçü yaptığım hareketi beğenmişti ve böylece kuşak atlayıp siyah kuşak kazanmış oldum.

Sarı, yeşil, turuncu, mor, kahverengi... Bütün o kuşakları bir bir geçtikten sonra siyah kuşağımı taktığım anda kendimle inanılmaz derecede gurur duydum. Bunu kendi başıma ve zor yoldan yapmıştım. Siyah kuşağı parayla alamazdınız.

Karate öğretmenimizin dövüş sanatlarının kuşaklarla değil, ruhumuzla alakalı olduğunu söylediğini hatırlıyor ve ona katılıyorum ama yine de siyah kuşağımı aldığım gece kuşağımla uyumuştum.

Ah, bir de bir daha kimse bana sataşamadı.

20

Eton'daki eğitimimin sonlarına doğru ülkenin en genç ikinci *dan* siyah kuşaklardan (siyah kuşağın bir seviye üstü) biriydim.

Bu arada gerçekten çok sevdiğim, karatenin güce dayalı yumruk ve tekmelerinden ziyade, daha çok rakibini tutup yere atma üzerine kurulu olan aikidoya başlamıştım. Ama gençliğimde karatenin o daha fiziksel yönünü çok sevmiştim.

Ancak okuldan sonra ve askerdeyken her hafta karate çalışmayı bırakmıştım, çünkü askerî antrenmandan gelince fazlasıyla yorgun oluyordum. Ondan sonra bir başka antrenman yapmam ve karateyi devam ettirmem o sırada mümkün değildi.

O zamandan beri dövüş sanatlarına ancak ninjutsu ve aikido çalışarak devam edebildim. Yapabildiğim zamanlarda da yoga yapıyordum. Bütün bunlar karateden daha az hareket isteyen sanatlardı ama bu sanatlarda ustalaşmaya bir yolculuk gibi bakıyorum.

Bunların hepsi o düdüklü çocuk ve Pazar akşamları gittiğim o zorlu antrenmanlarla başlamıştı.

Okul zamanlarından anlatabileceğim diğer tek karate hikâyesi; bir seri katilin bacaklarının arasına tekme attığımı söyleyip ünlü olmaya çalıştığım, kimsenin inanmadığı bir hikâye...

Nepal Prensi Dipendra benimle aynı dönemde Eton'daydı ve karateyi çok severdi. Sık sık birlikte antrenman yapardık. Zaman zaman garip davrandığı olsa da pek çok konuda iyi bir arkadaşımdı. Ancak onunla dövüşmek bir saygı seviyesi gerektiriyordu, çünkü sonuçta kraliyet ailesindendi ve kendi ülkesinde yarı tanrı olarak görülüyordu.

Ama oldukça haşarı bir çocuktu. Sadece benden büyük ve güçlü değil, aynı zamanda simsiyah bıyığı ve atkuyruğuyla çok korkutucu bir dövüşçüydü. O yüzden ben de onunla bütün gücümle dövüşürdüm. Bir keresinde karnına atmaya çalıştığım bir tekme biraz daha aşağı gelip kasıklarına gömüldü.

Ah!

Defalarca özür diledim ama sonraki hafta boyunca düzgün yürüyemedi.

Yaklaşık on yıl sonra kendi ülkesindeyken Dipendra kendini kaybetti. Aile problemleri yüzünden yöneldiği alkol ve uyuşturucuların tetiklediği bir öfke krizinde o sırada akşam yemeği yemekte olan kraliyet ailesinin neredeyse tamamını vurup öldürdü. Bu, Nepal Krallığı'nın en karanlık anlarından biriydi.

21

Karate bana kendimi fiziksel anlamda zorlayabileceğim bir ortam verdi. Ben bu mücadelede hayat buldum ve daha fazlasını istediğime karar verdim.

Koşmaya başladım ama normal bir koşu değildi bu. Bir sırt çantasını ağırlıklarla doldurup geceleri ter içinde kaldığım uzun koşulara çıkardım. Kendimi bazen kusana kadar zorlardım. Sınırlarımı keşfediyordum ve sınırda olmak canlı hissetmemi sağlıyordu. Hiçbir zaman bir sporda en iyi ya da en hızlı kişi olmadım ama bu beni hep daha çok çalışmaya teşvik etti.

Kendimi zorlamaya açtım ve gerekirse çok ilerleyebileceğimi keşfediyordum. Bu açlığın nereden geldiğini, nasıl ortaya çıktığını bilmiyorum ama buna "içimdeki ateş" demeye başladım. Belki de bu büyük ve yeni dünyada bir kimlik arayışı içindeydim. Belki gençliğimde yaşadığım zorluklar nedeniyle bu. Bilmiyorum ama okuldaki kimsenin yapamadığı şeyleri yapmaya başlıyordum ve bu, harika bir histi.

Yapabildiğim şeylerden biri tırmanmaydı ancak normal tırmanma değil. Okuldaki en yüksek binalara ve kulelere tırmanıyordum, hem de geceleri. Ve buna bayılıyordum.

Okulun ve okul bahçesinin bütün yasaklı yerlerini keşfediyordum. Okulda devriyeye çıkan güvenlik görevlilerinin hepsinden daha hızlı ve çevik olduğumu biliyordum.

Bir gece kocaman kütüphane binasının otuz yedi metre üstündeki kubbe şeklindeki çatısına tırmanmaya çalıştığımı hatırlıyorum. Kubbe çatı kurşundan ve bilye gibi pürüzsüzdü ama klasik bir zayıflığı vardı; yanından geçen yıldırımsavar kablosu.

Sir Ranulph Fiennes da Eton'da öğrenciyken bu çatıya tırmanmaya çalışmış. Sonunda okulun marangozluk kulübesinden "ödünç aldığı" küçük tahta parçalarıyla yaptığı bir merdiveni kullanarak bu sıkıntıyı çözmüş. Ama ben eğer yıldırımsavar ağırlığımı taşırsa hiçbir "yardım" olmadan tırmanabileceğimi biliyordum.

İlk tırmanacağım gece gökyüzü açıktı ve bir sürü yıldız vardı. Bahçeden bahçeye, duvarların üzerinden atlayıp koridorları geçtim ve ağaçların dalları yardımıyla binanın arka tarafına ulaştım. Yanımda suç ortağı olarak yakın arkadaşım Al vardı. Birkaç çatıyı ve atık su borusunu kullanarak beş metre kadar tırmandık. Buradan itibaren kubbe kısmı başlıyordu ama yaklaşık yirmi metre yukarıda kalan çatının üzerine çıkabilmek için önce eski görünüşlü, dar, çıkıntı şeklinde bir kenarlığa tırmanmamız gerekiyordu.

Daracık bir borunun üzerinde güçlükle dururken karşıya olabildiğince iyi bir şekilde atlayıp kenarlığı yakalamam ve sonra vücudumu kenarlığın üzerine çekip çıkarmam gerekecekti. Bunun için cesaret ve yüksekteyken bile rahat olmak gerekiyordu. Eğer yanlış atlarsam düşüşüm çok uzun olacaktı ve betona yapışacaktım.

Bu tırmanışı zorlaştıran bir şey daha vardı; okulun güvenlik görevlileri çatının etrafına dikenli tel çekip bu tür atlayışları tamamen "imkânsız" kılmak istemişti. (Bunu muhtemelen yıllar önce Ran Fiennes'ın bu çatıya tırmanma teşebbüsünden sonra yapmışlardı.) Ama aslında dikenli tel çatıya tırmanmama yardımcı oldu. Ona tutundum.

Bu tırmanışın asıl zor kısmı çatıya çıktıktan sonra geliyordu. Yıldırımsavarın çatıya yerleştirildiği kısmı görmek zor değildi. Zor olan oraya yetişmekti.

Yıldırımsavar ağırlığımı taşımıştı. Etrafı kurşunla kaplı küçük çan kulesinin üzerinde, ay ışığının altında bir silüet olarak yürümek ve Ran Fiennes'ın baş harfleri olan RN'nin yanına BG harflerini kazımak bana inanılmaz bir gurur vermişti.

Böyle küçük anlarda kim olduğumu buluyordum. Ben sıradan bir öğrenci değildim. Tamamen canlı ve tamamen kendimdim, yeteneklerimi sonuna kadar kullanıyordum.

Ve böyle anlarda macerayı ne kadar çok sevdiğimi fark ederdim. Sanırım iyi olduğum alanın biraz farklı bir alan olduğunu ve aynı zamanda karnımın içinde bana, *Aferin Bear, aferin,* diyen sesi keşfediyordum.

Suç ortağım dikenli telleri geçemedi ama beni aşağıda sabırla bekledi. İzlemesi insanın midesini bulandıran bir şey yaptığımı söyledi. Bu, benim gözümde sadece daha eğlenceli anlamına geliyordu.

Dönüş yolculuğumuzda binalardan birinin bahçesini güvenle geçip sessizce diğerine geçtik. Dönüşümüzün son ayağına başlamak için bina sorumlusu öğretmenin bahçesindeki çalıların arasında çömelip beklemeye başladık. Işığı yanıyordu. Gece lambasının ışığında kâğıtları değerlendiriyordu muhtemelen. O sırada aniden köpeğini tuvaletini yapması için dışarı çıkarmaya karar verdi. Köpek kokumuzu aldığı gibi çıldırdı ve öğretmen köpeğin havladığı tarafa koşmaya başladı.

Karar verme zamanıydı.

"Koş!" diye fısıldadım ve birlikte saklandığımız yerden çıkıp bahçenin öbür tarafına koşmaya başladık. Ama maalesef bu kişi aynı zamanda okulun kayak öğretmenliğini yaptığı için oldukça formdaydı. Yaklaşık elli metre kadar durmadan bizi kovaladı. Önümüzdeki son engel üç metre uzunluğunda bir duvardı. İkimiz de, adrenalin sağ olsun, bir kerede duvarın üstünden atladık. Öğretmenimiz koşucuydu ama tırmanamazdı. Ucu ucuna yakalanmaktan kurtulup karanlığın içinde koşarak kaybolduk. Son bir boruyu tırmandıktan sonra açık penceremden odama girdim ve görev tamamlanmıştı.

Sonraki gün boyunca sürekli gülümsedim.

22

Okulda bana başka bir isim daha taktılar (Bebekliğimde ablam Lara'nın taktığı diğer adım *Bear* [ayı] haricinde bir lakap) ve bu, "Maymun"du.

Bu ismi bana Stan vermişti. Sebebi muhtemelen ağaçlara ve binalara tırmanmayı çok sevmemdi. *Bear* ya da maymun olması çok da fark etmiyordu; çünkü gerçek adım olan Edward'ı sevmiyordum, bana çok ciddi ve sıkıcı geliyordu. Maymun da *Bear* de kötü isimler değildi. Keza bana hâlâ bu iki lakapla da seslenirler.

Eton'dayken sürekli gece maceralarına çıkardım ve bu, okulda duyulmuştu. Hatta yanımda götürdüğüm insanlardan bir ücret almayı bile düşünmüştüm.

Bir keresinde bütün Eton kasabasını eski kanalizasyon sisteminin içinde dolaştığımızı hatırlıyorum. Bir köprünün altında yaklaşık bir buçuk metre yüksekliğinde, bütün kasabanın altına yayılmış, tuğladan borulara açılan bir ızgara kapak bulmuştum. En başta nereye çıkacağına dair hiçbir fikrim olmamasına rağmen bu zifiri karanlık koridorlara daldım ve çok kötü koktuklarını keşfettim. Sonra yanıma bir iskambil destesi ve el feneri alıp geri döndüm ve geldiğim yönü bilmek için on adımda bir kartı tuğlaların arasına sıkıştırarak ilerlemeye başladım. Sonunda yukarı çıkan bir yer bulup kapağını kaldırdığımda okul müdürünün evinin hemen önündeki küçük sokağa çıkmıştım.

Buna bayılmıştım! "Bütün pislikler buradan geçiyor," diye şakalaştığımızı hatırlıyorum.

Ama aynı zamanda yasadışı olmayan tırmanma maceralarına atılmak istiyordum ve gelecekte benimle Everest'e tırmanacak arkadaşım Mick Crosthwaite'le okulun dağcılık kulübünü yeniden canlandırdık.

Eton'un en büyük gücü, öğrencileri ne kadar garip olursa olsun, ilgi alanlarına yönlendirmesidir. Pul toplamadan peynir ve şarap tatma kulübüne, dağcılıktan jonglörlüğe, eğer gerçekten azminiz varsa okul kesinlikle yardım ederdi. Eton'da tahammül edilmeyen iki şey vardı; tembellik ve hevessizlik. Bir şeye ilginiz olduğu sürece kabahatlerinizi görmezden gelirlerdi. Bu da benim çok hoşuma giderdi; sadece havalı ve sportmen insanları değil, bireyselliği ön plana çıkarıyordu ve açıkçası bireysellik hayat oyununda çok daha önemliydi.

Böylece Eton sayesinde henüz on altı yaşındayken Potansiyel Deniz Piyadesi Seçme Dersleri'ne katıldım. Bu, üç gün süren ve inanılmaz derecede zor bir dersler dizisiydi. Koşmadan çamurda marşlara, saldırı derslerinden ipte yürümeye (bunda çok iyiydim) ve liderliğe kadar bir sürü ders aldık. Sonunda yirmi beş kişiden sadece üçü geçti ve ben de o üçünden biriydim. Ucu ucuna geçmiştim. Bana verdikleri raporda; "Deniz Piyadesi Seçilebilir; Grylls formda, hevesli ama fazla rahat davranmamaya dikkat etmeli," yazıyordu (Bu tavsiyenin son kısmını görmezden geldim ama bu, sonraki hayatım için çok iyi oldu).

Bu dersleri geçmek, eğer istersem babamın izinden gidip komando olabileceğim konusunda bana güven vermişti.

***

Eton'da harika bir sorumlu öğretmenimiz olduğu için çok şanslıydım. İyi ya da kötü bir öğretmenleri olması insanların Eton'daki tecrübelerini çok etkiliyor. Ben şanslıydım.

Bir öğrencinin yönetici öğretmenle ilişkisi küçük okullarda öğrencilerin müdürle ilişkisi gibidir. Oyunlardan kariyer seçeneklerine kadar öğrencinin her şeyiyle bu öğretmenler ilgilenir ve kesinlikle öğrenciyi iyisiyle kötüsüyle en yakından tanıyan odur. Kısaca her şeyin başında olan öğretmenlerdir.

Bay Quibell biraz eski kafalı ve garip biriydi ama onu harika yapan iki özelliği vardı; adildi ve gerçekten öğrencilerle ilgilenirdi. Bu özellikler gençlerin kendilerine güvenlerinin gelişmesini sağlardı. Ama

Bay Quibell'e tüm bu iyi özelliklerine rağmen çok çektirdiğimizi söylemeden edemeyeceğim.

Bay Quibell'in sevmediği iki şey vardı; pizza ve Slough.[3]

Biz de şaka olsun diye en iyi Slough pizzalarından sipariş edip Bay Quibell'in adresini verirdik. Ama hiçbir zaman sadece bir iki pizza istemezdik, otuz pizza falan isterdik. Kurye gelince saklanıp Bay Quibell'in önce şaşırıp sonra da öfkelenmesini ve kuryeye bir daha asla gelmemesini söyleyip göndermesini izlerdik. Bu şaka iki kez işe yaradı ama üçüncüsünde pizzacılar durumu anladı.

Eton'da alabileceğimiz seçmeli derslerden biri araba tamiriydi. Bu ders kısaca, "Külüstür bir araba bul, temizleyip yeni gibi görünmesini sağla, egzozunu çıkar, tamamen işe yaramaz hâle gelene kadar motoru sonuna kadar zorlayıp dışarıda dolaştır," demekti.

Mükemmel!

Ben de işi bitmiş gibi görünen, eski, kahverengi bir Ford Cortina arazi aracı buldum ve 30 pound'a aldım. Birkaç arkadaşla arabayı çok iyi bir duruma getirdik.

Sadece on altı yaşında olduğumuz için arabayı yola çıkaramazdık ama on yedinci yaş günüm yaklaştığı için bunun yasal olarak kullanabileceğim ilk araba olmasının harika olacağını düşündüm. Tek problem aracın yola çıkabileceğini söyleyen belgeyi almak için onu bir garaja götürmeliydim ve bu da yanımda arabayı kullanacak bir "yetişkin" olmasını gerektiriyordu.

Bay Quibell'i cumartesi günü beni (o çok sevdiği Slough'da) bir tamirciye götürmeye ikna ettim. Bir önceki gün kriket maçında harika bir atlayışla topu yakaladığım için o sırada onun gözünde iyi bir öğrenciydim, o yüzden pes edip kabul etti.

Ancak biz henüz Slough'ya varmadan motordan dumanlar çıkmaya başladı, hem de nasıl! Bay Quibell bir süre sonra kaportadan çıkan dumanın biraz açılması için cam sileceklerini durmadan çalıştırıyordu. Garaja geldiğimizde arabanın motoru inanılmaz derecede sıcaktı. Tabii ki onun yola çıkma izni almasının imkânsız olduğu belliydi. Bana böyle bir araba görmeyeli uzun zaman olduğunu söylediler.

---

3 Eton'a yakın bir yerleşim yeri.

Benim için her şey arabayı almadan önceki hâline dönmüştü ama bu olay Bay Quibell'in bütün öğrencilerine karşı ne kadar iyi bir baba figürü olduğunu gösteriyordu. Hangi alanda olursa olsun, öğrenci bir konuda gerçekten azimliyse özellikle ilgili davranırdı ve ben de her şeyden çok azimli bir insandım. Her zaman başarılı olmadım, her zaman o konudaki en yetenekli kişi ben değildim ama büyük bir hevesle çabalamaktan hiç vazgeçmedim. En önemlisi de buydu. Babam bana her zaman eğer tanıdığım en azimli insan olursam hayatta iyi bir yere geleceğimi söylerdi. Bunu hiçbir zaman unutmadım.

Babam haklıydı. Kim azimli ve hevesli biriyle çalışmayı sevmezdi ki?

23

Okul yıllarımdan anlatacağım sadece iki hikâye kaldı. İlki, ilk dağ-
cılık tecrübem olan kışın Galler'in en yüksek tepesi Snowdon Dağı'na
tırmanma hikâyem. İkincisi de ilk kız arkadaşımı edinme hikâyem. (Kız
arkadaşım derken birden fazla öptüğüm ve en az bir hafta çıktığım kızı
kastediyorum.)

Ama önce Snowdon görevini anlatmalıyım.

Planımız bu geziye kışın gitmek olduğundan okuldan yakın bir ar-
kadaşım Watty'nin heyecanlanmak ve hazırlanmak için sadece iki ayı
vardı. Geziye çıkacağımız gün geldiğinde çantalarımız o kadar ağırdı
ki güçlükle taşıyorduk.

İlk ders; *dağa tırmanırken bütün gün o ağırlığı taşımak istemiyor-
sanız çantalarınızı hafif tutun.*

Cuma gecesi Snowdonia Ulusal Parkı'na vardığımızda hava karar-
mıştı. Rehberimiz olan genç bir beden eğitimi öğretmeniyle birlikte
sisin içine doğru ilerlemeye başladık. Ve Galler'de hep olduğu gibi bir
süre sonra yağmur başladı.

Dağa çıkan yolun yaklaşık yarısından sonra gelen bir gölün hemen
yanındaki kamp yerimize ulaştığımızda gece yarısını geçiyordu ve yağ-
mur sağanağa dönüşmüştü. Hepimiz çok yorgunduk, (o ağır çantaları
taşıdığımız için bu kadar yorulmuştuk) hemen çadırlarımızı kurduk.

Çadırlarımız eski, üçgen şeklinde, yere çakılan çadırlardandı ve
Galler'in kış fırtınalarında çok da dayanıklı olduklarını söyleyemezdim
ve tabii ki gece saat üçte kaçınılmaz olan gerçekleşecekti.

Pat!

Çadırımı dik tutan, yere çaktığımız çubuklardan biri kırılmış ve çadırın bir yarısı üzerimize çökmüştü.

Hmm, diye düşündüm.

Ama Watty de ben de çadırı düzeltmek için kalkamayacak kadar yorgunduk ve sadece kendi kendine bir şekilde düzeleceğini umut ettik.

İkinci ders; *ne kadar yorgun olsan da, ne kadar istesen de çadırlar kendilerini düzeltmez.*

Ve tabii ki ikinci çubuk da kırıldı. Daha ne olduğunu anlayamadan kendimizi ıslak bir brandanın altında yatıyor bulduk. Sırılsıklamdık ve donuyorduk. Çok acıklı bir hâlimiz vardı.

O gece öğrendiğim başka bir ders de şuydu; *işini zamanında yap. İyi bir kamp yeri hazırlamak için harcadığın zaman asla boşa gitmez.*

Sonraki gün Snowdon'ın tepesine ulaştık. Sırılsıklamdık ve çok üşüyorduk ama çok mutluyduk. Oradan hatırladığım en güzel anım, Watty ve rehberimizle birlikte dağın tepesindeki taşların önüne oturup o fırtınanın içinde büyükbabamdan ödünç aldığım pipoyu içtiğim ândı.

Genç yaşta bana dağları sevmeyi öğreten şeylerden biri de dağların insanları da aynı seviyeye getirmesi olmuştu. Yanımda bir öğretmenle pipo içebilmek benim için paha biçilemezdi. Bu da hayatta asıl peşinden koşmamız gereken şeyin dağlar ve insanların birbiriyle doğada kurduğu bağlar olduğunu gösteriyordu.

(En iyisi de içtiğim tütünün Watty tarafından evde hazırlanmasıydı. Aromasını vermesi için bir süre elma suyunda da bekletmişti. Aynı elma suyuyla daha sonra elma şarabı yapmıştık ve bu şarabı bizimle yaşayan arkadaşlarımızdan biri Chipper'ı yirmi dört saat kadar kör etmişti.)

Biri bana bugün dağa tırmanmayı neden sevdiğimi sorsa gerçek cevabım adrenalin ya da başarı hissi olmazdı. Dağlar benim için normal hayatta bulmanın zor olduğu bağları temsil ediyordu. Dağların herkesin kıyafetlerini ve saçlarını dağıttığını görmeyi; insanları çabalamaya, mücadele etmeye zorlamasını seviyordum. Aynı zamanda insanları daha rahat davranmaya, saçma şeylere kahkahalarla gülmeye, oturup bir günbatımını ya da kamp ateşini izlemekten keyif almaya itiyorlardı.

Bu tür bir dostluk insanlar arasında inanılmaz bağlar oluşturuyor ve ben hep insanların birbirlerine bağlı oldukları yerlerde güçlü olduklarına tanık oldum.

Neyse, şimdi ikinci hikâyeye geçelim; yani kızlar meselesi.

Ya da hayatımda kızların olmaması meselesi.

24

Eton harika bir okul olmasına rağmen kızlar konusunda ciddi bir eksikliği vardı. (Her gece çatıda oturup çıkmalarını beklediğimiz aşçı kızlar hariç.) Ama onlar ve öğretmenlerin bazılarının arada bir uğrayan güzel kızları dışında burası kurak bir çöl gibiydi. (Güzel kızlar demişken, klarnet hocamızın kızı olan Lela'dan çok hoşlanırdım ama Eton'daki en yakın arkadaşlarımdan biri olan Tom Amies'le evlendi. O zaman herkes Tom'u çok kıskanmıştı. Doğrusu harika bir çiftler. Neyse, konuyu dağıtıyorum.)

Dediğim gibi, bunlar dışında burası kurak bir çöl gibiydi.

Hepimiz sadece bir kere gördüğümüz ya da pek tanımadığımız kızlara (mektup) yazıp dururduk ama gerçekçi bir şekilde bakarsak hedeflerimiz asla gerçekleşmeyecekti.

Bir keresinde Eton'a yakın bir okula giden hoş bir kızla tanıştım. (Yakın derken yaklaşık kırk beş kilometre uzakta bir okul.) Bir Pazar günü bir arkadaşımın oldukça eski, tek zincirli, paslanmış bisikletini alıp onunla buluşmaya gittim. Okulu bulmam saatler sürdü ve bisikleti sürmek gitgide daha da zorlaşmaya başladı. Sadece yönümü değiştirmem değil, pedalları çevirmem bile zorlaşıyordu; çünkü bisiklet çok paslanmıştı.

Sonunda ter içinde kalsam da okulun kapısına ulaşmayı başardım. Ve okulun, rahibe okulu olduğunu öğrendim.

Hiç olmazsa iyi huylu ve kolayca bırakabileceğim bir kız olmalı, diye düşündüm.

Bu ilk hatamdı.

Önceden kararlaştırdığımız gibi kızla buluştuk ve ağaçların arasından geçen güzel bir kır yolunda yürümeye başladık. Ona daha da yaklaşmak için cesaretimi toplamaya çalışırken bir ıslık, sonra da arkamızdan gelen bir çığlık duydum. Dönünce yanında bir Alman kurt köpeğiyle bize doğru bağırarak koşan bir rahibe görüm.

Genç kız bana korku dolu gözlerle bakıp kaçarak canımı kurtarmam için yalvardı. Ben de tabii ki dediğini dinledim. Kaçmayı başardım ve yine bisikleti alıp güçlükle okula doğru ilerlemeye başladım. Yolda giderken, *Tanrım, bu kız arkadaş meseleleri hayal ettiğimden daha zor görünüyor*, diye düşünüyordum. Ama direndim.

Kızlarla tanışmanın başka bir yolu Eton'un "Strawberry Kriket Kulübü"ne katılmaktı. Bu kulüp kriket oynamak isteyen ama oyunu pek de ciddiye almak istemeyenlerin katıldığı bir yerdi. Diğer okullarla maç yapmak yerine bölgedeki diğer kulüplere karşı maç yapıyorduk. Bu diğer kulüpler de takımlar ve onları destekleyen kızlardan oluşuyordu. Söz konusu kulüp işi oldukça eğlenceliydi. Hepimiz pembe kazaklar giydiğimiz ve kulübe biraz alaycı yaklaştığımız için daha da eğlenceli oluyordu.

Tam benlik bir kulüptü, hemen katıldım.

Kulübün geleneklerinden biri; ilk topa vuran kişinin takımın maçtan önce sahaya gelirken bir yerden yalvararak ya da ödünç aldığı, hatta belki de çaldığı ve yine takımın karar verdiği bir miktarda likör içmesiydi.

Bir maçta topa ilk vuran kişi ben olduğum için birinin kriket çantasının derinliklerinden çıkardığı büyük boy bir elma şarabı içtim. Sonra topa vurmak için sahaya geçtim, dizlerimi hafifçe büktüm ve kendimi hazırladım.

Günün ilk topu büyük bir hızla geldi ve altı puanlık harika bir vuruşla karşılık verdim. *Harika*, diye düşündüm. *Şimdi bunu tekrar yapmam lazım.*

İkinci top geldi ve başka bir güçlü atış yapmaya çalışırken topu tamamen kaçırdım, kendi etrafımda dönüp yere düştüm. Oyundan çıkmıştım.

Çadıra dönünce kenarda oturmuş kola içen, yazlık bir elbise giymiş çok güzel bir kızın bana baktığını gördüm. Dizlerimin bağını içki çözemediyse şimdi bu kız kesinlikle çözmüştü.

Konuşmaya başladık. Adının Tatiana olduğunu ve ağabeyinin karşı takımda oynadığını öğrendim. Benim vuruşlarımı da komik bulmuştu. Ayrıca yirmi yaşında, yani benden iki yaş büyüktü ve rahibe okuluna değil, bir Alman üniversitesine gidiyordu.

Sonraki gün okuldan çıkabileceğim bir hafta sonunun başıydı. Okuldan yaklaşık on arkadaşla Wight Adası'na gitmeyi planlamıştım. Tatiana'ya büyük bir cesaretle bize katılmak isteyip istemeyeceğini sordum. (Adrenalin ve içkinin verdiği cesaret sebebiyle heyecan doluydum. Onu çağırabildiğime inanamadım.)

Bizimle gelmeyi kabul etti ve ben daha ne olduğunu anlamadan ailemin evde olmadığı bir hafta sonu bütün arkadaşlarım ve nedense bana doyamayan bu güzel kızla Wight Adası'ndaki evime gidiyordum. Bunların hepsi benim için çok yeniydi.

Harika bir hafta sonu geçirdik. Otuz altı saat boyunca Tatiana'yı istediğim kadar öpebildim. İnanılmazdı.

Ancak maalesef üniversiteye devam etmek için Almanya'ya döndü. Böylece her şey bitmiş oldu. Hayatına devam etmiş olmalı.

Aslına bakarsanız bir erkek okulunda bu kadar harika şeyler nadiren gerçekleşirdi, o yüzden böyle şeyler olduğunda kendimizi çok şanslı hissederdik.

25

Kızları bir tarafa bırakırsak, okulun son yıllarında bulduğum başka bir şey de çok kendini göstermeyen ama oldukça güçlü Hıristiyanlık inancıydı. Bu inanç beni derinden etkiledi ve bugüne kadar benimle kalan bir bağlılığın gelişmesini sağladı. Bunun için çok minnettarım. İnancım beni hayata gerçekten bağlayan bir çapa ve o büyük maceralarım sırasında gizli bir güç oldu.

Bu inancı on altı yaşımda, okuldayken oldukça normal bir şekilde edindim.

Küçüklüğümde hep Tanrı'ya inancı oldukça doğal bulmuştum. Benim için oldukça basit, sorgulamadığım, kişisel bir şeydi. Ama okula gidip saatler süren Latince ayinleri, kilisedeki vaazları ve klişe dindar insanların durmadan konuşmalarını dinledikten sonra bu inanç olayını tamamen yanlış anladığımı düşünmeye başladım. Belki de Tanrı insana yakın ve bireysel bir ilişki kuran biri değildi. Belki de daha çok kilisede duyduğum gibi sıkıcı, insanları yargılayan ve yoran, ilgisiz biriydi.

Kilisenin böyle ama gerçek inancın bunun tam tersi olması oldukça ironik... Ama bir şekilde çok düşünmeden Tanrı'nın güzel yönlerini bir kenara bırakıp sıkıcı olduğunu kabul etmiştim. Kilise bu kadar kötü bir yerse Tanrı da öyle olmalıydı.

Küçükken hissettiğim o kıymetli, doğal ve içgüdüsel inancı bu yeni edindiğim artık büyüdüğüm ve bir "yetişkin" gibi inanmaya başlamam gerektiği düşüncesiyle bir kenara attım. Bir çocuk inanç hakkında ne bilebilir ki, değil mi?

Ancak henüz okurken vaftiz babam Stephen'ın ölmesi beni sarstı ve eskiden hissettiğim bu inancı tekrar bulmaya itti. Hayat böyle bir şey... Bazen kim olduğumuzu ve ne yaptığımızı tekrar hatırlamamız için küçük bir sarsıntı gerekiyor.

Stephen, babamın en yakın arkadaşıydı. Benim için ikinci bir baba gibiydi. Bütün aile tatillerimize gelir, yazın neredeyse bütün hafta sonlarını bizimle Wight Adası'nda geçirirdi. Babam ve benimle birlikte denize açılırdı. Johannesburg'dayken hiç beklenmedik ve ani bir şekilde kalp krizi geçirip ölmüştü. Yıkılmıştım.

Bir akşam okulda bir ağaca çıkıp oturmuş ve hayatımın en basit ve içten duasını etmiştim.

"Lütfen Tanrım, içimi rahatlat."

Beni sakinleştir... Duamı kabul etmişti.

O zamandan sonra hayatın, rahiplerin ya da kilisenin sahip olduğum o basit inancı karıştırmasına izin vermemeye çalıştım. Hıristiyanlığı daha iyi öğrendikçe aslında temelde oldukça basit olduğunu görüyordum. (Hayatın sonraki aşamalarında bazı samimi, sevgi dolu arkadaşlıklar kurabildiğim harika kilise grupları olduğunu keşfetmek beni çok rahatlatmıştı. Bu tür konularda bana çok yardımcı oldular.)

Benim için Hıristiyanlık daha çok sahip çıkmak, teselli etmek, affetmek, güçlendirmek ve sevmekle alakalı ama bu mesajı pek çoğumuz göremiyoruz. Sadece abartılı derecede dindar olan o insanları ya da okuldaki o bitmek bilmeyen din derslerinin Tanrısını hatırlıyoruz. Bu kimsenin suçu değil. Bizim görevimiz açık fikirli ve iyi kalpli olmak, böylece kalbimiz Tanrı'nın kapısını çaldığında sesini duyabiliriz.

İşin ironik yanı; hiç sevilmek, sahip çıkılmak ya da affedilmek istemeyen birine denk gelmedim. Ama dinden nefret eden bir sürü insan tanıyorum. Onlara sempati duyuyorum, Hz. İsa da öyle yapmıştı. Hatta sadece sempati duymadı, daha da fazlasını yaptı. Sanki Hz. İsa dini yok etmeye ve hayat getirmeye gelmiş gibi görünüyor.

Gençliğimdeki düşüncelerimin temeli buydu; Hz. İsa bizi özgürleştirmeye, bize sonuna kadar yaşayabileceğimiz bir hayat getirmeye geldi. Hata yaptığımızda (Kim yapmadı ki?) bizi affetmek için ve hayatımızın temeli olmak için geldi.

Hıristiyanlık hayatımın her adımında, kendimi zayıf hissettiğim her zaman beni güçlendiren bir varlık oldu. O gece ağacın tepesinde otururken inanılmaz bir şey bulduğumu düşünmem hiç şaşırtıcı değilmiş. Keza hayatımın amacını bulmuştum.

Bu inancın çoğunu özellikle küçüklüğümde içimdeki inancı güçlendiren okuldaki arkadaşlarıma borçluyum. Bana yardım ettiler, beni yönlendirdiler ve dostlarım olarak hep yanımda durdular; harika insanlar Stan, Ed ve Tom.

Okuldaki diğer arkadaşlarım Mick, Watty, Hugo ve Sam'e gelince; onlar bu yeni edindiğim inancı kız tavlama konusunda büyük bir kayıp olarak görmüştü!

Kızlardan bahsetmişken, eğer merak ettiyseniz o güzel Alman kızı sadece öpmekle yetinmemin sebebi de inancımdı. (Ama o kıza karşı koymanın benim için oldukça zor olduğunu da kabul etmem lazım.)

Bütün arkadaşlarım bu durumdan rahatsız olduğumu düşünse de ben içten içe kendimi eşime saklama konusunda kararlıydım.

Ama o başka bir hikâye...

Eton benim için böyle bir yerdi. Şimdi dönüp bakınca gerçekten minnettar hissediyorum. Bu kadar iyi bir eğitim aldığım ve babam beni oraya göndermeye para yetirebilmek için o kadar çok çalıştığı için minnettarım. Ona hiçbir zaman gerektiği gibi teşekkür edemedim ama hiç olmazsa bana verdiği her şey için ona ne kadar minnettar olduğumu bildiğini umuyorum.

Ancak Eton bana gerçekten bazı önemli dersler verdi, mesela az ama öz arkadaşa sahip olmanın ne kadar önemli olduğunu öğretti. Bu arkadaşlıkların hayatımız akıp giderken ne kadar önemli olduğunu öğretti. Aynı zamanda hayata bizim anlam verdiğimizi öğretti ve bu da taşımamız gereken bir sorumlulukla geliyor.

Kimse sizin yerinize her şeyi yapmayacak. Hepimiz tek tek gidip hayatımızı elimize almalı ve o hayatı kendi hayatımız yapmalıyız.

***

Eton'daki zamanımda oldukça İngiliz diyebileceğimiz bir özellik edindim; insanlarla şakalaşıp aptalı oynamak ama gerçekten gerektiğinde her anlamda güçlü biri olmak.

Sanırım bu Scarlet Pimpernel[4] zihniyeti oluyor; gizli bir kahraman olmaya çalışmanın asaleti. (Aslında geçen yıllarda Özel Hava Kuvvetleri'ndeki üst düzey askerlerin çoğunun eski Etonlular olmasının tesadüf olmadığını düşünüyorum. Özel Hava Kuvvetleri gerçek bir

---

4 Fransız Devrimi'nden sonra geçen bazı olayları anlatan bir tarihî roman serisinin ilk kitabı. Scarlet Pimpernel, asıl adı Percy Blakeney olan bir İngiliz centilmenin takma adı. Fransa'da devrim sonrasında adamlarıyla birlikte hükümetin öldürmeye çalıştığı aristokratları koruyor. (Ç.N.)

meritokrasi değil mi? Hiçbir okul orada kesin bir yeriniz olmasını sağlayamaz. Oraya ancak çalışarak, alnınızın teriyle girebilirsiniz. Aynı şekilde Özel Hava Kuvvetleri'nin kendine çektiği insanlar belli kişilikleri ve tavırları olan insanlar; orada bireyselliği ve özgürlüğü ön plana koyan ve gösterişsiz bir şekilde yetenekli olanlar tercih ediliyor. Eton da aynen böyle bir yerdi.)

Bu temelinde tam bir İngiliz zihniyeti... *Çok çalış, çok eğlen, mütevazı ol; işini olabilecek en iyi şekilde yap, kendine gülmeyi ve gerektiğinde kendine kızmayı bil.*

Ben de bu özellikleri diğer insanlarda görmekten hoşlandığımı fark ettim ve farkında olduğumda da, olmadığımda da içten içe bu özelliklere sahip biri olmaya çalıştığımı keşfettim.

Benim için Eton'da olduğum süre boyunca hiç değişmeyen bir gerçek vardı; ne kadar oradaki hayatı yaşamaya çalışırsam çalışayım, aslında hafta sonları için yaşıyordum. Wight Adası'na gidip annemi, babamı ve Lara'yı göreceğim zamanı bekliyordum.

Kalbim hep oradaydı.

***

Ben büyüdükçe dünyam da büyüdü.

Annem ikinci el (aslında düşününce daha çok sekizinci el gibi bir şeydi) küçük bir motosiklet almama yardım etti. "Yaşlı insanlar"a göre tasarlanmış, mor bir motosikletti. Motoru 50cc olmasına rağmen sonuçta tekerleri olan, beni bir yere götürebilecek bir araçtı.

Her yere onunla giderdim. Arkadaşlarımı görmek için küçük mahallemizi bununla gezer, şehirdeki spor salonuna bununla giderdim. (Oldukça sert görünen haltercilerin gittiği bir spor salonu bulmuştum. Oraya mümkün olduğunca sık gitmekten hoşlanıyordum.) Motorumu geceleri sahilde kullanır, toprak yollarda gitmeye zorlardım. (Ancak böyle bir motosikleti zorlayabileceğim kadar tabii ki.)

Özgür hissediyordum.

Küçüklüğümde annem hem bana hem de Lara'ya karşı oldukça cömertti. Bu da parayla sağlıklı bir ilişkim olmasını sağlamıştı. Annemi asla cimri biri olmakla suçlayamazdık. Özgür, eğlenceli, çılgın ve elindeki her şeyi sürekli başkalarına veren bir kadındı. Her zaman... Bazen bu durum biraz sinir bozucu olurdu. (Mesela bazen bize ait bir şeyden başkasının daha çok yararlanabileceğini düşünürdü.) Ama annemin bize karşı cömert olduğu zamanlar çok daha sıktı ve bu, bir çocuğun büyürken yaşayabileceği en güzel şeylerden biriydi.

Annemin cömertliğiyle büyüdüğümüzde ne ben ne de Lara paraya çok bağlı, hep para peşinde koşan insanlar olduk. Annemden bir şeyi almadan önce vermeyi ve paranın bir nehir gibi olduğunu, eğer etrafını kapatıp bir baraj örmeye çalışırsan (yani cimrilik yaparsan) üzerinde baraj bulunan bir nehir gibi suyunun durulacağını ve hayatını kötü etkileyeceğini öğrendim. Akıntının devam etmesini sağlarsan, insanlara para ve eşya vermeye devam edersen; nerede olursan ol nehir akmaya devam edecek ve sana bir sürü ödüller getirecekti.

Bana söylediği şu söze bayılıyordum; "Sahip olduklarının azaldıysa verebileceğin bir şeyler bul." Evrenin kuralı bu; iyi bir şeylere sahip olmak istiyorsan önce iyi bir şeyler vermelisin. (Bu arkadaşlıklar için de geçerli tabii ki.)

Annem sıradışı hedeflerim konusunda da oldukça hoşgörülüydü. Bir dergide bir ninjutsu okulu bulduğumda oraya gidip eğitim almaya karar vermiştim. Ama kurs adanın bir ucunda, kaba saba insanların oturduğu bir yerdeydi. Bu, annem bana o motosikleti almadan önce olmuştu. O yüzden her hafta beni arabayla kursa götürür ve dışarıda çıkmamı beklerdi.

Muhtemelen ona bunun için teşekkür bile etmedim.

O yüzden, teşekkür ederim anne. Hem o zaman için hem de diğer her şey için...

Bu arada ninjutsu da yer yer çok işe yaradı.

27

Wight Adası'nda büyümenin en güzel yanlarından biri de kışın herkesin sessiz, havanın rüzgârlı, denizin de son derece dalgalı olmasıydı. Buna bayılırdım. Artık benim için gerçekten ihtiyaç hâline gelen bütün o tırmanma ve antrenman yapma gibi dışarı aktiviteleri için iyi bir zamandı.

Yazınsa Londra'dan ve daha uzak yerlerden gelip tatil süresince adadaki evleri kiralayan ailelerle ada inanılmaz bir yer olurdu. Aniden bütün ada takılabileceğim, birlikte denize açılabileceğim ve arkadaş olabileceğim, yaşıtım çocuklarla dolardı ve o zaman burayı daha da çok severdim.

Arkadaşlarımla geceleri evden gizlice çıkıp sahile barbekü yapmaya, ateş yakmaya ve yasadışı bir şekilde aldığımız içkileri içmeye giderdik. (On beş yaşındayken bu içki genelde ailelerimizin birinden "ödünç aldığımız" ve gittiğini fark etmeyeceklerini umduğumuz büyük boy bir elma şarabı şişesi olurdu.)

Sahilde otururduk. Herkes şişeden birer yudum alırdı. Denize taş atar ve ateşe yeni odun ekleyip dururduk. O geceleri çok severdim.

Mick Crosthwaite de yazın adaya gelen ve benimle birlikte Eton'da okuyan yakın arkadaşlarımdan biriydi. Birlikte askere gittik, Everest Dağı'na tırmandık ve Kuzey Atlantik Okyanusu'nu geçtik. Ama o arkadaşlık işte bu sahilde başlamıştı.

Evden kaçmak oldukça kolaydı. Odamın penceresinden aşağı uzanan çatı bir atık su borusuna ulaşıyordu. Oradan da yaklaşık dört metre boyunca aşağı kayarak iniyordum. Okula kıyasla buradan sıvışmak çok daha kolaydı. Annemle babam iyi geceler demeye gelir, çıkarken ışığı ve kapıyı kapatırlardı. Ben de hemen aşağı inerdim.

Akşamları sahilde olmak çok eğlenceliydi. Denize bakan bir bankta çok hoşlandığım bir kızı öpmüştüm ve hayat çok güzeldi.

Sahile gitmediğimizde içimizden birinin evine giderdik. (Aileleri benimkinden daha rahat olan, saat sabah 4'e kadar film izleyen çocuklardan rahatsız olmayan birinin evine gitmek zorundaydık. Benim ailem, haklı olarak, böyle bir şeye asla izin vermezdi.)

Bir keresinde kaybedenin, üzerindeki bir şeyi çıkarmak zorunda olduğu bir poker oyunu oynamaya başladık.

Harika, diye düşündüm. Tam olarak poker gibi bile değildi. Daha çok bir as alınca üzerimizdeki bir şeyi çıkarma oyunuydu.

Bir keresinde hoşlandığım kız Stephanie'yle birlikte soyunmak için kartlarla oynayıp hile yaptım. Asları ve diğer kartları sayıp oyuna başladığımızda Stephanie'nin yanına oturdum. Oyuna başka biri katılınca Stephanie sinir bozucu bir şekilde kalkıp başka yere oturdu ve ben çıplak bir şekilde, utanç içinde arkadaşım Mick'in yanında oturmak zorunda kaldım. (Bu da bana hile yapma konusunda iyi bir ders oldu.)

Kız arkadaş edinme çabalarım çoğunlukla boşa çıkardı. Aslında ne zaman bir kızdan gerçekten hoşlansam o kız gidip başka biriyle çıkardı. Bunun sebebi de duygularımı söylemek ve çıkma teklif etme kiçin gereken cesareti toplama konusunda çok kötü olmamdı.

Bir arkadaşın bir yazın sonunda adaya geldiğini ve yirmi dört saat içinde benim sayısız yaz tatili boyunca peşinde koştuğum bir kızla çıkmaya başladığını hatırlıyorum! İnanamamıştım. Onda, bende olmayan ne vardı?

Kahverengi süet kovboy ayakkabıları giydiğini görünce ben de gidip ikinci el kovboy ayakkabıları almıştım ama onlarla aptal gibi görünüyordum. Daha da kötüsü bu "arkadaşım" birlikte yaptıkları her şeyi bana detaylı bir biçimde anlatırdı.

Ah! İşte bu olay aslında benim kız arkadaş edinme çabalarımın bir özeti...

28

Adaya dair en net hatırladığım anılarımdan biri okul raporlarımı okumam ve sınav sonuçlarımı zarfından çıkaran kişinin kendim olması... En kısa sürede, başka biri "kazara" açmadan önce resmî mektubu alır ve bahçenin öbür tarafındaki inanılmaz güzellikteki çınar ağacının altına koşardım.

Harika dalları vardı. Maymun gibi tırmanmaya çok uygundu. Yıllar boyunca saniyeler içinde ağacın tepesine çıkabilmekte ustalaşmıştım. Ağacın tepesinden bütün mahalleye bakan bir manzara görürdüm. Son dallara çıkmaya başlayınca dallar tehlikeli bir şekilde sallanmaya başladığı için hiçbir arkadaşım benimle bu ağacın tepesine çıkmamıştı. Ama ben en çok o kısımdan hoşlanıyordum.

Raporları ve sınav sonuçlarını önceden görmek, sonuç ne olursa olsun bana olaya bir bütün hâlinde bakacak zaman veriyordu.

Pekâlâ, bir matematik sınavından daha kaldım ve Latince öğretmeni "sınıfta köpek yavrusu gibi kıs kıs gülmeyi" kesmemi söylüyor ama bunlar dışında her şey yolunda görünüyor.

Eve geldiğimde sonuçlarla yüzleşmeye hazır olurdum.

Ama okuldan gelen raporlar konusunda hiçbir zaman annemle babamdan korkmazdım. Raporlar hiçbir zaman çok kötü değildi ama çok iyi de sayılmazdı. Fakat annemle babam beni her şeye rağmen severdi ve bu bana hayatım boyunca yardım etti. Kendim olma ve hedeflerimin peşinden gitme cesaretini verdi. Başarısız olma riskini almaktan hiç çekinmedim, çünkü başarısız olduğum için cezalandırılmayacaktım.

Hayat hiçbir zaman harika bir sınav sonucu almak gibi hedeflerle alakalı değildi. Hayat yolda olmaktı, yoldayken maceralara atılmak ve eğlenmekle ilgiliydi. (Babam hem sporda hem de akademide oldukça kötüydü ama başarılı bir adamdı ve herkes tarafından sevilirdi. Benim için de bu yeterdi.)

Bana hep hayatta en önemli şeyin hayallerinin peşinden gitmek ve o sırada ailenle sevdiklerine sahip çıkmak olduğunu söylerdi. Babam için hayat kısaca buydu. Ben de büyüdüklerinde oğullarıma böyle insanlar olmalarını öğretmek istiyorum.

Bu arada okul raporlarını çöpe atıp gider, annemle babama sarılırdım.

***

Adadaki çocukluğumdan hatırladığım son anım, bir gün bir koşuya çıkıp eve yaklaşık iki kilometre kalmışken kasığımda çok rahatsız edici bir kaşıntı başlamasına dair...

Bu kaşıntı bir on kilometre kadar devam etmişti ama o anda gerçekten canımı yakmaya başladı. Etrafta kimse yoktu, mahalle boştu, sıcak bir yaz akşamıydı. Ben de şortumu çıkarıp koşunun son kısmını yarı çıplak koşmaya karar verdim.

Daha yüz metre bile koşmamıştım ki arkamdan gelen bir polis sireni duymaya başladım. İnanamıyordum.

Bütün hayatım boyunca o adada yaşamama rağmen hiçbir polis arabası görmemiştim. Adada bir karakol vardı ama genelde boştu. Sırf bir karakol olması gerektiği için oradaydı ve kesinlikle bir arabaları yoktu. Buraya en yakın gerçek karakol en az otuz dakika uzaklıktaydı. İnanılmaz derecede şanssızdım.

Araba yanımda durdu ve içerideki polis memuru arabaya binmemi söyledi.

"Hemen!"

Arabaya binip durumu açıklamaya çalıştım ama polis memuru susmamı söyledi. Yakalanmıştım.

Sapık olmadığıma dair ciddi bir açıklama yaptıktan sonra eve gitmeme izin verdiler. Kanıt olarak kıpkırmızı olmuş kasığımı bile gösterdim. Sonunda bir uyarıyla gitmeme izin verdiler.

İşte böyle; çıplak koştuğum için tutuklandım, sınavlarımdan kaldım, hiç kız arkadaş edinemedim ama maceraya açtım ve ruhum, ailemin sevgisiyle doluydu.

Bu büyük ve tehlikeli dünyaya adım atmadan önce olabileceğim kadar hazırdım.

Okuldan mezun olduktan sonraki ilk yazımda eğer seyahat etmek, maceralara atılmak ve dünyayı görmek istiyorsam önceliğimin para kazanmak olması gerektiğini fark etmiştim.

Küçüklüğümden beri girişimci olma konusunda cesaretlendirilmiştim. Bazen para karşılığında Wight Adası'nda gazete dağıtır ya da okulda verilen elma suyuyla elma şarabı yapıp satmaya çalışırdım. (Harika bir tarif, sağol Watty!)

Ben de para kazanmaya karar verdim. Ve annemin su filtrelerini kapı kapı gezip satmakla işe başladım. Yorucu ve kimsenin takdir etmediği bir işti ama annemle babamın arkadaşlarının çoğunun klorsuz suyun faydalarını anlatmam için bir yarım saatlerini ayırarak beni teşvik etmeye çalıştığını görüyordum.

Musluklara tam uymayan ve her yeri ıslatmalarına neden olan bağlantı parçaları sebebiyle kârımın çoğunu kaybettim ama yine de direndim ve o yaz içinde Avrupa'yı gezebileceğim bir *InterRailing*[5] bileti alacak parayı kazandım.

Trenlerde uyudum ve pek çok Avrupa şehrini gezme şansı buldum ama bir süre sonra kalabalık şehirlerin sesi ve trafiği moralimi bozmaya başladı.

Berlin'de, karanlıkta şehri keşfederken ağır sırt çantamı taşımak istemediğim için eşyalarımı bir çöp kutusu dizisinin arasına sakladım. Döndüğümde karanlıkta bir sokak serserisinin eğilmiş, çantamı karış-

---

5 *InterRailing,* Avrupa'daki demir yolları tarafından uygulanan ve ucuz ulaşım imkânı sağlayan bir gezi programı. (Ç.N.)

tırdığını gördüm. Adama doğru koşup bağırdım. Adamsa çantamda bulduğu bir bıçağı alıp bana doğru tehdit edercesine yürümeye başladı. Neyse ki bıçağı kullanamayacak kadar sarhoştu ama bu olayın getirdiği korku ve adrenalin beni çarpmıştı ve çantamı alıp kaçmaya başladım.

Bu, benim için bardağı taşıran son damlaydı. Gri Kuzey Avrupa şehirlerinden ve tren istasyonlarında uyumaktan bıkmıştım. Sahile gitme zamanı olduğuna karar verdim. İnsanlara Avrupa'nın trenle gidilebilecek en güzel deniz kenarı otelinin nerede olduğunu sorduğumda St. Tropez adını çok duymaya başlamıştım.

Harika!

St. Tropez; Fransa'nın güney kıyısında, zengin ve meşhur insanların gittiği bir yer olmasıyla ünlü, küçük bir sahil kasabasıydı. Ben kesinlikle zengin değildim (hatta gün geçtikçe daha da fakirleşiyordum), ünlü de değildim ama yine de güneye yol aldım ve ânında kendimi daha iyi hissetmeye başladım.

Bu kasabaya giderken gri Berlin kilometrelerce arkamdaymış gibi hissetmiştim. Ancak şimdi de param çok azdı ve St. Tropez'de ucuz oteller olmadığını öğrenmiştim. Yine de bir hafta sonra eve dönene kadar burada kalmaya karar verdim.

Kasaba kilisesinin çan kulesinin arkasından geçen sessiz bir arka sokak keşfettim. Yukarı bakıp çatının ilk katına çıkan sert görünüşlü bir boru gördüm. Orada da duvardan çan kulesine çıkabileceğim bir yıldırımsavar vardı.

Ah, yıldırımsavarlara bayılıyordum!

Kimsenin izlemediğinden emin olduktan sonra yavaşça borudan yukarı, sonra da yıldırımsavara tırmanmaya başladım ve kasabayı tepeden gören, yerden birkaç yüz metre yukarıdaki çan kulesine girmeyi başardım.

Harika bir kamp yeriydi. Sahili görebiliyor ve aşağıdaki deniz kenarı restoranlarındaki insanların gürültüsünü dinleyebiliyordum. Ancak uzanabileceğim kadar bir boşluk vardı. Ben de eşyalarımı çıkarıp bu kenarları iki metrelik kareyi evim yaptım.

Ancak planımın iki problemi vardı. Öncelikle burayı evi ilan eden bir sürü güvercin de vardı. İkinci problemse başımın birkaç santim üzerindeki çanın saatte bir çalmasıydı. Kuşlarla yaşamaktan başka çarem yoktu. (Hatta eğer param tamamen biterse bu güvercinlerde birini akşam yemeğim yapabilirdim.) Ama diğer problem, kafamın üzerindeki çan kısa sürede katlanılamaz bir şeye dönüşmüştü.

İlk gece saat gece 3'te el fenerimin yardımıyla otomatik çanın sigorta kutusunu buldum ve kasabanın saatini geçici olarak durdurdum. Sonra da bebek gibi uyudum.

Gündüzleri o güzel kıyılarda ve koylarda saatlerce yüzerdim. Sonra küçük sokaklarda amaçsızca dolaşıp kafelerde çay içerdim. Cennet gibiydi.

Ama kısa süre sonra param gerçekten bitti. Artık İngiltere'ye dönme zamanı olduğunu biliyordum.

***

Arkadaşım Stan'e onunla Romanya'ya gidip oradaki küçük bir kilisenin bir yetimhane kurmasına yardım etmeye söz vermiştim. Romanya o sırada oldukça sıkı bir Doğu Avrupa ülkesiydi. Fakirlik her yerde ve herkesin gözünün önündeydi.

Bu görev benim hayatımı çok etkiledi ve İngiltere'de ne kadar şanslı olduğumuzu görmemi sağladı.

Kilisenin üyeleri bizi kardeşleri gibi görüp bize evlerini açtı. Gün içinde de yetimhaneyi kurmak için çalışıyorduk. Tuğlaları dizip kumu kazardık. Akşamları da kiliseyi desteklemek için kilisenin yardım programına katılıyorduk. Bu yardım programı halkın çoğunluğunun dışladığı bölgedeki çingenelere yardım etmeye yönelikti.

Bu gezi sırasında kendi durumumdan şikâyet etmeye hiç hakkım olmadığını ve her yerde olabildiğince misafirperver olmayı öğrendim. Hepsinden önemlisi, bu fakir insanların bana gösterdiği sevgi ve iyiliği asla unutmayacaktım.

O zamandan beri dünyanın pek çok farklı yerinde insanların cömertliğine ve iyiliğine tanık oldum ve her zaman buna şaşkınlıkla tepki verdim.

Çoğu zaman şişkin olan bu egomu her zaman aydınlatıyor bu.

Gerçekten bu sebeple kendimi suçlu hissediyorum.

30

Hayattaki en yakın arkadaşlarımdan biriyle on altı yaşındayken tanıştık. Her zaman çok iyi anlaşırdık. Charlie Mackesy benden birkaç yaş büyüktü ama birlikte kalkıştığımız işleri görseydiniz bunu asla tahmin edemezdiniz.

Okuldan sonraki ilk yıl ablamın evindeki küçük bir odayı kiraladım ve Charlie'yle birlikte sürekli Londra'da takıldık.

Durmadan ortalığı karıştırdık, yakınlardaki bir parkta maymunlar gibi tırmanma çubuklarına baş aşağı asılırdık. Kocaman pastırma, avokado ve domatesli sandviçler yapar, durmadan *Ribena*[6] içerdik; çünkü içinde *Harry the Lime*[7] oyuncağı olan kutuyu bulursak 5000 pound kazanacaktık. Bizim arkadaşlığımız hep böyleydi.

Charlie ilk oğlum Jesse'nin vaftiz babası ve Shara'yla düğünümüzde sağdıcımdı. (Ben hâlâ onun sağdıcı olmayı bekliyorum. Haydi ama hanımlar, biraz acele edin! Charlie gerçekten harika bir adamdır.)

Charlie bana hayatı daha yeni anladığım yaşlarda ne kendimi ne de hayatı fazla ciddiye almanın bana bir şey katmayacağını ve hayatı özgürce yaşamam gerektiğini öğretti. Gerçekten hoşuma giden şekilde yaşayan tanıdığım ilk insandı. Aynı zamanda eski püskü kıyafetler giyer ve sık sık dışarıda uyurdu. Saçma sapan şeylere güler ve ağaçlardan baş aşağı asılırdı.

Yıllar geçti ama çok da bir şey değişmedi. İkimizin de saçlarında daha çok beyaz tel var ve ikimizin de çok daha düzgün davrandığını

---

6   İngiltere'de oldukça popüler, kuş üzümünden yapılan bir meyve suyu. (Ç.N.)
7   Gözlüklü ve pardesülü bir limon karakter. 90'larda İngiltere televizyonlarında yayınlanan bir çizgi film karakteri. (Ç.N.)

umuyorum ama hayat teknesinde sarsılıp sallanırken arkadaşlığımız hep güçlenmeye devam etti.

Eski dostlar gerçekten harika, değil mi? Üstüne söylenecek bir söz yok.

Geçenlerde Charlie'den okuldan sonra birlikte geçirdiğimiz o yıla dair anılarını hatırlamaya çalışmasını istedim. İnanılmaz olanlardan saçma sapanlara kadar pek çok anımız olduğunu hatırladık.

Mesela bir kere bahçeye bir sirk trapezi kurmuştuk ve ben bacaklarımdan baş aşağı olacak şekilde kendimi bağlamıştım. Sonra ip kopmuştu ve baya yüksekten başımın üzerine düşmüştüm. (Charlie omurgamın kırılma sesini duyduğunu ve öldüğümden emin olduğunu düşündüğünü söylemişti ama nasıl olduysa kalkıp normal bir şekilde yaşamaya devam etmiştim.)

Bir de ablam Lara'nın oldukça pahalı, yıllar önce aldığı ama bir türlü kullanmaya cesaret edemediği "Ölü Deniz çamur maskesi"ni kullandığımız gün var. Kendimizi baştan ayağa bu çamurla kaplayıp çimlerin üzerinde uyuyakalmıştık. Lara öfkeyle geldiğinde onun sesiyle uyanmıştık.

Charlie'yle Londra parklarında büyük çalılar bulup yüksek bir daldan bu çalılara atlardık. Düşüşümüzü kesecek doğal yastıklar olarak kullanıyorduk onları. Goril kostümü giyip Londra'nın merkezindeki parklardan birine gider, genelde yaşlı kesimin oturduğu kafelerin önünde otururduk. Bizi gördüklerindeki ifadeleri paha biçilmezdi.

Bir keresinde bana yaptığı bir şakanın intikamını almak için Charlie'nin iki dizini de o kafenin korkuluklarının arasına sıkıştırmıştım. Oradan kurtulmak için her şeyi denemişti; zeytinyağı, oradan geçen kişilerden onu geri çekmelerini istemek... Sonunda kafedekiler itfaiyeyi çağırmaya karar verince pes edip Charlie'yi sıkıştığı yerden çıkarmıştım.

Thames Nehri'ni; köprülerden birinin üstünden geçmek yerine altından, köprüye tırmanarak geçerdik. Çok heyecanlıydı ama bir gün Charlie arabasının ve evinin anahtarını yanlışlıkla nehre düşürdü.

Hatta bir keresinde yılbaşında İrlanda'dayken donmuş bir gölün içine düşüp canımızı zor kurtarmıştık. Yanımızdaki kızlar bize sıcak çay ve battaniyeler getirdi ve haftalarca onların merhametlerinden yararlandık.

Bu liste uzayıp gidiyor ve bugün bile buna yeni olaylar eklememiz beni gururlandırıyor. Charlie en hoş, en sadık ve eğlenceli arkadaşlarımdan biri ve böyle bir arkadaşım olduğu için çok minnettarım.

Ah, bu arada, Charlie dünyanın en yetenekli sanatçılarından biri ve sanatıyla insanların hayatına dokunarak oldukça iyi para kazanıyor. Bunu da eklemem gerektiğini düşündüm.

***

Neyse, okuldan sonraki yılım için bir gezi planım daha vardı ve bundan sonra (istemeyerek) üniversiteye başlayacaktım. Ama önce biraz daha para kazanmam lazımdı.

Barmen olmayı denedim ama biraz pejmürde göründüğüm için kovuldum. Sonra eski okulumdan bir arkadaşım olan Ed, neden Londra'da kızlara özel kendini savunma dersleri vermediğimi sordu.

Harika bir fikirdi!

Bir miktar el ilanı yazdırdım ve bazı sağlık kulüplerine gidip aerobik sınıflarında ders vermek istediğimi söyledim. Bu işi ilk günden çok sevmiştim. (Ama maalesef kulüpler dersleri sadece kızlara özel yapmama izin vermedi.)

İllâ ki derslerime katılan aşırı maço bir çocuk olurdu ve herkese ne kadar sert olduğunu kanıtlamaya çalışırdı. Neyse ki bu tipler çok uzun süre devam etmezdi, çünkü genelde minimum güçle saldırmayı ve saldırganın gücünü ona karşı kullanmayı öğretirdim. Maçolar bu pasif savunma sanatından sıkılırdı.

Genelde derse gelen kişiler sadece tehlikeli bir durumda kalırlarsa kendilerini savunabilmeyi isteyen, iyi niyetli ve kararlı kişilerdi.

Bir süre sonra ders verdiğim kulüplerin sayısı arttı ve iyi miktarda para kazanmaya başladım. Ama bu işin sadece bir amacı vardı; seyahat etmek. Artık gezime başlama zamanıydı.

Dersleri bırakırken kendimi biraz suçlu hissettim, çünkü düzenli gelen öğrencilerim çok hoş insanlardı. Ama neyse ki derslerimi tanıdığım ve güvendiğim öğretmenlere teslim etmiştim.

Buradaki samimiyeti sevmiştim ama peşinden gitmem gereken daha büyük hayallerim vardı.

31

Sonunda arkadaşım Watty'nin Hindistan'ın kuzeyini gezme ve keşfetme teklifini kabul edecek kadar param vardı.

Watty'nin ailesi Hint Ordusu'nda çalışan bir adam tanıyordu. Bu adam okulu yeni bitirmiş gençlerin Hindistan'ı gezmelerini sağlayacak bir gezi şirketi kurmak istiyordu ve biz onun farklı geziler ve maceralara götüreceği İngiliz denekleri olacaktık. Hayal gibi bir fırsattı.

Himalaya Dağları ve Darjeeling civarında yaklaşık bir ay geçirdik. Trenlerin üstünde seyahat ettik, ıssız dağ köylerindeki tahta yataklarda uyuduk ve dağdan inen nehirlerdeki beyaz suların üzerinden aşağı indik. Ayrıca inanılmaz yerler olan Batı Bengal ve Kuzey Sikkim bölgelerini de keşfetme fırsatı bulduk. Bu iki bölge Pakistan'la sınırları konusunda yaşadıkları bir anlaşmazlıktan ötürü turistlere kapalıydı ama rehberimiz olan Hint Ordusu çalışanı bizi almalarını sağladı.

Darjeeling'in dışında kalan Himalaya Dağcılık Enstitüsü'nü ziyaret ettik. Burada kışın Hint eğitmenler dağa tırmanma dersleri veriyordu. Bunu duyunca çok heyecanlandım. Burası büyük dağcılar için bir tapınak gibiydi. Ayrıca bu dağlarda yaşanan maceralar ve ölüm hikâyeleri beni çok etkilemişti.

Bu arada Watty, Hint bir kıza âşık olmuştu ve benim için bu, bizi maceramızdan uzaklaştıran bir şey gibi görünüyordu. Gidip kızın ailesini ziyaret edeceğini söyledi ama tek istediğim yakınlardaki tepelere çıkıp bir ihtimal Everest'in kendisini görebilmekti.

Dağdayken buz gibi bir sabahın erken saatlerinde uyandım. Yanıma hiç buralara uygun kıyafet, çorap ve uyku tulumu almamıştım. O sabah sonunda güneşin uzakta bir dev gibi yükselen Everest'ten yükselmesini izledim.

Artık ben de Watty gibi âşıktım.

Aşağılara inerken Everest'in büyük, kalın kâğıda basılmış bir posterini aldım. (Bu, babamın birlikte tepelere tırmandığımız dönemde bana verdiği Everest posterinin biraz daha büyük olanıydı.) Bir gün gerekirse her şeyi tehlikeye atıp dünyanın en yüksek dağına tırmanacağıma yemin ettim.

Aslında hayatımın o döneminde böyle bir gezinin ne gerektirdiğine dair hiçbir fikrim yoktu. Aşırı yükseklere tırmanma konusunda fazla tecrübem yoktu ve okuduğum kitaplara göre ciddi bir yüksek rakım dağcısı olmak için fazlasıyla gençtim.

Ama bir hayalim vardı ve insanları en tehlikeli yapan şey de budur. Hayaller ucuzdur ama onları gerçekleştirmek için gereken adımları atmaya başlayınca asıl uğraşın başlar. Ben hiçbir zaman boş sözler verecek biri olmadım ve bana yakın olan herkese Everest planım konusunda açık oldum. Hepsi deli olduğumu düşünse de...

*****

Hindistan'dan ayrılmadan önce gerçekleştirmeyi istediğim bir hayalim daha vardı; her zaman rahibe Teresa'yla tanışmak istemiştim.

Rahibe Teresa'nın Merhamet Görevi'nin merkezinin Kalküta'da olduğunu öğrendim. Böylece trenle dünyanın en büyük ve korkutucu şehirlerinden birine doğru yola çıktık. Bu, tek başına bile inanılmaz bir tecrübeydi.

İstasyon acele içinde koşuşturan insanlarla doluydu. Ancak yavaş adımlarla ilerlemek mümkündü, ayrıca kalabalık ne tarafa yönelmişse oraya gitmek zorunda kalıyorduk. Gürültü yüksek, terle dışkı kokusu inanılmaz derecede ağırdı. Görebildiğim kadarıyla bizden başka Batılı kimse yoktu.

Kalküta'nın şehir merkezi ve kalabalık caddeleri dışında kalan dar ve kirli sokaklarında göreceklerime beni hiçbir şey hazırlayamazdı. Daha önce kimse sokakta gözlerimin önünde ölmemişti. Hiç bacaksız, kör, perişan insanların kanalizasyonlarda oturup birazcık para için yalvararak ellerini uzattıklarına tanık olmamıştım. Şaşkın, yetersiz, güçsüz hissediyordum ve utançla dolmuştum.

Watty'yle sonunda rahibe Teresa'nın küçük kilise ve hastanesini bulduk. Şehirdeki bütün o perişanlığın arasında sevgiyle, sakinlikle, ilgiyle dolu temiz bir yer bulmuştuk.

Kalküta'da olduğumuz her gün oraya uğradık. Rupiye çevirdiğimiz paranın kalanını oraya bağışladık ve Rahibe Teresa'ya yaptıklarının beni ne kadar etkilediğini anlattığım bir mektup yazıp katlayarak verdim. Ona teşekkür etmek ve kendisini cesaretlendirmek istemiştim. Cevap beklemiyordum. Ancak iki ay sonra bana bireysel olarak teşekkür ettiği bir mektup yolladı. Bugüne kadar bu mektubu sakladım. Oysa oraya bağışladığımız para toplamda sadece birkaç pounddu. Bu mektuba cevap vermesi çok ince bir haraketti ve beni çok şaşırtmıştı.

Onun varlığı ve yaşayışı (kendisiyle hiç tanışmamama rağmen) Tanrı'nın bu dünyadaki yaşayan, nefes alan örneğiydi ve benim hem kendimi hem de dünyayı nasıl gördüğümü inanılmaz şekilde değiştirmişti. Pek çok insanın umut bile edemeyeceği ayrıcalıklara sahiptim ve bunun karşılığında dünyaya ve insanlara karşı yerine getirmem gereken bir görevim vardı. Ama bunun henüz tam olarak ne ifade ettiğini bilmiyordum. Tek bildiğim Kalküta'nın kirli ve dar sokaklarından ayrılırken Rahibe Teresa'nın hayatı aracılığıyla Tanrı'yı hissetmiştik ve bu benim için çok güzel ve özeldi.

İncil'de çok açık bir bölüm var, Matthew 23:12; "Kendini yüce zannedenlerin kibirleri kırılacak ve mütevazı olanlar yüceltilecek." Bu cümle ün konusunda neler hissettiğimi oldukça güzel açıklıyor ve bugün insanlara baktığımda gördüklerimi gerçekten çok etkiliyor.

Yıllar geçtikçe sıradan insanların ne kadar inanılmaz olduğunu görüyorum. (Bunu kesinlikle dalkavukluk olarak söylemiyorum.) Oldukça sıradışı şeyleri kameraya alarak gezdiğimiz için pek çok güçlü insanın harika şeyler yaptığına her gün tanık oluyorum; belki Çin'in bir ucunda, gecenin bir yarısı sağanak yağmurun altında yol kenarına tek başına bir çukur kazan bir işçi ya da daha sıradan biri (o ne demekse); mesela Amerika'nın ortasında, adı sanı duyulmamış bir kasabada kahve satan birinin günlük işlerini yapmaları. Nasıl uç bir şey olursa olsun ben bu insanlara gitgide daha çok hayran oluyorum. Bilinmeyen, takdir edilmeyen, şikâyet etmeyen insanlar...

Konuyu dağıtıyorum. O dönemde işte böyle hâlâ genç, saf, sarıya boyadığı saçları atkuyruğu yapan, Hindistan'a ilk kez seyahat etmiş ama hayatını sonuna kadar yaşama konusunda kararlı bir adamdım.

32

"Üniversite eğitimime" başladığım için edindiğim ağır, kendimi günden güne sürüklediğim tavır hayatımı sonuna kadar yaşama konusundaki hevesimin tam zıttıydı.

Üniversitede bölümlerini okuyabileceğim derslerin[8] sadece bir kısmından geçmiştim ve aldığım notlar ACDC'ydi. (Harika bir rock grubunun adını oluşturmalarından çok hoşlanmıştım ama.) Ayrıca sınavdan önce hiç bakmadığım ve sorularını çözebilmek için sadece mantığa ihtiyacım olduğu söylenen dersten A almam da ironikti.

Genel Eğitim dersi, "Denizde ilerleyen bir teknenin nasıl ters yöne gitmeye başlayacağını açıklayın," ya da "Ağaçların 'iletişim' kurduğu nasıl gösterilebilir?" gibi soruları olan bir dersti. Böyle konularda iyiydim ama oturup ders çalışmakta ve hesaplama yapmakta kötüydüm.

Neyse, yıllar süren bir eğitim sürecini bitirdikten sonra gidip üniversiteye başvurma konusunda çok da motivasyonum yoktu ama aynı zamanda bundan tamamen vazgeçecek kadar da kendime güvenmiyordum. *Tanrım, gerçekten üniversiteye gitmek zorunda mıydım?*

Üniversiteye başlamadan bir ay önce oraya kıyasla biraz daha eğlenceli bir alternatif olarak gördüğüm MI5, İngiliz Casuslukla Mücadele Servisi'ne iş başvurusu yapmaya gittim. Önce MI5'a mektup yazmıştım ve teşekkür ettikleri ama bana verebilecekleri bir görev olmadığını söyleyen bir cevap almıştım. Mektup, Bayan Deborah Maldives ta-

---

8 *A Level*, İngiltere eğitim sisteminde lise seviyesinde ve üniversite öncesi eğitim alan 16-19 yaşındaki öğrencilere sunulan eğitimdir. İki yıllık eğitimden sonra öğrenci aldığı derslerle ilişkili bölümleri sunan üniversiteye direkt geçebilir. (Ç.N.)

rafından imzalanmıştı. Ama o kadar da saf değildim, bunun sahte bir isim olduğunu görebiliyordum. Sonunda oraya gidip bireysel olarak başvurmaya karar verdim.

Şimdi dönüp baktığımda her gün defalarca Londra'daki MI5 merkezinin bütün kapılarına tek tek gidip Bayan Deborah Maldives'le konuşmaya çalışmamdaki cesarete hayranlık duyuyorum. Her seferinde güvenlik görevlilerine bir randevumuz olduğunu söyler ve beklerdim. Onlar da hep orada o isimde birinin çalışmadığı ve kimseyle bir randevumun olmadığı cevabını verirdi. Ben de gidip diğer girişte aynı şeyi yapmaya çalışırdım.

Bunu defalarca tekrarladıktan sonra bir gün Bayan Deborah Maldives'in benimle görüşeceğini söylediler ve şok oldum.

Dahası MI5'ın mermer giriş salonunda beklerken ne yaptığıma dair hiçbir fikrim olmadığını fark ettim. *Tanrım, Bear, ne yaptın seni aptal?*

Sonunda Deborah Maldives gibi görünmesine imkân olmayan, iri yarı bir adam odanın güvenlikli döner kapısının ardında belirdi. Eliyle beni çağırdı ve kapı dönmeye başladı.

Kader ânı, diye düşünüp kapıya yöneldim.

Bayan (ya da Bay) Deborah Maldives'le bir görüşme odasına geçip oturduk ve bana MI5'a başvurmanın normal yolları olduğunu, her gün giriş kapılarında beklemenin de bunlardan biri olmadığını söyledi. Sonra gülümsedi. Bir yandan da gösterdiğim kararlılığın bu iş alanında çok gerekli olduğunu söyleyip üniversiteden mezun olunca tekrar başvurmamı önerdi. Adamın verdiği kartı aldım, elini sıktım ve oradan ayrıldım.

Sonunda artık üniversiteye gitme konusunda beni motive eden bir şey var, diye düşünüyordum.

Geç kaldığım için büyük bir panikle, herhangi bir üniversitenin beni kabul etmesini umarak üniversitelere başvurdum.

33

Deniz Piyadeleri'nde beni "canlı" diye tanımlamaları güzel bir şeydi ama bu, üniversite başvurularında çok da anlamlı olmuyordu. Ayrıca notlarım çok da yüksek olmadığı için pek çok üniversiteden ret cevabı alıyordum.

Arkadaşlarımın çoğu Bristol Üniversitesi'ne gidiyordu ama notlarımla oraya girmem, Deborah Maldives'in bir güzellik yarışması kazanması ihtimalinden daha düşüktü. Ama yine de onların yanında olmak istiyordum.

Sonunda West of England Üniversitesi'ni (Bristol Üniversitesi'nin daha az akademik hâli) bana modern diller alanında bir yer vermeye ikna ettim. (Bu arada bunu da üniversiteye gidip başvuruları alan kadına yalvararak ve bütün gün ofisinin önünde oturarak başarmıştım. Bu durum bende alışkanlık olmaya başlıyordu. Neyse, hiç olmazsa kararlıydım.)

Sadece çok sevdiğim İspanyolcayı çalışmama izin vermedikleri için Almanca ve İspanyolca almaya karar verdim. Almanya'dan gelen güzel Tatiana beni Almancanın onun kadar güzel olabileceğine inandırmıştı. Ama yanılmıştım. İnanılmaz derecede zor bir dildi. Bu, üniversite hayatıma inen ilk büyük darbeydi.

Üniversiteye gitmemin iyi yanıysa yakın arkadaşlarım Eddie, Hugo, Trucker, Charlie, Jim ve Stan'le aynı evde yaşamamdı.

Ev diyorum ama tam olarak öyle olduğu söylenemez. Aslında adı "The Brunel" olan eski, kullanılmayan bir oteldi. Bristol'un en ucuz ve tehlikeli bölgesinde, uyuşturucu tacirlerinin ve sokak kadınlarının ortalarda dolaştığı bir yerdeydi. Yine de The Brunel; kısa sürede arkadaş çevremizin sık sık toplandığı, efsane gibi görülen bir yer oldu.

Birbirinden ilginç eski Eton öğrencilerinin bohem bir hayat sürdüğü ev... Bu ünü çok sevmiştim.

Sokakta kahvaltı yapar, sabahlıklarımızla pipo içerdik. Derslere giderken kolumuzun altındaki kitaplarla dik yokuşlarda yarış yapardık. Sokağımıza gelen evsiz adamlar da dâhil evimize davet edilmeden girip çıkan bir sürü garip insan vardı.

İşte Neil da böyle bir evsiz adamdı. Bizi toplayıp yakınımızdaki Sainsbury's'in[9] arkasındaki çöp kutularını karıştırmaya götürmeye bayılırdı. Arabamızla olabildiğince sessizce etrafta dolanırdık. (O arabayla ne kadar sessizce olabilirse tabii; çünkü eski, ikide bir dumanlar çıkaran, arkaya sıkışmış öğrencilerle dolu bir Ford'du.) Sonra birimiz arabadan atlar, onu bekleyen açık kolları tarihi geçmiş kuru üzümlü kekler ve hâlâ iyi durumda olan alabalıklarla doldururdu. Haftada birkaç kez de yolun aşağısındaki evsizlere yardım merkezine gidip çorba yapımında mutfaktakilere yardım ederdik. Böylece etrafımızda gitgide daha da ilginç insanlar toplanmaya başlamıştı.

Maalesef Neil kısa bir süre sonra uyuşturucudan öldü. Bugün orada tanıştığımız insanların çoğunun da hayatta olduğunu sanmıyorum. Ama arkadaşlarımla yaşadığım ve okuldan uzak, gerçek dünyaya ilk adımlarımızı orada attığımız için o zamanların beni şekillendiren yıllar olduğunu söylemeliyim.

The Brunel'deki ilginç olaylardan bazıları ev sahibimiz Bay Iraci'nin gelip beni anadan doğma bir şekilde odama renk katmak için duvarıma resimler çizerken görmesi ya da Eddie'nin güzel bir kıza geyik etini Bordeaux şarabıyla dolu bulaşık yıkama çanağında marine ettiğini göstermesi gibi olaylardı. Dahası evimizin ortak parası, Hugo'nun o hafta konuştuğu en az on kızla birlikte sürekli partilere gitmesi sebebiyle ikide bir ortadan kaybolurdu. Bir de Stan sosis pişirmede, onları 100 desibellik yangın alarmı çalıp hazır olduklarını haber verene kadar ateşte bırakma şeklinde bir teknik geliştirmişti. (Bir kere bu pişirme tekniği itfaiyecilerin üniformaları içinde, ellerinde hortumlarıyla evimize gelmesine neden olmuştu. Alarm çalmaya devam ederken harekete geçmek için koridorda bekliyorlardı. Güzel zamanlardı.)

---

9 İngiltere'deki en büyük ikinci market zinciri. (Ç.N.)

Bay Iraci'nin başka bir zaman geldiği ve beni evin arka tarafındaki, kenarları üçer metrelik kare şeklindeki bahçemize bir havuz yapmaya çalışırken yakaladığı ânımı da hiç unutamam. Bir muşambayı birkaç mutfak sandalyesini havuz olacak şekilde ayarladıktan sonra oldukça iyimser bir şekilde suyla doldurmuştum. Yaklaşık yirmi dakika öylece durdu. Ne hikmetse tam Bay Iraci kirayı almaya geldiğinde kenarlıklarından ayrılıp yerleri en az on santimetre yüksekliğinde suyla doldurdu ve Bay Iraci'yi sırılsıklam etmiş oldum.

Gerçekten çok sabırlı bir adammış.

34

Trucker'la birlikte sık sık gitarlarımızı alıp Bristol'un kalabalık yerlerinde müzik yapmaya çıkardık. Bu kalabalık yerlerden biri yakınımızdaki huzureviydi. Bir keresinde orada masumca "American Pie" şarkısını söylediğimizi hatırlıyorum. Şarkı o günün *öleceğim gün* olduğunu ifade eden, orası için hiç de uygun olmayan bir cümleyle bitiyordu. Uzun, rahatsız edici bir sessizlikten sonra ikimiz de durumun farkına varmıştık. Bu olaydan sonra nadiren o huzurevine gittik.

Genelde bu etkinliklere gittiğimizde "Blunty" lakabını taktığımız bir arkadaşımız da bize katılırdı. Nitekim bu arkadaş daha sonra ordudan ayrılıp tam adı olan James Blunt ismiyle dünya çapında ünlü bir şarkıcı olacaktı. Blunty o zamanları kendisini şekillendiren yıllar olarak görüyor mu bilemiyorum ama kesinlikle eğlenceli günlerdi.

Aferin ona ama. Sesi hep çok güzeldi.

***

The Brunel'deki ilk yılımızda benim için çok önemli iki olay gerçekleşmişti.

İlki, Trucker'ın ne kadar iyi bir arkadaş olduğunu keşfetmemdi. Kısa sürede dost olmuştuk. Her şeye birlikte gülerdik. Ayrıca bir sürü ortak noktamız olduğunu keşfetmiştik; inancımız, macera aşkımız, eğlence peşinde olmamız ve hayatta her zaman ilginç şeyleri ve insanları sevmemiz.

Birlikte üniversitenin Er Yetiştirme Topluluğu'na katıldık. Burası Harp Okulu'ndan çok daha profesyoneldi. Ama toplulukta okuldan sonra askere katılmayı düşünen pek çok aşırı ciddi öğrenci vardı. Sürekli asker kartını oynamaları bizim için komikti, çünkü kulübe sadece eğlenmek ve oradaki güzel kızlarla tanışmak için katılmıştık. Bu aşırı ciddi gençlere berelerimizi şefimiz gibi giyerek ve kulübe çok geç vakitte pembe çoraplarla gelerek şakalar yapmak çok eğlenceliydi. Tabii bunun karşılığında kibirli tavırlarla bize tepeden bakmaya başladılar. Gözlerinde işe yaramaz maskaralar, kulübün vaktini boşa harcayan soytarılardık. Ama ikimizin de umurunda değildi. Biz çok eğleniyorduk.

Bizim yaşımızdaki gençlerin olmadıkları bir şeymiş gibi davranmalarını izleyince aptalı oynamak karşı konulamaz bir hâle geliyordu. Eminim babam da aynı şeyi yapardı. (Hangi konuda olursa olsun babamın yanında aşırı ciddi olmak tehlikeliydi.)

Ancak o yıl içinde oradaki gerçek askerlerden birine, gençliğinde Özel Kuvvetler'e katılmış bir subaya saygı duymaya başladık. Sessiz bir kendine güvenle yürür, sık sık güler, kendini çok da ciddiye almazdı. Aynı şekilde o oradayken hiç ortalığı karıştırma arzusu duymazdık. Bize ilham verirdi. Onun gibi olmak; zor, önemli ve geçici olmayan bir şeyler yapmak isterdik. İyi liderlik insanda bu duyguyu uyandırıyor, insanı daha ileri gitmeye itiyor.

Böylece hem Trucker'ın hem de benim kalbimde küçük bir ses, *Acaba bir gün biz de Özel Kuvvetler'e seçilebilir miyiz?* demeye başlamıştı.

Başıma gelen ikinci büyük olay da işte buydu. Bu, beni çok farklı yerlere taşıyacak bir olaylar zincirinin sadece başıydı.

Ciddi anlamda...

35

Beni Özel Kuvvetler'e katılmaya teşvik eden iki şey vardı.

Biri hayatımda özel ve geçici olmayan bir şey yapma konusundaki kararlılığımdı. Ömrüm boyunca bana gurur verecek bir şey yapmış olma, denenme ve başarılı olma arzusuydu. Anlatması güç bir duygu ama kalbimde çok önemli bir yere sahipti.

Diğer motivasyon kaynağımsa daha kıymetsiz bir şeydi. Bana tepeden bakan bütün o aşırı ciddi kulüp üyelerini geçmek istememdi. Sorunlu bir düşünme tarzı, biliyorum. Ama onlara aslında neler yapabileceğimi göstermek istiyordum. Gerçek askerlerin sadece kafa, kafa, kafayla değil; çalışarak oraya geldiklerini göstermeliydim.

Aslında bu iki motivasyon kaynağım da problemli görünebilir ama dürüst olmak gerekirse gerçek sebeplerim muhtemelen bunlardı.

Hepsinden önemli sebebimse kimsenin yapamadığı, özel bir şey yapma arzumdu.

Ancak diğer yandan, önümde aşılması çok zor bir engel varmış gibi hissediyordum. Her yıl bir sürü kendini geliştirmiş askerin Özel Kuvvetler'e başvurduğunu biliyordum ve sadece bir avuç asker sınavı geçebiliyordu. Cesaret etmeyi oldukça zorlaştıran bir orandı bu, özellikle fiziksel olarak çok iyi olduğunuzu düşünmüyorsanız. Ama zorlu engeller beni heyecanlandırıyordu. Sanırım bütün insanlar biraz öyle...

Ayrıca şu güçlü ifadeye de bütün kalbimle inanıyordum; "Daha az tercih edilmiş yolu seçtim ve bütün farkı yaratan da bu oldu." İnsan hayatı boyunca bu sözlerin gücüyle yaşayabilir.

Son motivasyon kaynağımsa üniversitede okumaktan pek hoşlanmamamdı. The Brunel'i ve oradaki arkadaşlarımı çok seviyordum ama üniversite hayatı beni mahvediyordu. (Beni mahveden iş yükü değildi bu arada, o pek de ağır değildi. Bir başka sıradan öğrenci gibi hissetmek beni rahatsız ediyordu.)

Tabii bu rahat hayatı seviyordum, (mesela her gün araba parkındaki süs havuzunda çıplak bir şekilde yüzerdim) ama bundan daha fazlasını arıyor, o kadar hevessiz olmaktan hoşlanmıyordum. Ruhuma iyi gelmiyordu. Hayatımın böyle olmasını istemiyor, sabırsızlıkla harekete geçip bir şeyler yapmak istiyordum. (Ayrıca kesinlikle sağlıklı olmayan bir şekilde Almancadan nefret etmeyi öğreniyordum.) O yüzden bunun bir seçim yapma zamanı olduğuna karar verdim.

Trucker'la birlikte kulüpten tanıdığımız eski Özel Kuvvetler askerini görmeye ve seçme sınavı için tavsiye almaya gittik.

Ona hayalimi anlatırken heyecanlıydım. Bizim hiç uslu durmayan öğrenciler olduğumuzu biliyordu. Hiçbir zaman kulübün kurallarını ciddiye almamıştık. Ama beni şok eden bir biçimde söylediklerim karşısında hiç şaşkınlık göstermedi. Anlayışla gülümsedi ve Özel Kuvvetler'e çok uygun insanlar olacağımızı söyledi, tabii sınavı geçebilirsek. Bize Özel Kuvvetler'in genelde dışlanan, garip karakterde insanları kendine çektiğini ama ancak kendini kanıtlayanların oraya seçilebildiğini söyledi. Sonra da hiçbir zaman unutmayacağım, harika bir şey ekledi.

"Bu sınava katılan herkeste aynı vücut var; iki kol, iki bacak, bir kafa ve çalışan bir çift akciğer. Sınavı geçenlerle geçemeyenler arasındaki fark, burada ne olduğu," deyip göğsünü işaret etti. "Farkın sebebi kalbinde. Bu sınavı geçebilecek biri olup olmadığını sadece sen bilebilirsin. İyi şanslar! Ah, eğer başarırsanız ikinize de bir yemek ısmarlayacağım."

Bir subaydan duyabileceğimiz nadir bir sözdü bu, bize bir şeyler ısmarlayacaktı.

İşte bir de bu olay vardı.

Trucker'la birlikte 21 Özel Kuvvetler'e[10] ürkek bir şekilde sınava girme başvurusu için mektup yazdık. Önce ikimizin de güvenlik açısından uygun olup olmadığını araştıracak, sonra da bize sınav öncesi grubunda bir yer vereceklerdi. (Ya da vermeyeceklerdi.) Tarihi, saati ve

---

10 Orijinal adı 21 SAS HQ. (Ç.N.)

katılım talimatlarını da o mektupla göndereceklerdi. Yapabileceğimiz tek şey beklemek, hazırlanmaya başlamak ve dua etmekti.

Almanca kitaplarımın hepsini çöpe attım ve kendimi çok daha hissetmeye başladım. İçimden bir ses bütün hayatımı değiştirecek bir maceraya atılmak üzere olduğumu söylüyordu.

Ayrıca bana önce üniversiteden mezun olmam gerektiğini söyleyen bir Deborah Maldives'le uğraşmak zorunda da değildim. Gereken tek şey göğsümün içinde atıyordu.

Bu bölüme başlamadan önce bu notu eklemek istiyorum.

Eski bir Özel Hava Kuvvetleri askeri olarak Resmî Sırların Gizliliği Yasası'na göre bir sözleşmesini imzaladığım için paylaşamayacağım bazı isimler, yerler, ayrıntılar ve Özel Hava Kuvvetleri'nin bazı operasyon prosedürleri var.

Bundan sonra anlatacaklarım bu yasayı ihlal etmeyeceğim şekilde değiştirilmiştir. Ayrıca bireysel olarak da bu kardeşliğe saygı gösterdiğim için bu kuralı çiğnememek benim için çok önemli...

Kitabın gelecek bölümünün amacı, orada yaşadıklarıma ve Özel Hava Kuvvetleri denilen bu ailenin parçası olmaya nasıl hak kazandığıma dair size genel bir fikir vermektir.

İKİNCİ BÖLÜM

"İnsanların çoğu yeteneklidir ama sadece birkaç kişi seçilmiştir."

36

BBC, yayınlarından birinde Özel Hava Kuvvetleri'ni şöyle özet-
lemişti:

> *Özel Hava Kuvvetleri'nin dünya çapında bir ünü var. Askerî*
> *profesyonellikleri ve kesin liyakatlarıyla tanınırlar. Diğer Özel*
> *Kuvvetler birimleri kendilerini onları örnek alarak şekillendi-*
> *riyor. Bu birime girme prosedürü oldukça uzun süren ve zorlu*
> *bir süreç olarak bilinir. Öyle ki yaklaşık on adaydan dokuzu*
> *sınavı geçemez.*

Pek çok erkek çocuğu gibi ünlü Özel Hava Kuvvetleri'nin, yani
ÖHK'nın hikâyeleriyle büyümüştüm. Dünya üzerinde dövüşen en sert
ve elit birim olarak bilinen, gizemli askerler...

Sessiz anlarda bu birime katılmak için gereken sınava girmenin nasıl
bir şey olacağını merak ederdim. Sınavı geçmek için "gereken şeye"
sahip olanlardan biri olabilir miydim? Yoksa çoğunluk gibi şansımı
deneyip... *Başarısız* mı olurdum? Sonra o ünlü, üzerinde kanatlı bir
kama olan kum rengi bereyi giymeye hak kazanan nadir insanlardan biri
olmanın nasıl bir şey olacağını merak ederdim. Bu birimin bir parçası
olmak ne kadar zordu acaba ve ben bu elit, bütün birimlerin üzerindeki
birime katılmak için gereken şeye sahip miydim?

Henüz on altı yaşındayken Er Adayı Kursu'nu geçip okuldan sonra
genç bir asker olarak Kraliyet Bahri Komandoları'na katılmaya başla-
mıştım. Bunun için hazırlanmıştım, tıpkı babam gibi. Ama içimdeki bir
ses hâlâ merak ediyordu; Deniz Kuvvetleri'ne katılmadan önce Özel
Kuvvetler'e katılma sınavına girsem acaba ne olurdu?

Sadece bunu görmek için...

Ama sonra mantıklı bir şekilde kendime karşı dürüst olmam gerektiğine karar verdim. Formda, güçlü ve kararlıydım ama doğuştan sportmen değildim. Her zaman bu konuda çalışmam gerekiyordu, hem de çok.

Benden daha güçlü ve formda olan bir sürü arkadaşım vardı (ve hiç çalışmaları gerekmiyormuş gibi görünürdü) ve bu durum içten içe kendimden şüphe etmeme neden oluyordu. Ama nasıl olduysa, atletik anlamda "yetenekli" olmadığım için mücadele etmeyi, kendimi hem fiziksel hem de zihinsel alanda zorlamayı öğrenmiştim. Bu sınava girmemin sebebi doğuştan gelen yetenekten çok, bu kararlılık ve mücadeleci ruhtu.

Sınavın yaptığı bir şey varsa o da herkesin aylar içinde "ayakta ölü" hâle gelmesini sağlamaktı açıkçası. İnsanı tamamen tüketiyordu. Ne kadar formda olursanız olun...

Özel Kuvvetler'in aradığı şey mücadeleci ruhtu; vücudundaki bütün kemikler dinlenmek için yalvarırken daha da çabalayacak ve tekrar tekrar harekete geçecek askerler. Bu, fit olmak değil; bunu yapacak kararlılığa sahip olmaktı ve sınava giren herkesten beklenen de bu kararlılıktı.

Ancak hayatımın bu döneminde herkesin içinde mücadele ruhu olduğunu anlayamayacak kadar kendime güvensizdim sanırım.

Deniz Kuvvetleri'nde daha rahat hissediyordum. Bir Deniz Kuvvetleri askeri adayı olarak benden ne bekleneceğine dair az da olsa bir fikrim vardı. Zor olacağını ama yapabileceğimi biliyordum.

Şınav ve barfiks çekmekte iyiydim. Sırtımda ağır çantalarla zorlu arazilerde yürüyebilirdim. (Deniz Kuvvetleri'nde hayatın önemli bir parçası.) Ama Özel Kuvvetler sınavının en önemli bölümlerinden biri olan dağlarda, sırtımda çok büyük ağırlıklarla uzun mesafe yürüyüşler yapabilir miydim?

Bu, nedense yapabileceğime inandığım bir şey değildi. Ama içimdeki ses susmadı.

Sonunda hiçbir şey denemezsem hiçbir şey kazanamayacağıma karar verdim. (Hayata renk verecekse o işi yapmak gerektiğinin ne kadar önemli bir kural olduğunu öğrenmiş oldum.)

Artık hiç olmazsa sınava girmem gerektiğini biliyordum. Başarısız olursam hiç olmazsa denemiş olacak; çamurun içinde, elimden geleni yaptığımı bilecektim. (Ah, bir de Özel Kuvvetler bu sınava girenlerin bunu gizli tutmasını gerekli tutuyordu, ki benim için bu harika bir şeydi. Başarısız olursam bile kimse bilmeyecekti.)

Planım buydu ama aslında sınav sırasında vücudumun nasıl acılara maruz kalacağını ve nasıl hırpalanacağımı bilsem bu çılgın planı uygulamanın delilik olduğunu fark ederdim.

Ama neyse ki gelecekte neler olacağını hiçbir zaman bilmiyoruz.

37

Normalde Özel Kuvvetler'e katılmak için bir askerin önce orduda yıllarca hizmet etmesi gerekiyor. Ama Özel Kuvvetler üç bölümden oluşuyor ve 21 ile 23. birimler 22. birimin yedek askerlerinden oluşuyor.

21 ve 23. birimler büyük oranda normal ordudan ayrılmış ama yine de yeteneklerini ve öğrendiklerini kullanabilecekleri bir alan arayan komandolar ve paraşütlü askerlerden müteşekkildi. Sonra Özel Kuvvetler bu eski askerleri alıp oldukça zorlu bir sınavdan geçirerek en iyi olanları ayırıyor ve seçtikleri askerleri gizli, savaş ajanları olarak yetiştiriyordu.

Ancak 21 ve 23. birimler Özel Kuvvetler'in talep ettiği standartlara uyduğunu kanıtlayabilen sivillere de açıktı. Daha uzun ve zorlu bir yol ama potansiyel bir yol sonuçta.

Benim Özel Kuvvetler (Y) (Yedek) ile ilgili en sevdiğim şey hayatımızı nasıl yaşadığımız konusunda esnek olmalarıydı. Tam zamanlı çalışan bir asker değildiniz ama yine de yedeklerin çoğu bunu asıl işleri olarak yapardı. Çok kısa bir sürede dünyanın herhangi bir yerine gönderilmelerine karar verilebilirdi. Eğitimli ve uzmanlaşmış askerlerdi ama birime ne kadar zaman ayıracaklarını kendileri seçebiliyorlardı. Bu durumdan çok hoşlanmıştım.

Sivil bir vatandaş olarak Özel Kuvvetler'e katılmak çok keskin bir dönüş gibi ama başarılı olduğunuz sürece bir asker olmayı en başından, geleneksel bir şekilde öğrenmek zorunda değildiniz. Bende hiçbir zaman geleneksel herhangi bir şey olma arzusu yoktu açıkçası.

Okuldan sonra pek çok arkadaşım normal bir piyade ya da tank askeri olmayı seçti. Bir sürü törenlere ve görevlere katılacak, Londra'da yaşayıp iyi miktarda para kazanacaklardı ama henüz yirmi yaşındayken öyle bir hayatın parçası olmak bana hiç çekici gelmedi. Ben macera istiyor ve daha az seyahat edilmiş yolları tercih ediyordum.

Eğer 21. Birim'e katılırsam er, yani en düşük seviyede bir asker olabilirdim. Okuldan arkadaşlarım gibi subay falan olmazdım ama orduya en aşağıdan, (erleri ya da özel askerleri aşağılamak için kullanılan bir ifade olan) "acemi" olarak katılacaktım.

Ama bu bile bana oldukça ilgi çekici ve eğlenceli geliyordu.

Ayrıca Özel Kuvvetler'de eski Etonlılar çok azdı.

38

Trucker'la The Brunel Otel'de gece yarılarına kadar Özel Kuvvetler sınavından konuşurduk. Sınava girmek kesinlikle birlikte aldığımız bir karardı. Nitekim bu, aldığımız en iyi kararlardan biri oldu ve (birlikte zorluklara göğüs gererek oluşturduğumuz) arkadaşlığımızı asla tahmin edemeyeceğim kadar güçlendirdi. Sonraki yıl sınavda birlikte yaşadıklarımız sayesinde ömrümüzün sonuna kadar devam edecek güçlü bir dostluk kuracaktık.

Ama aynı zamanda bu sınava girenlerin çoğunun geçemediğini ve birlikte geçme ihtimalimizin çok düşük olduğunu kabul etmiştik.

Konuşmadığımız bir konuydu bu. Ama içten içe Trucker benden çok daha güçlü olduğu için endişeliydim. Aslına bakarsanız tanıdığım en doğuştan fit adamdı ve bunu çok kıskanıyordum. Biz birlikte koşarken ve antrenman yaparken hiç çabalamadan ne kadar güçlü olduğunu gösterebilirdi. Benden çok farklıydı. Bu da sınavı sadece onun geçeceği ve benim asla geçemeyeceğime dair korkumu besliyordu.

***

23 Mart 1994'te elimizde gereken belgelerle endişeli bir hâlde kışlanın girişine vardık. Bizi on iki uzun ayın sonunda hevesli sivillerden eğitimli Özel Kuvvetler askerlerine çevirecek yolculuğun başındaydık.

Biraz korkutucu bir durumdu. Tam bir amatörden gerçek bir profesyonele dönüşmek, saldırıdan gizli deniz ve hava operasyonlarına her konuda uzmanlaşmak bizi sonuna kadar zorlayacak bir macera olacaktı. Ama heyecanlı herhangi bir göreve başlamadan önce, öncelikle normalin çok üstünde, formda ve kararlı olduğumuzu kanıtlamamız gerekiyordu. Bunu yapmanın tek yolu da çalışmak, kan ter dökmekti.

İkimiz de benim 21. Birim'deki en iyi tabur olduğuna inandığım tabura atandık. Bu taburun Özel Kuvvetler ailesi içinde sert, ciddi ve mantıklı insanlardan oluştuğuna dair bir ünü vardı. Genellikle Galler kökenli, kendi taburlarındakilere karşı son derece korumacı ve gerçek anlamda profesyoneldiler.

Ama bu ün zor kazanılmış ve iyi korunan bir ündü. Orada bir yer edinmek için normalin iki katı çalışmamız gerekecekti.

İlk gün diğer, çeşit çeşit umutlu adaylarla bize birer çanta verildi ve yakınlarda tepelerde sabit hızda bir koşu yaptık. Amacımızın ne olduğunu sorup ne beklememiz gerektiğini söylediler.

Bağlılık çok önemli bir kelime gibi görünüyordu.

Eve döndüğümde sırf bu macera başladığı için rahatlamıştım. Bu kısım genelde bütün uzun ve korkutucu maceraların en zor kısmıdır.

Daha sonra Trucker'la birlikte her hafta bir akşam "talim gecesi" dedikleri bir şeye katılmaya gittik. Bu gece talimleri bizi gelecek yıl karşılaşacaklarımıza "hazırlama" amacıyla yapılıyordu.

Sınavın kendisi birkaç ay boyunca her hafta sonu bir önceki haftanın devamı şekilde yapılacaktı ama bu iki günlük testler ve antrenmanların başlamasına daha birkaç hafta vardı. Önce hiç geçme ihtimali olmayanları elemek istiyorlardı.

Bu gece talimleri gitgide daha zorlu fiziksel idmanlardan oluşuyordu. Genellikle nefesimiz kesilene kadar büyük bir hızla koşuyor, sonra tepeleri koşarak tırmanıyor ve itfaiyeci kaldırışı yapıyorduk. Yukarı aşağı, yukarı aşağı. Ta ki bütün adaylar genelde kusmuk içinde, dizlerin üstüne çökene kadar...

Yaptıkları en kötü şeylerden biri bizi yaklaşık altmış metrelik bir tepenin üzerine dizmeleri, sonra en aşağı gönderip arkadaşımızı sırtımıza almamızı emretmeleri ve tekrar tepeye çıkan son iki kişinin başarısız kabul edileceğini söylemeleriydi.

Hepimiz yukarı çıkmak için çabalar, sona kalan kişi olmamaya çalışırdık. Sonra son iki kişiyi çıkarıp bizi tekrar aşağı gönderir ve aynı şeyi tekrar ettirirlerdi. Sonunda artık ancak emekleyebilen, perişan olmuş birkaç kişi kalırdı.

Bazen tehditlerine uygun hareket edip en zayıf kişileri çıkarırlardı ama bazen hepimizi kampa geri gönderip hiçbir şey yapmazlardı. Hiçbir zaman hangisi olacağını bilemezdik. Bu, onların oynama şekliydi. Güvende olmak için %150 çabalaman, en önde kalman ve asla pes etmemen gerekiyordu. Gelecek hafta orada olmak isteyenlerin bunları yapması gerektiği gitgide daha belirgin hâle gelmişti.

Bazen de bize "öğütme" dedikleri bir şeyi yaptırırlardı. Bu eldiven giydiğimiz iki dakikalık karşılaşmalarda amacımız rakibimizi bütün gücümüzle yumruklamaktı. Teknik falan yoktu, sadece kan. Beni hep 1.80'lik bir dövüşçüyle eşleştirdiler ve dayak yedim.

Sonra daha çok şınav çekerdik. Ağırlık kaldırırdık. Ayakta duramayacak hâle gelene kadar böyle devam ederdi bu. Bu noktadan sonra artık mesele sınavı geçmek bile değildi, sadece bugünkü dersten atılmamaktı.

Ama her "tükenme" seansımızdan sonra heyecanım her zaman endişemi geçti ve yavaş yavaş acıya alışmayı öğrendim. Burada hayatta kalmanın anahtarı buymuş gibi görünüyordu.

39

Sonunda sınavdan bir hafta önceki hafta sonu gelmek üzereydi.

Cuma akşamı 17.30 gibi kışlaya vardım. Bizi sınav öncesi testler dedikleri bir şey için Genel Merkez'e götürdüler. Bu testleri yapma sebepleri "bu konuda ciddi olduğumuzdan ve neler gerektiğini iyice anladığımızdan emin olmak"tı. Biz yarı gizlenmiş hangarın soğuk beton yerinde toplanmış otururken Özel Kuvvetler askeri bize bunları söyledi.

Ve ekledi...

"Umarım hepiniz geçersiniz. Daha fazla yedek almaya her zaman yerimiz var, inanın bana. Ama o kadar basit bir şekilde olmuyor işte. Şu an aranızdaki herkesin içinden sadece iki elimin parmaklarıyla sayabileceğim kadar kişinin geçeceğinden eminim."

O gece çok az uyudum. Önümüzdeki aylar boyunca çok iyi tanıyacağım o karanlık hangarda, sert beton yerde gözlerim açık uzanıp saatin sabah 5.30 olmasını bekledim.

Saat sabah 6.00'da büyük bir tabur olarak koşmaya başladık. (Bu sınav öncesi hafta sonu için bütün 21. Birim taburları bir araya gelmişti.) Bu, ilk kolay testti; bir saatin altında tamamlamamız gereken on iki kilometrelik yokuş yukarı bir koşu. Tepeye çıkan toprak yoldan çıkmaya başladım ve hepimiz dördüncü kez tepeyi çıktık.

Sabahın kalanı yönetici ekipten aldığımız "temel beceriler"e ayrıldı. Sonra da o öğlen yapacağımız "aktiviteler" hakkında kısaca bilgilendirildik. Sonra kısa bir koşuyla saldırı dersine geçtik.

Daha önce Deniz Kuvvetleri'nde birkaç zorlu saldırı dersini tamamlamıştım. Ama bu biraz farklı geliyordu. Daha önce saldırı eğlendiğim bir dersti ama orada sadece gelecekte çekeceğim acıyı düşünebiliyordum.

Yönetici ekibin görmek istediği şey gerçek bir bağlılık, ciddi bir çabaydı ve her zaman bütün hareketlerinizi dikkatle izleyen bir subay ya da yönetici vardı. Bazen gelip zavallı bir asker adayını dışarı sürükler ve en baştan başlamasını söylerlerdi; "Üç katı hız ve güçle, doğru düzgün bir şekilde yap!"

İki saat boyunca durmadan yuvarlanmak, emeklemek, tırmanmak ve atlamak gibi hareketler yaptıktan sonra tükenmiştim. Hepimiz tükenmiştik.

Daha nefeslenmeye fırsatımız olmadan ağaçların arasından koşarak bir açıklığa vardık. Yerde bir sürü rögar kapağı vardı. Bunlar yer altındaki bir tünel ağının girişleriydi. Kapalı yerlerden nefret eden biriyseniz bunu böyle bir anda keşfetmek korkunç olacaktı.

Ama bunu düşünmemize fırsat vermediler. Hepimiz tek tek bu küçücük rögar kapaklarından aşağı itildik ve kapakları üzerimize kapattılar. Tek başımıza bu karanlık ve daracık, tavanı en fazla doksan santim yüksekliğindeki yer altı labirentinde yönümüzü bulmak zorundaydık.

Bütün labirentin yerleri on beş santim yüksekliğinde bir çamur ve su karışımıyla kaplıydı. Önümde ne olduğunu bilerek ilerlemek için ellerimi iyice uzatarak emeklemeye başladım. Ne zaman başka bir rögar kapağına ulaşıp dışarıdan sızan ışığı görsem üzerimdeki metal kapağı bütün gücüyle tepeleyen botların sesini duyardım.

"İlerlemeye devam et," derdi bir subay. "Daha hızlı!"

Klostrofobi burada asla kabul edilmeyen bir şeydi. Dar ve kapalı alanlarda çalışabilmeli, duygularını kontrol edebilmemi ve başka bir yere yönlendirebilmeliydik. Bunu yapamayacakların şimdiden, sınava başlamadan önce tespit edilmesi gerekiyordu.

Sonunda yorgun, kasılmış ve tükenmiş bir hâldeyken bizi fare deliklerinden çıkardılar. Sonra bir kez daha öylesine bizi saldırı dersine gönderdiler. Bunu yönetici grubunun karakterlerimizi anlaması için yapıyorlardı. İnatçı mıydım, çalışkan mı; baskı altında sakin kalabilir miydim, bir kriz ânında duygularımı kontrol edebilir miydim?

Hâlâ dinlenmek yoktu bize.

Daha sonra bizi bir düzlükte çamura batmış, büyük, ağır, çelikten bir topun yanına götürdüler.

"Haydi bunu çıkarıyoruz beyler. Acele edin!"

Kenarlarından ittirip hareket ettirmeye çalıştık ve sonunda topun tekerleri yavaşça dönmeye başladı.

"Ne zaman duracağınızı biz söyleyeceğiz. Biz demeden önce duranlar sınava giremeyecek!"

Yönetici ekip nadiren bağırır, genelde sessizce izlemeyi tercih ederlerdi. Kendimizi disipline edip edemediğimize bakıyorlardı. Bu test sırasında sürekli, "Kendinizi zorlayın beyler. Eğer yavaşsanız başarısız oldunuz demektir. Anlaşıldı mı?" dediler.

Anlaşılmıştı. Ve oldukça zordu ama hoşuma gitmiyor değildi.

Kendini sadece kendine bırakmak beni güçlendiren bir histi. Sınavda karşılaştığım askerlerin çoğu bu şekilde davranmayı zor buluyordu. Pekçoğu subaylar tarafından bağırılmaya ve zorlanmaya alışmıştı. Ama Özel Kuvvetler farklıydı. Birinin bağırmasına ihtiyaç duyan insanlar burada düşüp kalacaktı. Kendini zorlayabilmek ve bunu tek başına yapabilmek gerekiyordu burada. Ve öğrendiğime göre Özel Kuvvetler'de her zaman "biraz daha" zorlamak gerekiyordu.

Sonunda güneş battı ve biz de tamamen tükenmiş bir şekilde oturduk. Uzun ve yorucu bir gün olmuştu. Uyku tulumuma girip hangarın beton zeminine yattım.

***

Onbaşlarının hangarın dışında sessiz aslanlar gibi dolaştığını duyduğumda hava hâlâ karanlıktı. Hazırlanmak için kalkmaya çalıştım. Saat 05.50'de ağır sırt çantamı taktım ve güneşin henüz aydınlatmadığı gökyüzünün altına çıktım. Dışarısı, yerleri ıslak ve kapısı açık hangardan daha soğuktu.

Beş dakika erkenden hazırda beklemeye başladım. Saat tam 06.00'da yürüyüş için hazır olmamız söylenmişti. Tabii ki bu 05.55 demek oluyordu. Bir dakika geç kalırsak uyarı alır, bir daha gecikirsek başarısız sayılırdık.

Eğreti tartılarda çantalarımızı tarttık; kıyafetler, silahlar, yiyecek ve su olmadan on altı kilogram. Oldukça ağır gelmişti. (Gelecek yıl göreceğim şeyleri ve taşıyacağım ağırlıkları henüz bilmiyordum tabii.)

Tabur olarak yola çıkıp hızlı bir yürüyüşe başladık, kısa sürede hızlanıp sonunda koşmaya başladık ve aynı tepelerdeki aynı rotayı izleyip durduk. Aynı on iki kilometre, ağaçlıklı tepede dört tur ama bu kez bütün ekipmanımızla.

"Haydi ilk tur bitti. Üç tane kaldı!"

İkincinin yarısına gelmiştik ki aynı hızda devam edemeyip grubun gerisinde kalan bir sürü kişi olduğunu gördük. Eğer şimdiden bu hız ve ağırlık onlar için fazlaysa buraya hiç katılmamaları çok daha iyi olacaktı, kendi iyilikleri için.

Üçüncü turun sonunda gerçekten zorlanmaya başladım. Nefes alamıyordum, yüzümde sümük vardı. Bütün neşem ve aşkım ölmüş, yerine bacaklarımdaki ve akciğerlerimdeki ağrı gelmişti.

Mücadele et Bear. Haydi bir tur daha! Şimdi bütün o çabanı boşa harcama.

Sonunda bitiş çizgisi görünmüştü. Arkama döndüğümde çok daha az kalmış bir grup ve geriden gelen bir sürü kişi gördüm. Geride kalanlar bir kenara götürüldü. Onlara ne denildiğini duymadım ama tamamen yıkılmış görünüyorlardı. Çantalarını toplamaya gönderildiler.

Sekiz kişi daha başarısız olmuştu ama bendeki asıl korku bunu nasıl devam ettireceğimdi. Bu, daha sınavdan önceki bir testti ve oldukça zordu. Peki sınavın kendisi nasıl bir şey olacaktı?

40

Özel Kuvvetler'de bir asker olmak için eğitim görmeden önce sınavın bu tepe tırmanma kısmını geçmemiz gerekiyordu. Bu, Özel Kuvvetler'in sayımızı azaltma yöntemiydi. Her zaman zamana ve doğaya karşı bir yarış içindeydik. Geriye çok az insan kaldığında, Özel Kuvvetler ancak o zaman gerçekten işe yarayacak bir eğitim vermeye başlardı.

Böyle bir eğitimde çok vakit ve para harcanması gerektiği için bu kadar değerli kaynakları her şeyden önce doğru kişiliğe ve gerekli forma sahip olmayan insanlar için harcamak büyük bir ziyan olurdu.

O yüzden ilk aşama sayımızı azaltmak, ikinci aşamaysa bizi eğitmekti.

***

Sınav öncesi test başladığından beri taburumuzun dörtte birini kaybetmiştik. Artık resmî olarak sınava başlayabilirdik.

Bütün taburların ana binalarının olduğu kampüs alanına götürüldük. Artık sadece bir spor salonuna ve yan tarafta kalan o bloka mahkûm değildik. Bu da bir adımdı. Bundan sonra bizden ne bekleyeceklerine dair bilgilendirildikten sonra ilk askerî ekipmanımızı aldık.

Daha sonra bize metalden, gözlü bankların olduğu, beton yerleri kırmızıya boyanmış acemi er soyunma odasını gösterdiler. Burası burada kalabildiğimiz süre boyunca "evimiz" olacaktı.

Vermeye çalıştıkları mesaj açıktı; "Gerçekten istiyorsanız sınavı geçeceksiniz."

Sınavın bu ilk tepe bölümü Galler'deki Brecon Beacons'da yapılacaktı. Sonraki altı ay boyunca zamanımın çoğunu bu dağlarda dolaşarak ve terleyerek geçirdim. Bazen yükselen sıcaklıklarda yakıcı güneşin altında, sivrisinekler arasında, ter içinde; sonra aynı yıl içinde bacaklarımın hepsinin gömüldüğü karın içinde, ıslak ve soğuk; bazen de rüzgârın gücüyle dağlardan düşmek üzereymiş gibi hissederek... Zaman zaman toplamda otuz beş kilograma çıkan ağırlıklar taşırdık; bu yaklaşık sekiz yaşındaki bir çocuğun ağırlığıydı.

Hem hipotermi hem de yorgunluk sürekli var olan düşmanlarımızdı, zaman da öyle tabii. Botlarına su dolarken ve Galler Dağları'nda esen fırtına kıyafetlerini semsert yaparken sürekli mücadele hâlindesin. Yola devam edebilir misin? Hızla?

Bu sınav sadece fiziksel formla alakalı değildi. Yön bulma, hızlı düşünme, kendini disipline edebilme ve bütün vücudun artık durup dinlenmen için yalvarırken ilerlemeni sağlayacak bir kararlılık gerektiriyordu. İşte Özel Kuvvetler asker alırken bu kadar sert davranabiliyordu, çünkü her zaman kendi kendine bu zorlu süreci denemek isteyen insanlar vardı.

Brecon Beacons'daki ilk egzersizimiz "rehberli tur" dedikleri, kulağa endişe verici derecede sıradan gelen bir şeydi. Küçük gruplar hâlinde dağlara gönderilip gündüzleri ve geceleri dağlarda yolumuzu nasıl bulacağımızı öğrenecektik. Ancak ondan sonra bizi tek başımıza gönderebilirlerdi.

Yukarı çıktıkça subaylardan biri bize kendisinin zor yoldan öğrendiği bazı tavsiyeler ve ipuçları verdi; nasıl yön bulacağımıza ve nasıl daha hızlı yol katedebileceğimize dair tavsiyeler.

Hepsini öğrendim. Bütün rotalarda nasıl yolumuzu bulacağımızı hepimiz tek tek öğrendik ve kilometrelerce yürüdük.

Yaklaşık on saat sonra uzaktaki tepelere gidip dönmüş, yaklaşık otuz kilometre yürümüştük. Herkes sırtındaki ağırlıkları daha çok hissetmeye başlamıştı ve ayaklarımız ağrıyordu ama birlikte ve çok çalışıyorduk. Güzel bir histi. Ayrıca bir süre sonra çok iyi tanıyacağımız oldukça yüksek bir tepeyi de ilk kez keşfetmiş olduk; Özel Kuvvetler'in sınavıyla aynı anlama gelen ve bütün acemi erlerin çok iyi bildiği bir tepe.

Sonunda ağaçların arasında bir yerde durduk ve dağın eteğinde yaklaşık iki saat dinlendik. Bütün gün yağan yağmurdan ve terden ötürü ıslak ama heyecanlıydım.

Karanlığı bekledik.

Bundan sonraki kısım ilerleyen aylarda sık sık yapacağımız gece navigasyonu egzersizi olacaktı.

41

Gece olunca küçük gruplar hâlinde karanlığa dalıp ilk buluşma noktamızı aramaya başladık.

Dağda geceleri ilerlemek oldukça zordu. Kısa süre sonra hepimiz görünmeyen çukurlara düşüyor, bataklıklara saplanıyor, sendeleye sendeleye ilerliyorduk. Gece yolunu bulmak yakında uzmanı olacağımız bir sanattı ama şu an ne gözlerimiz ne de içgüdülerimiz buraya alışkındı. Bizimle gelen subayın hiç sendelemediğini ve düşmediğini fark etmiştim. Karanlıkta ağaç köklerine ve çalılara takılıp düşenler hep acemi erlerdi. Keza tam anlamıyla Özel Kuvvetler askeri olmuş adamlar bu oyunu uzun süre önce öğrenmişti.

Ben de bu yeteneklere ve kendine güvene sahip olmak istiyor ve bunu ancak tekrar tekrar yaparak öğreneceğimi biliyordum. Ve burada bol bol gece operasyonlarına gitme şansım olacaktı.

Sonunda yorgun, ıslak ve tükenmiş bir şekilde tepenin üstündeki ağaçlık alanda yer alan buluşma noktasını bulduk. Yağmurluğumu iki ağacın arasına asıp uyku tulumuma girdim ve hemen uykuya daldım.

İki saat sonra, sabah 05.55'te uyanıp yaklaşık on kilometre uzaktaki bir tepeye çıkmak için sıraya girmiştik. Önümüzdeki tepe günün erken saatlerinin ışığında ancak görünüyordu. Solumdaki erlere bakıp herkesin soğuğa karşı sımsıkı giyindiğini gördüm; asker yeşili yün şapkalar, nemli üniformalar, ellerini sıcak tutmak için yanlarında yumruk yapmış askerler ve önümüzdeki düzlüğe düzgünce yerleştirilmiş çantalar. Her askerin nefesi soğuk havada görülebiliyordu.

Ayaklarım ağrıyordu ve yeni asker botlarım ayaklarımı sıkıyordu. Ayaklarımın şimdiden üşümeye ve morarmaya başladığını tahmin edebiliyordum.

Başçavuş bağırdı.

"Bu sınavı geçmek istiyorsanız benden ayrılmayın!"

Sonra hızla yürümeye başladı.

Arkasından koşturmaya başladık. Çantalarımızı hızla alıp yetişmeye çalışıyorduk.

Askerler önden gitmek amacıyla birbirlerini geride bırakmaya başlamıştı. Ama önde ilerlemek, resmen durmadan koşmak demekti. Benim yapmamın mümkün olmadığı bir şeydi bu. Her adımı güçlükle atıyordum. Yokuş dikleştikçe enerjimin azaldığını hissedebiliyordum. Vücudumun son gücünü kullanıyordum. Daha en baştan nefes alamıyordum, ter içindeydim.

Kendime sürekli, "Dayanıklı olduğunu göstermen gereken yer burası," diyordum. "Sakın geride kalma, bir adım bile."

Geride kalmamanın hayati önemi olduğunu biliyordum. Diğer askerler beni geride bırakırdı ve asla hızlarına yetişemezdim. İşte bu hıza ve yokuşa rağmen önümdekilerin enerjisi beni ayakta tutuyordu.

Tepeye vardığımızda başçavuşa yetişebilen birkaç kişiden biri olduğumu fark ettim ve aşağı inerken de yerimi korumak için elimden geleni yaptım. Dik yokuştan aşağı bütün gücümle koştum. Dağın eteklerine vardığımızda diğer askerlerden en az yirmi dakika ilerdeydik.

Bütün grup toplandığında başçavuş performansımızın utanılacak seviyede olduğunu söyledi. Eğer sınavı geçmek istiyorsak çok daha fazla uğraşmamız gerekeceğini de ekledi. Bunları dedikten sonra bize olduğumuz yerde kalmamızı emretti. Sonra anayoldaki kamyonlara gitmelerini söyledi ve kamyonlar giderken yolun boşalmasını izledik.

"Arkanızı dönün beyler, kamyonlar sizi öteki tarafta bekliyor. Buraya varmanız acınası bir şekilde iki saat on yedi dakika sürdü. Şimdi iki saat içinde öbür tarafa geri dönecek ve kamyonların olduğu yere varacaksınız. Geç kalanlar sınavdan kalmış olacak. Sonra da eve yürüyeceğiz."

Gözlerim buğulu, tırmanmak için arkamı döndüm. En önde olmak için elimden geleni yapıyordum. İyi bir başlangıç yapmışken o şekilde devam etmeye kararlıydım ve yukarı çıkmaya başladım.

Yaklaşık yirmi dakika sonra ilk gördüğüm ufuk çizgisine varınca bir subayla karşılaştık. Sessizce kimin önden, kimin geriden geldiğini not alıyordu. Sonra arkamızda kalan dik yokuşu işaret etti.

"Geri dönün beyler, kamyonlar geri geliyor. Kimin çabalamaya hazır olduğunu görmek iyi oldu," dedi ve öndekilere bakıp başını hafifçe eğdi. Ben de Trucker da öndekilerin arasındaydık. Arkamızı dönüp tükenmiş bir şekilde aşağı inmeye başladık.

Sonunda sessizce dört tonluk kamyonların arkasına çöktük ve motorlar çalışıp arabalar bizi güneye götürmeye başlarken rahat bir nefes aldık. Bu da sadece başka bir testti; amacı olan bir test.

Tamamen tükenmişken bile içinizde sizi tekrar ayağa kaldıracak bir güç bulabilen ve dönüp yola devam edebilen biri misiniz, yoksa yorgunlukla solup gidiyor musunuz?

Bu, bir akıl oyunuydu. İnsanları gerçekten zorlamadan nasıl tepki vereceklerini tahmin etmek imkânsızdı.

Ama benim tek umurumda olan sınavın o haftalık kısmının bitmesiydi. Asıl zorlanacağımız yer şimdi başlıyordu. ·

42

Tükenmiş bir biçimde bir ordu kamyonunun arkasındaki metal yerde uzanıp egzoz kokusunu içine çekmek nasıl dünyanın en harika duygusu olabilir?

Ama bir şekilde sınavın bir başka ayağını geride bıraktığımız, uyku tulumlarımıza gömüldüğümüz anlar bütün o acı ve çabaya değiyordu.

Haftalık gece antrenmanları aynı hızla devam etti. Koşu, fiziksel antrenman (bu da uzun koşulardan, canımızı çıkaran güç turlarından, ağırlık kaldırmaktan ve dövüşmekten oluşuyordu), harita okumak, acil yardım eğitimi ve silah kullanma dersleri alıyorduk.

Acemi erler yeşiller içindeydi, standart asker üniforması giyiyorlardı. Kampın etrafında dolaşan Özel Kuvvetler askerlerinin kendine güvenli, önemli olduklarının farkında olduklarını gösteren o tavırlarını fark etmemek imkânsızdı. Onların aksine biz acemi erler hiçbir şey bilmiyor ve hiçbir şey ifade etmiyorduk. Biz sadece sayıca çoktuk. Çoğunluktan ibarettik.

Özel Kuvvetler askerlerinin giydiği, üzerinde kanatlı kamalar olan berelere, saklamaya çalıştığım bir hayranlıkla baktım. Bu bereleri kazanmak için gösterdikleri çabayı takdir etmeye başlıyordum.

Kısa süre sonra dağlarda geçireceğim diğer hafta sonu gelmek üzereydi. Vücudum bir testin yorgunluğunu üzerinden atarken diğerinin korkusu ve stresiyle doluyordum. Kimse tekrar tekrar ayağa kalkamayacak kadar yorulmayı dört gözle beklemez sonuçta.

***

Gece 01.00 gibi dört tonluk askerî araç bir başka rüzgârlı ve soğuk dağın eteklerinde durdu. Sağanak yağmur yağıyordu. İkili gruplara ayrılıp uyuyabileceğimiz düz bir yer bulduk ama uykuya dalmak imkânsızdı. Uyku tulumunun içinde bile sırılsıklam oluyorduk. Güneş doğana kadar olabildiğince uyumaya çalıştık.

Saat 05.55'te hepimiz sağanak yağmurun altında sıraya girmiştik. Başımızdaki çavuş, bunun yanımızda diğer Özel Kuvvetler askerleriyle yapacağımız son yürüyüş olduğunu söyledi. Yanımızdaki askerden mümkün olan her şeyi öğrenmemizin önemini hatırlattı. Bizi subaylara teslim etti ve arkasını dönüp gitti.

Bu bilgilendirme bittiği gibi diğer subaylar da onları takip etmemizi emretti. Dik, ıslak çimenlerin arasında hızla yürümeye başladılar. Dakikalar içerisinde aramızda kocaman bir mesafe oluşmuştu bile. Sonra biz yavaş yavaş onlara yetişirken durdular ve arkalarına bakarak bizi beklemeye başladılar. Bataklık gibi bu arazide hepimiz nefes nefese onlara yetişmeye çalışıyorduk.

Hepimiz çamur içinde, sırılsıklam, perişan görünüyorduk. Çantalarımızın ağırlığı altında eziliyorduk. Bizim aksimize subaylar sakin, formda ve dinçti. Hiçbir zaman agresif değildiler, bağırmazlardı. Sadece umursamıyorlardı. Ve de hızlılardı, çok hızlı. O kadar kısa sürede o çamur içindeki dimdik yokuşu nasıl geçtiklerine dair hiçbir fikrim yoktu. Yürüyen onlar değilmiş gibi görünüyordu.

Bize sakin bir şekilde bu bölgeyi geçtikleri hızın sınavdaki minimum hızımız olmasını gerektiğini söylediler. Ben bunu nasıl yapacağımı düşünmek yerine sadece onlara yetişmeye odaklanmaya karar verdim.

Acemi erlerle subaylar arasındaki farkın oldukça büyük olduğu belliydi.

Tekrar harekete geçtik ve belli bir ritme alıştıktan sonra daha güçlü hissetmeye başladım. Subayların yardımıyla suyu kabarmış dereleri geçmeyi ve sırtımızda silahımız ve kıyafetlerimizin ağırlığıyla yokuşlardan inerken nasıl dikkatli olabileceğimizi öğrendik.

Saat öğlen 13.30'da yemek yiyip su içmek için kısa bir ara verdik. Bir derenin yanında topluca oturduk. Ama dinlenme süremiz uzun değildi ve kısa süre sonra günün son yirmi beş kilometrelik yürüyüşü için tekrar ayaklandık.

Önümüzdeki tepeye ilerlerken yanımdaki diğer acemi erlere baktım. Başları eğik, alınları ter içinde, güçlükle ilerliyorlardı. Kimse konuşmuyordu. Hepimiz subayların hızına yetişmek için kendimizi zorluyorduk. Dağa çıkan son birkaç kilometre ve inişimiz uzadıkça uzuyordu. Sonunda o günün yürüyüşünü tamamlamıştık. Bize ormanda bir saat kadar dinlenmemizi, ayaklarımızın iyi olduğundan emin olmamızı ve biraz yemek yiyip su içmemizi söylediler.

Ama bu aramız her birimizin etrafını saran tatarcıklar yüzünden korkunç bir hâl aldı. Hiç bu kadar çok tatarcığı bir arada görmemiştim. Sivrisinek kovucu hiçbir işe yaramıyordu, tek yaptığı tatarcıkları kondukları yere yapıştırmaktı. O zaman da kendi elimizle bir sürü böceği üzerimizden silmek zorunda kalıyorduk. Şimdi tek istediğimiz tekrar yürüyüşe çıkmak, bu böcekleri geride bırakıp saçımızda rüzgârı hissetmekti.

Kısa süre sonra yürüyüşe başlamak için sıraya dizildik ama bize verilen emir şuydu; "Sabit durun, hareket etmeyin."

Havada o kadar çok tatarcık vardı ki her nefeste bir sürü küçük böcek yutuyorduk. Tek istediğimiz kaşınmak ve böcekleri yüzümüzün önünden kovalamaktı ve orada hiç kımıldamadan, böcek bulutunun içinde durmak azap vericiydi.

"Hareket etmeyin!" diye bağırdı bir subay. Ona kendi aramızda "Bay Berbat" adını takmıştık.

Subay önümüzde, böceklerin arasında dikilip birimizin pes etmesini beklemeye başladı. Ben durmadan kafamın etrafında uçuşan böcekleri kovmak için gözlerimi kırpıştırıp yüzümü hafifçe buruşturuyordum. Bu yaptıkları Ortaçağ'dan kalma bir işkence yöntemi gibiydi. Öyle ki her dakika bir saat gibi geliyordu. İnsanı çıldırtan, korkunç bir şeydi ama bu akıl oyunu kırk beş dakika devam ettikten sonra bize oturmamızı ve o gecenin yürüyüşü için emirleri beklememizi söylediler.

Zihinsel gücün fiziksel güç kadar önemli olduğunu hatırlatan bir şeydi bu. Fiziksel güç de çoğu zaman zihinsel gücün etkileyebileceği bir şeydi zaten.

Hepimiz böceklerin kaynadığı o ormanda o gün bu dersi iyice öğrenmiştik.

43

Başımızdaki subay öne çıkıp bize bu geceki yürüyüşün herkesin korktuğu buranın topraklarını tanıyacağımız ilk ders olduğunu söyledi. "Buranın toprakları" dediği bu tepelerde ilerlemeyi neredeyse imkânsız kılan bataklıklar, kilometrelerce uzanan birbirine geçmiş çimen ve çalı yığınları ve sürekli takılıp durduğumuz çukurlardı.

Sonraki derslerde bu topraklardan korkmayı ve nefret etmeyi öğrendik. (Bazı acemi erler buraya yerden çıkan bir sürü küçükbaşlar varmış gibi göründüğü için "bebek kafaları" diyordu.)

En kötüsünü beklediğim gece hayal kırıklığına uğramamıştım. Kavun büyüklüğünde yabani otlardan oluşmuş öbekler arasında kilometrelerce ilerlemek çok zordu. Aynı zamanda karanlıkta bastığımız her yerde bunlardan birine denk gelme ihtimalimizle birlikte daha da zor hâle geliyordu. Bütün bunlara bir de bu ot öbeklerinden çıkan bıçak kadar keskin sazları da ekleyince neden herkesin buradan nefret ettiğini anlayabilirsiniz.

Zifiri karanlıkta bacaklarım her adımla bükülüyor ve yana dönmek zorunda kalıyordu. Zaman zaman kasıklarıma kadar iğrenç kokan siyah çamurun içine batıyordum.

Sonunda yüksek platodan inip aşağıda kalan bir tarlayı çevreleyen çitlere varmıştık.

Bize sessiz olmamızı, buradaki çiftçinin Özel Kuvvetler sınavı için gelen askerleri tüfeğiyle vurmaya kalktığını söylediler. Biz çitin üzerinden geçip adamın evinin etrafından dolaşırken bu korku heyecanımızı artırdı.

Karanlıkta son bir hızlı yürüyüşten sonra saat gece 03.00'te hedefimize ulaştık. Artık önümüzde oldukça kıymetli bir üç saatlik dinlenme hakkımız vardı. Ağaçların arasında toplandık.

Bu uykusuz, sırılsıklam ve üşüyerek geçirdiğimiz zaman benim için sınavın en kötü bölümleriydi. Vücudum zaten tükenmişti; dizlerim, ayaklarımın altı hep şişmiş ve sert hâldeydi. Adam gibi dinlenmek için ölüyordum. Ama yürüyüşlerin arasında nadiren üç saatten uzun dinleme hakkımız oluyordu. Bu süre dinlenmek için yeterli olmadığı gibi tekrar yola çıkmaya hazır kalamayacağım kadar da uzundu.

Onun yerine tir tir titreyerek bekler, daha yorgun ve uykusuz bir şekilde kalkardık. Ölümcül bir kombinasyondu bu. Özel Kuvvetler de bunun farkındaydı. Tekrar harekete geçebilecek, soğukta sırılsıklamken karanlık dağlarda yürüyebilecek kararlılığı olan insanlar arıyorlardı.

Bu dinlenme zamanlarında kendimi ayaklarımı dinlendirerek, bir şey yiyerek ve sıcak bir içecek hazırlayarak oyalardım. Ama bunlar bittikten sonra yapabileceğim tek şey uzanıp sabahki dövüş dersinin fiziksel antrenmanlarını yapmak için toplanmamız emredilene kadar beklemekti. Dahası bu fiziksel antrenman her hafta daha zor ve kötü bir hâle geliyordu.

Sonraki sabah güneş doğmadan çantalarımızla yola çıktık. Herkes ağrıyan bacaklarını sürükleyerek ilerliyordu. Hepimiz tükenmiş görünüyorduk. Bizim aksimize subaylar hızla yürüyordu. Kana susamış gibi...

Saat tam 05.55 olduğunda emir geldi.

"Bizi takip edin ve yürümeye devam edin. Bu haftaki performansınız korkunçtu. Şimdi bunun cezasını çekeceksiniz."

Subaylar hızla ağaçların arasındaki yollardan birinde ilerlemeye başladı. Biz de çantalarımızı güçlükle taşıyarak peşlerinden gittik. Daha sonra yetişmemiz için koşmamız gereken bir hızda yürümeye başladılar ama o kadar ağırlığın altında koşmak imkânsızdı.

Yirmi dakika sonra onlara yetişelim derken hepimiz kan ter içinde kalmıştık. Bir buçuk saat sonra hızlarında hiçbir değişiklik yoktu. Bizse perişan, hiçbir düzeni kalmamış, ilk kişiyle son kişi arasında neredeyse bir kilometre olan ve sızlanıp duran uzun bir kuyruk olmuştuk. Sonunda güneş doğmuştu ama hepimiz tükenmiştik.

Kendimi zorlayıp yürüyüşü grubun ortalarında bir yerde bitirdim ama tamamen bitmiştim. Kımıldayacak hâlim kalmamıştı. Bir elli metre daha yürümemi söyleseler onu bile başarmam çok zor olurdu.

Orada vücudumdan terler akarken ayakta dururken acemi erlerden biri mırıldanarak küfretmeye ve şikâyet etmeye başladı.

"Yeter artık!" dedi fısıldarcasına. "Saçmalık bu. Askerlik değil, sadistlik!" Sonra bana bakıp, "Kimse böyle bir şeye zorlanmamalı," diye devam etti. "Bize katır sürüsü gibi davranıyorlar. Katırlar bile bu kadar yükün altında ölürdü!"

Ona sabretmesini, bu akşam sıcak bir duşa girdiğinde bunların hepsini unutacağını söyledim. Sonra bana dönüp öylece baktı.

"Senle aramızdaki fark ne biliyor musun Bear? Sen sadece benden daha aptalsın!"

Bunu dedikten sonra çantasını çimlere bırakıp subayların yanına yürüdü ve ayrılmak istediğini söyledi. Subaylar sessizce onu kamyonlara yönlendirdi. Acemi er kamyonlardan birine bindi ve onu bir daha hiç görmedim.

Hep böyle olurdu. Biri vazgeçene ya da verilen sürenin gerisinde kalana kadar yavaş yavaş zorluğu artırarak bizi perişan ederlerdi. Bize hep, "Biz sizi bırakmıyoruz, siz sınavdan kalıyorsunuz. Eğer verilen süreyi aşmaz ve pes etmezseniz geçebilirsiniz," derlerdi.

Dönüşte kamyonun arkasına oturmuş o erin bana dediklerini düşünüyordum; *"Sen sadece benden daha aptalsın!"*

Belki de haklıydı. Yani burada hırpalanmak gerçekten aptalca görünüyordu. Ve bu hırpalanma ayrıcalığı için günde sadece 27 pound kazanmak da oldukça aptalcaydı.

Ama o adamın kaçırdığı bir nokta vardı; güzel şeyler ancak çok çalışarak kazanılırdı ve gerçekten kıymetli olan her şeyin bir bedeli vardı.

Özel Kuvvetler'e gelince, sanırım bu bedel yaklaşık bin fıçı dolusu terdi. Bu benim ödemeye hazır olduğum bir miktar mıydı?

Bu sınavda bu sorunun cevabını düşünecek çok vaktim olacaktı.

44

Bu sınav uyanık olduğum bütün süreyi yemeye başlamıştı. Bana böyle olacağını söylemişlerdi ve inanmamıştım ama haklılarmış. Bu kadar çabaladığın ve zaman harcadığın bir şeyi aklından çıkarmak zordu. Geride bıraktıklarımın heyecanı ve gelecek mücadelelerimin korkusu, hafta içlerimi yiyip bitirmeye başlamıştı.

Trucker'la birlikte Bristol'da arkadaşlarımızın sınıflarla kantin arasında dolaşıp durduğu öğrencilik hayatına geri dönerdik. Onlarla gezer ve takılırdık ama arada biraz mesafe bırakırdık. Gece geç saatlere kadar içmekten kaçınır, pek çok öğrenci arkadaşımızın çok sevdiği öğlene kadar uyuma gibi alışkanlıklardan uzak dururduk. Onların aksine sabahları erkenden kalkar ve hafta sonu gideceğimiz sınav için ekipmanımızı hazırlardık.

Kısaca ikimizin de hayatta farklı bir hedefi vardı.

***

Bir sonraki egzersizimiz Galler'deki Black Dağları'ndaydı. Nedense burada tatarcık böcekleri yoktu. Belki rüzgâr ya da yükseklikle alakalıydı bu. Sebebi ne olursa olsun tatarcık olmaması bizim için büyük bir rahatlık olmuştu.

Şimdi ilk kez ikili gruplar hâlinde yürümeye başlayacaktık, grup olarak değil. Ben de (sıralamada sinsice bazı değişiklikler yaparak) Trucker'la eşleştim.

Gruplar yürüyüşe belli zaman aralıklarıyla başlıyordu. Trux ve ben saat 06.30 gibi yola çıktık. Güneş doğmuştu ve biz dağlarda hızla ilerlerken sabah geçti. Görüşümüz açıktı, bu da yönümüzü bulmayı çok kolaylaştırıyordu. Kendimize gerçekten güveniyorduk.

Sonunda bir baraja ulaştık ve burada bir seçim yapmamız gereki-yordu. Barajı geçmenin yasak olduğunu biliyordu. Ayak izlerinden ya da patikalardan yararlanmak da yasaktı. (Tabii herkesin çok korktuğu sabahki fiziksel antrenmanın bir parçası olduğu zamanlar hariç.) Bu, doğru düzgün bir şekilde yön bulma derslerinden yararlandığımızdan emin olmak için koydukları basit bir kuraldı. Yerde ilerlemek kaçınıl-maz olarak en zoruydu. (Aslında bugün bile yürüyüşe çıktığımda bir patikayı takip edince kendimi kötü hissediyorum. Eski alışkanlıklar zor ölüyor sanırım.)

Ama bu, barajı yerden geçmek, yani barajın altında kalan yüz yirmi metrelik hendekten geçmemiz gerektiği anlamına geliyordu.

Acaba bizi izliyorlar mıdır, yoksa bu riski almalı mıyız?

Bu sınavın ruhunu ifade eden, "Cesaret eden başarır," gibi ifadeleri düşünerek dikkatli bir şekilde kilitli kapıya tırmandık ve iki yüz metrelik bir koşuyla barajı geçtik. Güvende görünüyorduk. Sonra yaklaşık on kilometre uzakta olan bir sonraki kontrol noktasına varmak için dik bir yokuşu tırmanmaya başladık.

Yaklaşık altı saat yürüdükten sonra ikimiz de yorulmuştuk. Sıcak fazlasıyla yakıcıydı ve ağır bir çanta, kemer ekipmanı ve tüfek taşıyarak dağlarda yokuş yukarı çıkarken günde altı bin kalori yakıyorsanız ger-çekten iyi miktarda su içmeniz lazımdı. Ve biz yeterince su içmiyorduk.

Sanırım ikimiz de iyi bir mesafeyi geride bıraktığımızı düşünerek kendimize biraz fazla güvenmiştik. Bu bize neredeyse sınavımıza mal olacaktı.

Son kontrol noktasına gelip durmadan önce yaklaşık altı yüz met-relik bir tepeyi geçmemiz gerekecekti ama ben şimdiden zorlanmaya başlamıştım. Sıcaklığa ve yorgunluğuma rağmen artık terlemiyordum ve bu çok kötü bir şeydi.

O tepede attığım her adımda dünyayı sırtımda taşıyormuş gibi his-sediyordum. Başım dönüyordu ve kendimi kaybediyordum. İkide bir oturmak zorunda kalıyordum. Sanki sarhoşmuşum gibi bilincim yarı açıktı ve ikide bir dizlerimin üzerine düşüyordum. Tek yapmak iste-diğim durup karanlık ve serin bir yerde uzanmaktı ama duramazdım. Su içip yola devam etmem ve suyun etkisini göstermesini beklemem gerekiyordu.

Sonunda tepeye kadar emekledim ve kendimi yokuş aşağı yuvarlanmaya bıraktım. Son kontrol noktasından geçip ağaçların arasında diğer askerlerle birlikte uzandım. Çok rahatsız edici bir migren başlamıştı. Midem bulanıyor ve başım dönüyordu. Hemen su içmeye başlayıp kendimi toparlamalıydım.

Bu arada beş kişi görevi tamamlayamamış ve iki kişi sıcaktan bayıldıkları için subaylar tarafından dağdan indirilmişti. Hepsi sınavdan atılmış oldu. İlkyardım aracının arkasında uzanmış, tedavi edilirken görünce bir parçam onları kıskandı. Beni de tedavi edebilirlerdi. Ama dayanmak zorunda olduğumu biliyordum. Yarın bu saatlerde bir test daha bitmiş olacaktı ve hedefime bir adım daha yaklaşacaktım.

Ben de oturup kendime biraz sıcak, tatlı bir çay demledim ve bir süre sonra gözlerimi kısmadan dünyaya bakabileceğimi umdum.

Gece yürüyüşü başlamadan önce hepimizi sıraya dizilmeye çağırdılar. İçimde kötü bir his vardı. Biz orada dururken iki kişinin adı okundu ve öne çıkmaları söylendi. Bu iki askerin barajdan geçtikleri tespit edilmişti ve hiçbir gürültü ya da itiraz olmadan, sessizce sınavdan ayrıldılar ya da bizim deyişimizle *atıldılar*.

Trucker'la şanslıydık ama aynı zamanda önemli bir şey öğrenmiştik; *eğer tehlikeli bir şeye kalkışacaksan zamanını iyi belirle ve yakalanma*.

Gece yürüyüşüne başladığımızda biraz daha güçlü hissediyordum. Hâlâ başım ağrıyordu ama bayılacakmış gibi hissetmiyordum. Bu da bir gelişmeydi. Ayrıca Trucker da ölüyormuş gibi hissediyordu, bu da benim için bir teselliydi.

Neyseki yolumuz genelde düzlüktü ve sonunda saat gece 03.00'te gitgide artan bir güç ve bunun da üstesinden geldiğim için daha da güçlendiğimi düşündüğümden gurur da hissediyordum. Sonunda ormandaki üssümüze varmıştık. Uzanıp dinlenerek sabah 05.55'teki fiziksel antrenmanı beklemeye başladım.

Sabah antrenmanı oldukça normal bir şekilde başladı; bir düzlükte grup hâlinde beş kilometrelik bir koşu yapacaktık.

Subaylar çok hızlı bir şekilde ilerlemeye başlayınca grup bir kez daha dağıldı ama sonunda bizi bekleyen kamyonların olduğu yere ulaştık. Şimdi tekrar gücümün yerine geldiğini hissediyordum. Hatta herkes geride kalırken subaylara neredeyse yetişiyor olmaktan mutluluk duyuyordum.

Tam önümdeki subayın sola dönüp kamyonlara koşmasını beklerken adam keskin bir sağ dönüş yapıp önündeki üç yüz metre yüksekliğindeki tepeden yukarı çıkmaya başladı. Bize bağırmaları asıl şimdi başladı, bu daha önce hiç olmamış bir şeydi.

45

Subaylar hep bağırmak zorunda olmamalarıyla gurur duyardı. Sınav zaten yeterince zordu. Bize de sık sık söyledikleri gibi, sadece bize yolu göstermek ve bizi izlemek için oradaydılar.

Ama şimdi aniden bir değişiklik yaşanmıştı. Artık ciddi ve sert bir tavırla bize bağırıyorlardı.

"Koşun, hemen!" dedi subaylardan biri. "Eğer birinizin yürüdüğünü görürsem bu sınavdan kalacaksınız, anlaşıldı mı? Hemen bu tepeyi çıkın!"

Ben de denileni yaptım. Kamyonların yanına gitmeyi çok istememe rağmen arkamı dönüp tepeye doğru koşmaya, subayı takip etmeye başladım. Hızımı artırmam gerektiğini biliyordum.

Bayağı yüksek bir tepeydi bu ve sırtımdaki ağırlıkla en tepeye kadar çıkmam imkânsızdı. Sadece yavaş olduğumu düşünmemelerini sağlasam yeterdi. Koşmaya devam ettim. Gitgide daha zor nefes alıyordum.

Yolun yarısına geldiğimizde subay arkasını dönüp bize baktı. Ben koşmaya devam etmeye kararlıydım. Ne kadar yavaş olursam olayım, ne kadar yorgun hissedersem hissedeyim subaya yetişene kadar koşacaktım.

Sonunda grubun ortasında bir yerde, subaya yetişmeyi başardım. Bacaklarım ve omuzlarım yanıyormuş, kalbim ve akciğerlerim patlayacakmış gibi hissediyordum. Aşağı bakınca kendilerini yukarı çıkmaya zorlayan birkaç asker gördüm. Ayaklarını yavaş yavaş sürüklüyorlardı. Başlarının derde gireceğini biliyordum.

"Beyler, siz aynı yoldan aşağı inip kamyonlara gidin!" diye bağırdı subay. Sonra geride kalan iki askere döndü. "Siz beni takip edin."

Geri dönüp çamurlu araba parkında kamyonlara binerken içim rahatlamıştı. Bedford kamyonun arkasından geride kalan iki askerin başka bir kamyona yönlendirilmesini izledim.

Burası böyle işliyordu. Birileri başarısız olduğunda bizden ayrı bir yere gönderiliyordu. Bizim bir ekip gibi hissetmemizi sağlayan ve direnenlere doğru kamyonun arkasında oldukları için gurur veren bir şeydi bu. Çok büyük bir şey değildi ama bizim için çok şey ifade ediyordu.

***

Sonraki üç hafta sonu boyunca hızımızı gitgide artırdık; mesafeler uzadı, çantalarımız ağırlaştı ve üzerimizdeki baskı arttı. Genelde sırtımızda yaklaşık yirmi beş kiloyla tepelerde her gün elli kilometre yol katederdik. Dahası hem gündüz hem de gece yürüyüşlerini kendi başımıza yapıyorduk artık. Tek başımıza çalışma yeteneğimizi test ediyorlardı. Kendi kendimizi ne kadar motive edebilirdik? Yönümüzü tek başımıza bulabilir miydik? Yorgun ve üşürken kendimize bakabilir miydik?

İşin garip yanı ben bunda hayat buluyordum.

Bize nadiren bağırırlardı ve şimdilik sadece temel görevleri gerçekleştirmemiz isteniyordu; dağlarda yolumuzu bulmamız, ağırlık taşıyabilmemiz ve zamanında görevi tamamlayabilmemiz. Askerlik kısmı daha sonra öğretilecekti ama o zamana, sadece kendilerini hangi durumda olurlarsa olsunlar sonuna kadar zorlayabilecek kişiler kalacaktı. Ben bu sistemi sevmiştim.

Kısa bir süre sonra taburumuzdaki adam sayısı onun altına düştü ve dağlarda geçireceğimiz hafta sonlarının sadece yarısını tamamlamıştık. Trucker hâlâ bizimleydi ama o kaslı adamların çoğu sınavdan kalmıştı.

Ancak bu sınavın bizi fiziksel anlamda tükettiği barizdi. Her hafta sonundan sonra ayaklarımın ve vücudumun iyileşmesi günler alıyordu. Ağrıyan ayaklarımı zorla yere basar, kollarımı ve bacaklarımı zor hareket ettirirdim. Dağlarda dayanıklılık gösterme konusunda vücudum henüz yeniydi. Daha sadece yirmi yaşındaydım, sınavdaki askerlerin hepsinden çok daha gençtim. Neticede dayanıklılık yaşla gelen bir şeydi. O kadar az genç bu sınavı geçerdi ki ortalama yaş hep yirmilerin sonları olurdu.

Bu, uzun bir yolculuk olacaktı ve bu seviyede zorlanmaya alışmak için zamana ihtiyacım vardı. İşin püf noktası hızlı bir şekilde iyileşmeyi öğrenmekti. Bu yeteneği geliştirmek aylar alacaktı. İlk başladığımızda uzun süren ve sürekli tekrarladığımız ağırlıkla tepeye çıkma antrenmanlarından sonra bacaklarım ve omuzlarım acı içinde olurdu ama zaman içinde vücudum daha dayanıklı hâle gelmişti.

Sınavın ilk kısmı sırasında öğrendiğim önemli derslerden biri de vücudumu doğru düzgün dinlemekti. Doğru şekilde yemek, doğru şekilde dinlenmek ve doğru şekilde egzersiz gerekiyordu.

Sınavlar arasında hangi yoğunlukta ve ne sıklıkta egzersiz yapmalıydım?

Askerlerin bu sınava hazırlanırken yaptıkları büyük bir hata kendilerini fazla zorlayıp yaralanmalarıydı ve yaralı olduğunuzda bu sınavı geçmek kesinlikle imkânsızdı. Bu işin çok hassas bir dengesi vardı ve o dengeyi bulmak vücudunuzu iyice dinlemenizi gerektiriyordu.

Bunu öğrenmem hayatımın ileri aşamalarında benim için çok faydalı olacaktı.

46

En sinir bozucu bulduğum şeylerden biri uykuya en ihtiyaç duyduğum zamanların uykuya dalmakta en çok zorlandığım anlar olmasıdır. Yatakta tamamen uyanık şekilde, gelecekten korkarak, vücudunun dinlenmeye ihtiyacı olduğunu bilmeme rağmen bir türlü uykuya dalamadan uzanmak dünyanın en korkunç hislerinden biridir. Kafamda bir sürü düşünce dönüp dururken bir de yeterince uyumadığımı düşünürdüm.

Gelecekte ne olacağı düşüncesi beni çok rahatsız ediyordu. En büyük, ya geçeceğimiz ya da kalacağımız fiziksel sınavımız yaklaşıyordu. Bunu geçemezsem sınavdan kalacaktım. Hiç itiraz hakkım yoktu.

Herkesin korktuğu Özel Kuvvetler turu insanın karakterinin gerçekten anlaşıldığı bir sınavdı. Bu korkunç sınav tam ekipmanlı çantalarımızla yapmamız gereken otuz kilometrelik hızlı bir yürüyüştü. Sonra da yaklaşık dokuz yüz metrelik, oldukça yüksek bir tepeye çıkıp tekrar aşağı inmemiz ve başlangıç noktasına dönmemiz gerekiyordu. Bir dakika bile geç kalırsak sınavdan kalıyorduk, ikinci bir şans vermiyorlardı.

Gökyüzünün açık ve havanın yumuşak olduğu o sabah, dağın eteklerinde bu sınavın başlamasını beklerken daha önce hiçbir konuda olmadığım kadar endişeliydim.

Yeterince yedim mi? Bugün güçlü olmam lazım. Hızımı koruyabilecek miyim?

Dik tepeye tırmanmaya başlamamızın üzerinden dakikalar geçmişti ki Trucker ve önümdeki grup beni iyice geride bırakmaya başladı.

Haydi Bear, biraz daha zorla kendini! Bu sınav bitince istediğin kadar dinlenebilirsin ama şu anda devam etmek zorundasın!

Yirmi kiloluk çantamın; temel ekipmanımın, yiyeceğin ve suyun altında hareket etmek kolay değildi. Yaklaşık bir saat sonra ter içinde kalmıştım, kıyafetlerim sırılsıklamdı ve daha hızlı gitmek için elimden gelen her şeyi yapıyordum.

Yolun yarısında bir yudum su içmek için durdum ve sonra hemen tekrar harekete geçtim. Tekrar dağın eteklerinden tepeye çıkan yolu katediyordum. Ama geride kalmıştım, biliyordum. Kendime çok kızgındım.

Trucker aşağıda beni geçerken çok rahat görünmüştü. Güçlü görünüyor ve sakince koşuyordu. Onun yanında ben aynen hissettiğim gibi görünüyordum; perişandım. Başımı eğmiştim, gözlerim yere bakıyordu ve sıktığım dişlerimin arasından güçlükle nefes alıyordum. Hemen ona yetişmek zorundaydım, yoksa sınavdan kalacaktım.

Biraz ilerledikten sonra yavaş yavaş tükenmeye başlayan bir dizi askeri geçince özgüvenim geri geldi ve kendimi daha da zorlamaya başladım. Tepeye varınca aşağı kadar bütün gücümle koşmaya başladım. Tepedeyken arkamda kalan başlangıç noktasındaki subayları (toz kadar küçüklerdi) görebiliyordum. Kilometrelerce aşağıda ve uzaktaydılar.

Bütün gücümle aşağı, bitiş çizgisine koştum. Ve başardım. Üç dakika erken geçtim çizgiyi. Tükenmiş bir şekilde çantamın üzerine oturup başımı bacaklarımın arasına eğdiğim o an inanılmaz bir rahatlama hissiyle dolmuştum.

Yoldayken geçtiğim neredeyse herkesin sınavdan kalacağını biliyordum. Ve düşündüğüm gibi otuz dakika sonra geride kalan herkes çizgiyi geçti. Kamyonlar çağırıldı.

"Adını okuyacağım kişiler çantalarını alıp kamyonun arkasına koysun."

Oldukça ilgisiz bir tavırla, soğuk ve sert bir şekilde gönderdiler askerleri.

Başarısız olmanızın sebebi kendinizsiniz, biliyorsunuz değil mi?

O gün on altı kişi kendi birimlerine gönderilmişti. Sınav gitgide zorlaşıyordu ve dürüst olmak gerekirse ben de zorlanıyordum.

47

Gece yürüyüşü uzundu. Gün batımında başlamıştık, gece 03.30'a kadar bitmemişti.

Karanlık çöktüğünde hava birden kötüleşti. Bu şekilde yön bulmamız çok zor olacaktı.

Sondan bir önceki kontrol noktasına varmak için dağın dik bir yamacında kalan; bu yüksek, çamurlu ve rüzgârlı arazinin ortasındaki ağaçlıklı bir bölgeden geçmem gerekiyordu. Haritada burası düz görünüyordu ama aslında kâbus gibi bir yerdi. Çam ağaçlarıyla dolu, kesilmiş odunların istiflendiği, sık karaçalılarla kaplı bir yerdi. Birkaç yüz metreden sonra buranın asıl mücadeleyi vereceğim yer olduğunu anlamıştım. Çamurlu yolda yaptığım beş saatlik gece yürüyüşü beni tüketmişti zaten. Bu ormandan geçmek şu an ihtiyacım olan en son şeydi. Sadece ormanın öteki tarafında olmak istiyordum.

Zifiri karanlıkta sık ağaçlı ormandan geçmek için inanılmaz bir doğruluk payına sahip olmanız ve tamamen pusulanıza güvenebilmeniz gerekiyordu. Ama ağaçlar bitmek bilmiyordu. Sonunda aralarından geçmeyi başarıp ormanın bittiği yerdeki dik yamaca adım atınca bir subayın tek başına duran çadırının silüetini fark ettim.

Kontrol noktasına vardığımızda uymak zorunda olduğumuz bazı kurallar vardı. Yaklaştığımız zaman tek dizimizin üstüne çöküp kollarımızda silahımız, bir elimizde haritamız, diğerinde de pusulamızla yaklaşmamız lazımdı. Sonra adımızla numaramızı söylerdik. Ardından subay bize altı basamaklı bir grid referansı verirdi ve hemen haritada bu noktanın hangi yönde olduğunu işaret etmemiz gerekirdi. Bu işareti de ya pusulanın kenarıyla ya da bir tane çimle yapardık. (Haritayı çimen ya da pusulamızla değil, parmağımızla işaret ettiğimizde bizi tehdit ederlerdi. Astsubay Taff bir keresinde unutamadığımız bir şekilde, "O parmağı koparıp seni onunla döverim!" demişti. Ben de çocuklarıma harita okumayı öğretirken bazen böyle diyecektim.)

Doğru yeri işaret ettiysek genelde bize, "Toparlan ve defol!" derlerdi. Bu, harekete geçmeniz gerektiği anlamına geliyordu.

Çadırdan yirmi metre kadar uzaklaşıp zifiri karanlıkta dizlerimin üzerine çöktüm. Üzerini sadece bir çizgi şeklinde ışık verebilecek şekilde bantla kapattığım el fenerimi çıkardım ve katlanmış haritama dikkatle baktım. Bu harita sürekli katlı bir şekilde cebimde dururdu. Pusulam da ceketimin göğüs cebine dikili küçük bir ipe bağlıydı. İkisinden birini kaybetmek bu sınavdan kalmak demekti.

Sırtım rüzgâra gelecek şekilde ayaklarımı sürükleyerek ilerlemeye başladım ve elimdeki çimenle haritanın üzerinde bozkır araziye gidebileceğim en iyi yolu işaretledim.

Kötü bir seçim yapmak burada bana saatler kaybettirebilirdi. Ama sırılsıklam ve uykusuz hâlde, güçlü bir rüzgâr eserken azıcık ışığın altında harita okumaya çalışırken insan kolayca hata yapabilir.

Rüzgâra doğru dönüp ağaçlık arazinin yanındaki dik yolda yürümeye başladım. Birkaç kilometre sonra da bataklık olan kısmın yanında yürüyordum.

Haydi, bitirelim artık bu işi.

Saat gece 02.00 olmuştu.

Bu yolda ilerlerken o kadar yorulmuştum ki yürürken uyuyakaldım. Bunu daha önce hiç yapmamıştım. İnanılmaz bir şekilde uzanmayı ve uyumayı isterken kendini zorlayıp ilerlemek zorunda olmak korkunç bir histi.

Bir buçuk saat sonra küçük, ıssız görünen, dağın kenarına oyulmuş bir taşocağına denk geldim. Bir gece yürüyüşünü bitirmenin karşılığında görebileceğiniz en nahoş sahnelerden biri bu olmalı.

Yağmur sağanağa dönüşmüştü ve ağaçların ıslanmaktan koruduğu, yağmurluğumu asabileceğim bir yer yoktu. Çamurun içine oturup yağmurluğumla iyice her yerimi kapattıktan sonra uykuya daldım. Kısa bir süre sonra soğukta tir tir titriyordum ve sırılsıklam olmuştum. Artık bu korkunç hafta sonunu geride bırakmak istiyordum.

Bu kadar üşüdükten sonra fiziksel antrenman iyi bile gelmişti. Kafamda başka bir yere gitmişim gibi hissediyordum. Artık ne soğuk ne ıslaklık ne de ağrıyan kollarım ve bacaklarım umurumdaydı. Sadece bitsin istiyordum.

İki saat boyunca dik bir yokuşun yanında olan taş ocağında koşuşturduk ve çamurda şınav çektik. Sonunda sınavı geçenlerin gitmesine izin verdiler.

Tamamen tükenmiş, kirli ve sırılsıklamdım. İnanılmaz derecede gergindim. Kamyona bindiğim gibi olduğum yere çöküp kaldım. İlk test bitmişti.

48

Sonraki sınav hafta sonumuz Galler'in oldukça korkunç dağlarından birindeydi. Uzakta, kimsenin uğramadığı, bataklıklar ve takılıp durduğumuz otlarla kaplı bir yerdi. Bu bölgeye diğer askerler sevgi dolu bir isim vermişlerdi; *Asshole of the World,* dünyanın kıç deliği.

İlk yürüyüş benim için kötü başlamıştı. Gereken hızda ilerlemeye devam edemiyordum. Kısa süre sonra herkes beni geride bırakmaya başlamıştı. Neden her sınavın başında böyle hissediyordum? Bu, sinirlerimin bozulmasından kaynaklanıyor olabilir miydi?

İlk kontrol noktasına vardığımda kendime çok kızgındım. Yavaş olduğumu biliyordum. Bir de üstüne iki kere bu geniş bataklıklı arazide kaybolduğumu fark ettim ve düz bir yere çıkıp normal bir şekilde yola devam edebilmek için bir sürü zaman harcadım.

Kötü bir gün geçiriyordum. Neden koşmam gereken yerde bu kadar yorgun olduğumu, sakinliğimi korumam gereken yerde bu kadar sinirli olduğumu anlayamıyordum. Kendimi bundan nasıl kurtaracağımı bilmiyordum. Dahası her geçen dakika bana verilen zamanın daha da gerisinde kaldığımın farkındaydım.

İkinci kontrol noktasında çok kötü bir yön seçimi yaptım ve bu bana hayati derecede önemli zaman kaybına mal oldu. Böyle bir şeye ayıramayacağım kadar çok zamana... Yaptığım hata tepeye tırmanıp öbür tarafına inmektense etrafından dolanmayı seçmemdi. Biraz enerji toplamak için aldığım zayıf bir karardı bu ve tam bir felakete dönüştü. Daha uzun ve dik olmayan yolu seçmek aslında beni daha çok yormuştu.

Çekingenlikte güç yoktur. Bazen bu dağlara hiç düşünmeden tırmanmanız gerekir.

Kontrol noktasına vardığımda son otuz metreyi hendeğin yanından gitmek yerine toprak yoldan gittiğim için bana çamurda bir sürü şınav çektirildi. Bu ani ceza on beş dakika daha gecikmeme neden oldu. Ayrıca tamamen tükenmiştim.

Tam oradan ayrılacaktım ki aynı subay bu kez de küçük köprüyü kullanmama izin vermeyip belime kadar gelen ve büyük bir hızla akan suda ilerlemek zorunda bıraktı beni. Bunu, beni kızdırmak için yaptığı belliydi.

Şimdi iyice ıslanmıştım ve gerçekten ilerlemekte zorlanıyordum. Subayın görüş açısından çıkmak için yaklaşık yüz metre sendeleyerek yürüdüm ama sonra yere çöküp kendimi toparlamak için uğraşmaya başladım. Birkaç dakika oturmak zorundaydım, bitmiştim. Subay ise beni izliyordu. Sonra bana seslendi.

"Sınavı bırakmak ister misin?"

Beni kızdırmak için söylememişti bunu, ciddi bir şekilde soruyordu. Bana baktığı gibi bittiğimi anlamış olmalıydı.

"Hayır efendim."

Güçlükle ayaklandım, arkamı döndüm ve sendeleyerek yürümeye devam ettim.

"Öyleyse devam et, biraz zaman kazanmaya çalış!" diye bağırdı arkamdan.

İçimdeki bir parça bu kararı başkasının vermesini istiyordu. Beni sınavdan bırakmasını istedim bir an ama bırakmadı. Burada başarısız olma sebebimiz kendimizdik.

Ama aynı zamanda içimden bir diğer ses bana, "Devam et," diyordu.

Nitekim vazgeçerek hayatta asla iyi bir şey kazanılmayacağını biliyordum. Bu iş bitince dinlenecek uzun zamanım olacaktı ama tükendiğinizde böyle şeyleri söylemek yapmaktan daha kolay geliyor.

Tırmanmam gereken sonraki yer bitmek bilmeyen bir dağ yamacıydı. Çamurlu ve çalılarla dolu bu yamacı asla unutmayacağım. Çok yorgundum. Birkaç adımı düşer gibi attıktan sonra çantamın ağırlığı altında dizlerimin üzerine düştüm. Başım dönüyordu ve kendimi çok güçsüz hissediyordum. Hani ateşiniz çok yüksek olduğunda yataktan kalkıp yürümeye çalışırsınız ya, işte öyle bir histi. Kalkmaya çalışıp tekrar dizlerimin üzerine düştüm.

Sonunda tepeye çıkmayı başarınca kendimi biraz daha güçlü hissettim. Sadece birazcık... Biraz zaman kazanmak için kendimi hızlanmaya zorladım.

Sonunda aşağıdaki kamyonları görebiliyordum. Dağların eteğindeki bir barajın yanındaki parktaydılar. Koşarak baraja doğru indim.

Yavaş olduğumu biliyordum, çünkü diğer askerlerin barajın girişindeki ağaçların arasında olduğunu fark etmiştim. Diğer askerler kendilerine sıcak birer çay yaparken küçük askerî Hexi ocaklarından çıkan dumanı görebiliyor, sonucun ne olacağını biliyordum. Her asker kendi dünyasında, susuzluğunu gidermeye ve gece yürüyüşünden önce ekipmanlarını hazırlamaya çalışıyordu.

Subaylar hiçbir şey demedi. Beni sadece diğerlerinin yanına gönderip gece yürüyüşü için emirleri beklememi söylediler.

Güneş batarken hepimiz sıraya dizilmiştik.

Sonra bir kez daha bu duyuruyu yaptılar; "Adını okuyacaklarım gece yürüyüşüne katılmayacak. Bugünkü sınavı geçemediniz."

Hazırda durup bekledim ve dört isim okudular. Sonra subaylar soğuk, duygusuz ifadelerle dönüp bana baktı.

"...ve Grylls."

49

Benim adımdan sonra okudukları bir sürü isim vardı ama o sırada duyduğum hiçbir şeyi anlayamıyordum.

Çok yavaş olduğum için kalmıştım. Kimseden ses çıkmadı, kimse beni teselli etmeye kalkmadı. Subaylar başarısız olanları güneş doğana kadar beklemeleri için kamyonlara göndermişti. Hayatımda yaşadığım en kötü histi bu.

Uğruna çabaladığım her şey gitmişti. Bir anda! Bütün o uğraş, çaba, acı... Boşu boşuna. Başarısız olmuş, kaybetmiştim.

Günbatımında ağaçların arasında kalan diğer askerlerin yanında çantamın üzerine oturdum. Sessizce yanağımdan süzülen yaşları durduramıyordum. Kimin gördüğü umurumda değildi.

Daha önce hiçbir şey için bu kadar çabalamamış, kendimi bir şeye hiç bu kadar adamamıştım. Hepsi boşa gitmişti.

Gözyaşlarımın arasından uzaktaki diğer askerleri ve Trucker'ı görebiliyordum. Gece yürüyüşleri için ilerlerken silüetleri karanlığın içinde kayboluyordu. Trux kolunu omzuma atmış ve bana üzgün bir ifadeyle bakmıştı ama ne söyleyebileceği ne de yapabileceği bir şey vardı.

O akşam orada yapayalnız hissederek uzandım. Çadırım beni yağan yağmurdan koruyordu. Ama istediğim tek şey dışarıda olmaktı. Yağmurda, dağlarda buraya yapmak için geldiğim şeyleri yapmaktı. Sınavı geçmekti. Başarısız olmamaktı. Sıcak bir çadırda kuru bir şekilde uzanmanın beni bu kadar üzeceğini hayal bile edemezdim.

Hayatımın çoğunda imtiyazlı olmuştum, hiçbir şey için çabalamam gerekmemişti. Sevgi dolu bir ailede büyümüştüm. Masamızda yemeğimiz, sıcacık bir evimiz, bir sürü kıyafetlerimiz vardı. Ama bütün bunlar beni rahatsız ediyordu, neredeyse suçlu hissediyordum.

Çok çalışmak, sahip olduğum güzel şeyleri hak ettiğimi bir şekilde kendime kanıtlamak istedim. Hiç olmazsa biraz güçlü, dayanıklı bir insan olmak istedim. Ama tek yaptığım kendime öyle bir insan olmadığımı hatırlatmak olmuştu. Beni inciten de buydu.

***

Sonraki birkaç hafta gerçekten zor geçti.

Duygusal çalkantı benim için yeni bir şeydi ve hiç hoş değildi. Kendimi hayal kırıklığına uğratmış gibi hissettim. Hayatımın dört ayı boyunca soğukta perişan olmuş ve bunun hepsini boşa harcamıştım. Boşu boşuna. Mutsuzdum, kendimi işe yaramaz hissediyordum. Hem de böyle hissettiğim zamanlar aslında iyi günlerimdi.

Hayatımdaki tek pozitif şey, taburumun eğitim ekibinin beni tekrar şansımı denemeye çağırmasıydı. Eğer istersem... Ama bu en baştan bütün testlerden tekrar geçmem gerektiği anlamına geliyordu. İlk günden başlayacaktım. Bu da gerçekten korkunçtu.

Ama geçebilecek yeteneği ve kişiliği olmadığını düşündükleri insanları geri çağırmazlardı. Hiç olmazsa küçük bir umut ışığım vardı.

Bu sırada en büyük düşmanım kendimdim. Kendine güvensizlik insanı yıkan bir şey olabilir ve bazen o siyah baloncuğun dışını görmek zor olabiliyordu.

Olaya tarafsız bakmaya çalıştım. Sınavdan kaldığımda aslında bütün testlerin sadece üçte birini geçmiştim. Tekrar denesem gerçekten hepsini geçme ihtimalim olabilir miydi? Ailem belki de oraya gitmemem gerektiğini ve bundan en azından iyi bir tecrübe edindiğimi söylüyordu. Dedikleri daha da kötü hissetmeme neden olmuştu.

Ama bütün bunların arasında içimdeki küçük bir parçam bunu yapabileceğime inanıyordu. Bu sınavı geçebilirdim. Büyük bir parçam değildi bunu diyen ama bir közdü yine de.

Bazen tek ihtiyacımız olan bir közdür.

50

Başarılarımız genelde kendimize ne kadar inandığımızla sınırlıdır. Kendimize durmadan başarılı olamayacağımızı söylersek sonunda bu bizim için gerçeğe dönüşür. Ama eğer bir şekilde kendime güvensizliğimi umuda, korkumu cesarete çevirebilirsem ve kendime acımak yerine gurur duyabilirsem bunu başarabileceğimi biliyordum.

Başarısızlığımı kan ter içinde ödemem gerekecekti ve şimdiye kadar çalıştığımdan çok daha fazla çalışacaktım. Ve her şeyi ileri taşıyan aklım olacaktı. Bu, yıllar önce aldığım bir karardı.

***

En eski ve yakın dostlarımdan biri, Ed Amies, bana bir keresinde, "Tanrı'nın sana verdiği amaç doğar, ölür ve sonra dirilir," demişti. Amacım doğmuş, sonra sınavda sıkışıp kalmıştı. O Gal Dağları'ndaki barajda da ölmüştü. Şimdi dirilmesinin zamanı gelmişti.

Eğer inandığım bir şey varsa o da mucizelerin gerçekten var olduğudur. O yüzden tekrar denemeye karar verdim. Ama bu kez bunu tek başıma yapacaktım.

Arkadaşlarımın ve ailemin desteğinin bu kez daha az olacağının farkındaydım. Özellikle aylarca çektiğim fiziksel acıya tanık olan annemin desteği çok azalacaktı. Ama bu kez bu sınava çok ciddi bir şekilde giriyordum ve bunun son şansım olacağının farkındaydım. Kimse hedeflerimi benim yerime gerçekleştirmeyecekti.

İki hafta kadar sonra telefonuma Trucker'dan mırıldanarak bıraktığı bir sesli mesaj gelmişti. Bir yürüyüşte kaybolmuştu ve saatlerce karanlıkta dolaşıp durduktan sonra Land Rover'la gezen bir subay tarafından bulunup kalan askerlerin yanına götürülmüştü. Yorgun ve mutsuzdu. O da başarısız olmuştu. Birkaç hafta boyunca benim de yaşadığım zorluğu yaşamıştı ve yine benim gibi tekrar şansını denemesi için onu sınava çağırmışlardı. Tekrar gelmesi istenen sadece bizdik.

Her zamankinden daha güçlü bir kararlılıkla kendimizi hiç yapmadığımız yoğunluktaki egzersizlere zorlamaya başladık. Bu kez ikimiz de ciddiydik. Bristol'dan birkaç kilometre uzaktaki eski, etrafı ıssız bir kır evini kiralayıp oraya taşındık. Ve Rocky gibi antrenmana başladık.

Bir sonraki sınav (sadece ikisi yıllık yapılıyordu) başlamak üzereydi. Ve kendisini tekrar edip duran bir günü yaşıyormuşuz gibi yine kışladaki o eski ve tozlu spor salonunda subaylar tarafından perişan ediliyorduk.

Bir başka umut dolu grup vardı bu kez. Şaşırtıcı bir hızda azalıyorlardı. Biz bunlara daha önce tanık olmuştuk. Ama bu kez buradaki eski toprak bizdik ve bunun bize çok faydası oluyordu. Ne beklememiz gerektiğini biliyorduk; gizem kalmamıştı ve başarıya ulaşmak daha kolay görünüyordu. Bu da bize güç veriyordu.

Kış gelmişti ve kışın sınav her zaman dağlardaki hava şartları yüzünden daha çetin olurdu. Bunu düşünmemeye çalışıyordum. Yakıcı sıcak ve sinekler yerine düşmanlarımız bu kez buz gibi karla karışık yağmurlar, sert rüzgârlar ve havanın erken kararmasıydı. Bunları düşününce yaz sınavı bana ve Trucker'a aslında çok güzelmiş gibi görünmeye başladı. Zorluğa ne kadar alıştığımız ve korkunç şeylerin bize nasıl normal gelmeye başladığı gerçekten çok ilginçti.

Subaylar bize ikide bir, "Yağmur yağmıyorsa antrenman sayılmaz o," derdi. (Geçenlerde ortanca oğlum Marmaduke'ün arkadaşlarından birine bu cümleyi söylediğini duydum. Diğer çocuk yağmur yağdığı için dışarı çıkamayacağından şikâyet ediyordu. Daha dört yaşında olan Marmaduke ise arkadaşının düşünme şeklini düzeltmişti. Gerçekten harikaydı.) Ve Brecon Beacons'da çok yağmur yağar, inanın bana.

İlk birkaç hafta geçip gitti ve ikimiz de öne çıkan askerlerden olduk. Daha formda, daha güçlü ve diğer askerlerden daha kendine güvenliydik. Ancak kış şartları gerçekten bizi çok zorluyordu. İnanılmaz derecede sert rüzgârlarla mücadele etmek zorunda kalıyorduk. Bu rüzgârlar o kadar güçlüydü ki bir keresinde sıraya dizilmiş bir grup askerin ve hatta bir subayın ayaklarının yerden kesildiğine tanık oldum.

İlk gece yürüyüşümüzde bir askerin hipotermiden ölmek üzere olduğunu gördük. Herkes gibi sırılsıklamdı ve üşüyordu ama o sert rüzgârda ve bembeyaz dağlarda kendini koruma ve erken davranma azmini kaybetmişti. Subayların bize tekrar tekrar söylediği altın kuralı unutmuştu; "Üşümemek için elinizden geleni yapın. Hâlâ kendiniz-deyken ve hareket edebiliyorken kendinizi korumaya başlayın. Bir kat daha giyinin, bir sığınak bulun, daha hızlı hareket edin. Çözümünüz neyse hemen uygulamaya geçin."

Ama bu asker onun yerine çamurlu bir yere oturup öylece durmuştu. Güçlükle konuşabiliyor, ayağa bile kalkamıyordu. Hepimiz etrafında toplanıp kendisine biraz daha kıyafet ve yiyecek verdik. Sonra da dağ-dan inmesine yardım ettik ki bir Land Rover'la doktorların ona yardım edebileceği genel merkeze götürülebilsin.

Bu, onun Özel Kuvvetler'deki son egzersizi olmuştu ve bu sınav-da mücadele ettiklerimiz arasında sadece kendimizin bulunmadığını göstermişti. Aynı zamanda dağlarda hayatta kalabilmek gerekiyordu ve kış her zaman kolay değildi.

Kış sınavının en zor kısımlarından biri yürüyüşlerden sonra verdiği-miz aralarda ısınmaya çalışmaktı. Yazın üşümemiz ya da ıslak olmamız çok da önemli değildi. Rahatsız ediciydi ama ölümcül değildi hiç olmaz-sa. Ama kışın kendimize bakmadığımız zaman hipotermi kaçınılmaz oluyordu, bu da iki şekilde bitebilirdi; ya sınavdan kalır ya da ölürdük.

İkisi de oldukça kötüydü.

51

İkinci sınavda daha güçlü olduğumu hissedebiliyordum. Hem zihinsel hem de fiziksel olarak ilk sınavıma kıyasla daha çok şeyi kaldırabiliyordum ve yürüyüşleri genelde ilk bitirenler arasındaydım.

Testler bitip haftalar geçtikçe bizi daha da zorlayan dağlık Galler bölgelerine götürüldük; siyah ve dümdüz çıkan tepeler, bitmek bilmeyen bataklıklar ve eski, terk edilmiş taş ocakları.

Günlerce bu dağlarda, soğukta ve yağmurda saatler geçirdim. Asker ceketimin kapüşonunu sıkıca kapatır ve sonraki kontrol noktasına ilerlerdim. Kendi kendime konuşur, şarkı mırıldanır ve durmadan hareket ederdim.

Şartlar daha da kötüleştikçe onları nasıl aşabileceğimi daha iyi öğreniyordum. Nitekim mücadeleye devam etmek ve durmadan ilerleyebilmek öğrenilen yeteneklerdi.

Beni motive eden cümle buydu.

***

Bütün bunlara yavaş yavaş alışıyordum. Yine burada, yine dağlarda, bir başka taşan nehrin içinde belime kadar gömülmüş hâlde ilerliyordum. Ya da botlarım bir başka dağın dik yamacındaki donmuş çamura saplanıyordu ve karanlıkta, dikkatle dağın öteki tarafına geçiyordum.

Bir çukurun üzerindeki dar ve kaygan tahtanın üzerinden geçmeyi düşünüyorum. Hava karanlık ve her yer ıslak; çantam, silahım ve kemer ekipmanım üzerimde büyük bir ağırlık. Yorgunum ama yürümeye devam ediyorum.

En zor kısım her zaman beklemek; soğuk ve ıslak bataklık bölgelerinde uzanıp yürüyüşler arasında biraz dinlenmeye çalıştığımız anlar.

Parmaklarını hareket ettir, gülümsemeye devam et, önündeki işe odaklan. Bunu yapabilirsin Bear.

Ve yavaş yavaş gerçekten yapabildiğimi gördüm. Haftalar boyunca. Sınavın dağlık bölümde yapılan kısmının sonuna geldiğimizde sadece bir avuç insan kalmıştı. Trucker'la ben de kalanların arasındaydık. Kalan askerlerle birlikte çok şey yapmış, çok şeyi aşmıştık. Birbirimizi kardeş gibi görüyorduk. Çok güçlü bir histi bu. Birbirimizin en zor anlarına tanık olmuş ama beşimiz de bir şekilde üstesinden gelmeyi başarmıştık. Her birimiz ayrı bir savaş vermiştik ve bu; bizi günlük hayatta denk gelemeyeceğiniz, çok güçlü bir gururla ve birliktelik hissiyle doldurmuştu.

Ama bütün bunlar bizi sadece o zorlu "Test Haftası"na hazırlıyordu.

Hafta boyunca devam edecek dağ geçme yürüyüşleri bugüne kadar girdiğimiz bütün fiziksel testlerden daha zor olacaktı. Hem normal hem de yedek Özel Kuvvetler askerlerini perişan eden bir sınavdı bu. Ama geçtik mi sınavın ilk aşamasını geride bırakmış olacaktık.

Bu hafta boyunca genel merkezde kalacaktık ve bütün Özel Kuvvetler taburları; 21, 22 ve 23. birimler bu sınava beraber girecekti. Çok uzun mesafeleri katedip dağlardan geçmemiz ve gitgide artan ağırlıkları sırtımızda taşımamız gerekecekti. Ayrıca zamanımız da kısıtlıydı. Sınav böyle bir şeydi.

Özel Kuvvetler için de bu hafta en çok asker adayı kaybettikleri haftaydı. En güçlü askerlerin bile sınırlarını kesinlikle zorlayan bir süreçti bu. Her gün sayı düşer ve gitgide daha çok asker adayı verilen zamanda dönmekte başarısız olurdu.

Her hafta sonu sınavından sonra en az bir gün boyunca arka arkaya altı yürüyüş yaptığımız ayaklarım şiştiği için doğru düzgün yürüyemediğimi düşününce çok daha büyük ağırlıklarla çok daha uzun mesafeler gitmem gerekeceği gerçeği beni korkuyla doldurdu. Başarabilir miydim, hiç bilmiyordum.

Test Haftası'nın sonundaysa en zor teste girecektik.

Beş gün sürekli yürüdükten sonra yürüyüşlerin anası olan, "dayanıklılık" dedikleri aşamayı geçmemiz gerekiyordu. Bu isim çok uygundu. Keza bu yürüyüş diğer bütün yürüyüşlerimizden daha uzun olacaktı ve bu, sadece kuş uçuşu mesafeden hesaplanmış hâliydi. Bölgedeki çukurları, tepeleri ve toprağın dikliğini hesaba katmıyorlardı. (Haritadaki bir kilometreyle gerçek bir kilometre birbirinden çok farklı; çünkü yürüyüş sırasında yüzlerce metrelik tepeleri aşmamız, bataklıklardan ilerleyip nehirleri geçmemiz gerekiyordu.) Ayrıca yanımızda su, yiyecek, silahımız ve kemer ekipmanımız haricinde yirmi beş kiloluk çantalarımızı taşıyacaktık.

Korkmam normaldi. Gerçekten ne kadar zorlanacağımı tahmin edebiliyordum.

***

Cuma günü hepimiz normalden uzun bir Land Rover'a binmiş, eşyalarımızla birlikte sıkışık bir şekilde oturuyorduk. Araba Galler kışlasından çıkıp kuzeye, bilmediğimiz yerlere ilerlemeye başlamıştı.

Hedefimize vardığımızda bizi arabadan indirip yıllarca çalışmış, sert görünen askerlerle dolu büyük ve boş bir toplantı odasına aldılar. Özel Kuvvetler 22. Tabur Şefi, Yorkshire aksanıyla bize önümüzdeki günlerde bu Azrail gibi sınavın muhtemelen çoğumuzu aralarından alacağını söyledi. Ama eğer sınavı gerçekten geçmek istiyorsak bu mümkündü.

"Burada istemeniz lazım beyler," dedi göğsüne vurarak. "Her şey burada bitiyor. İlk yürüyüş yarın sabah 05.00'te başlıyor. Diğer emirler her sabah panoya asılacak. İyi şanslar."

Bunu dedikten sonra arkasını dönüp gitti ve bizi yerleşmemiz için yalnız bıraktılar.

52

Dikkatle ekipmanımı dolabıma yerleştirdim. Alarmımı kurdum ve uyumaya çalıştım. Aslına bakarsanız hiç bu kadar endişeli hissetmemiştim.

Bütün askerler gün doğmadan çok önce uyanmıştı. Burada herkesin tek bir amacı vardı; uzun mesafeleri verilen zamanda gidebileceklerini göstermek. Bugüne kadar yaptığımız bütün antrenmanlar işte önümüzdeki şu altı gün içindi. Ne dövüş antrenmanları ne de kışla temizleme ya da bağırma olacaktı. Bunlara gerek yoktu. Geçip geçmeyeceğimiz taşıyacağımız ağırlıklara, mesafeye ve zamana bağlıydı.

Test Haftası'nın sonunda güçlü, yetenekli ve kararlı az sayıda asker Özel Kuvvetler'e girebilecekti. Bunlar Özel Kuvvetler'in alıp şekil vereceği saf materyaldi. Özel Kuvvetler bu askerlere nasıl asker olacaklarını çok farklı bir şekilde öğretecekti. Oldukça iyi eğitimli, uzmanlaşmış askerler...

Kafeteryaya gidip midemde tutabileceğim kadar bir kahvaltı yaptım. Bugün çok enerjiye ihtiyacım olacaktı.

Panoda o gün çantalarımızın ne kadar ağır olması gerektiği yazıyordu. Çantalarımızı kendimiz tartacak ve yürüyüşün başladığı zamanda hazır olacaktık. Burada kimseye çocuk gibi davranılmazdı. Burada mesele kendi kendini motive etmekti.

Saat 04.55'te yürüyüşe başlamak için dizilmiş askerlere baktım ve neredeyse her askerin giyimlerinin birbirinden birazcık farklı olduğunu gördüm. Temel ekipman aynıydı ama botlarla şapkalar kişiye özeldi. Zira Özel Kuvvetler'in istediği sadece bireylerdi ve hiçbir zaman bu farklılık ruhunu zayıflatacak bir şey yapmadılar.

Bütün askerler burada olabilmek için çok çalışmıştı ve kendi botlarını seçme hakkını kazanmışlardı. Her birimiz istediğimiz ekipmanı biliyorduk ve kişisel olarak neden daha iyi yararlanabileceğimizin farkındaydık. Ben de buna dâhildim.

Hepimiz sessizce rahatta bekledik. Büyük, yeşil çantalarımız bütün ağırlıklarıyla üzerimizdeydi; bir mahkûmun ayak bileklerindeki zincir gibi.

Subaylar tek tek çantalarımızı tartıp kontrol etti, sonra da "silahlarımızı" almamız için bizi silah deposuna gönderdiler. Bu silahlar sıradan, otomatik dolduruşlu tüfeklerdi ama bir farklılıkları vardı. İçlerinde sürgülü mekanizma ve çalışan parçalar yoktu. Tüfeklerin içini metalle doldurmuşlardı.

Güzel, diye düşündüm.

Daha sonra kamyonlara dolduruldu ve kışladan ayrılıp dağlara doğru yol almaya başladık.

Hava hâlâ karanlıktı. Nereye gittiğimize dair hiçbir fikrim yoktu. Endişeli bir hâlde oturdum.

Sonunda kamyon yoldan ayrılıp frenlerden gelen bir hava sesiyle toprağın üzerinde durdu. Dışarı baktım. Artık bataklık bölgesinde olduğumuzu anlayabilecek kadar tanıyordum çevreyi.

Tahmin etmeliydim.

Bir buçuk saat endişeyle otururken dumana maruz kalmam da etkisini gösteriyordu. Midem bulanmaya başlamıştı. İndiğim gibi yere kustum. Düşünebildiğim tek şey bütün gün ihtiyaç duyacağım o çok kıymetli enerjiyi kaybettiğimdi. Bu sırada kendime güvenimi de tamamen kaybetmiştim. Beni çağırıp haritada gitmem gereken yerin grid referansını vermelerini bekledim.

Bütün o eski endişelerim geri gelmişti. Bir anda hiçbir şey bilmiyormuşum gibi hissetmeye başladım. Ben ne deniz piyadesi ne de başka tür eğitim almış bir askerdim. Her konuda tam bir acemiydim ve bunu biliyordum.

Sıraya girerken derin bir nefes aldım. *Sakin ol.*

Sadece bu yürüyüşe başlamam gerekiyordu.

53

Kısa süre sonra yürümeye başlamıştım. İlk tepeyi aşmış, hemen önündeki vadiyi geçmiş, bir sonraki tepeye çıkmak için önümdeki nehri geçiyordum.

Birkaç saat önce Trucker'ı geçmiştim, benim arkamda tırmanmaya başlamıştı. Başını sallayıp gülümsemişti. İyi gidiyor gibi görünüyordu. Bir sonraki dik yamacı tırmanmaya geçtim. Ellerim ve dizlerim ıslak, çamurlu toprakta kayıyordu. Kısa süre sonra son dönüş turu olduğunu umduğum bölgedeydim. Sadece on kilometrelik bir yerdi ama sonra yanlış bir karar verip beni bataklıkla yüksek çalıların arasında bırakan bir yolu tercih ettim. Bitmek bilmeyen, en az on metre derinliğindeki hendeklerin etrafında zikzak çizerek ilerlemek ve bu hendekleri dolduran güçlü akıntılarla mücadele etmek zorunda kalmıştım. Burada ilerlemek için sürekli eğilerek hızla ilerlemem gerekiyordu.

Güçlükle kazandığım ekstra zamanı kaybetmemeye kararlı bir şekilde çamurlu araziden geçmek için kendimi zorladım. Sonunda aşağıdaki vadide bekleyen kamyonları gördüm. Zamanında varmayı başarmıştım. Kamyonun arkasına vardığımda "yeşil maymun" çantanın ağırlığını sırtımdan indirip oturduğum yere çöktüm. Çok yorgun ama mutluydum.

Bugün herkes benzer zorlukları aşmak zorunda kalmıştı. Dönüş yolu öyle tasarlanmıştı. Ama ben hayatta kalmayı başarmıştım.

Sonraki gün yine bataklık bölgedeydik ama çantalarımızın ağırlığı biraz daha arttırılmıştı. Ayrıca şimdi bu dağların hiç bilmediğimiz bir bölgesinde olacaktık.

İki dakika aralıklarla yürüyüşe gönderilmek üzere sıraya girmiş beklerken başka bir askerin omzuna dokundum. Ona buranın nasıl bir bölge olduğunu sordum, çünkü bu dağları tanıyormuş gibi bir hâli vardı. Yaklaşık otuz saniye içinde bana bildiği bütün kısa yolları ve tuzakları söyledi. İyi adammış. Bu, çok kıymetli bir bilgiydi.

Sınav bu anlamda güzeldi. Birbirimize karşı yarıştığımız bir parkur değildi. Eğer sınavda bir yanlışlık olsaydı ve hepimizi geçirselerdi bu adam bunu kutlayan ilk kişi olurdu. Özel Kuvvetler'in alacağı asker sayısı kısıtlı değildi sonuçta. Standartlarına uyan ne kadar asker varsa alabilirlerdi.

Hızla yola çıktım. Bataklık bölgelerde o kadar çok yürümüştüm ki yavaş yavaş bu zorlu toprağa alışmaya başlıyordum.

O gün sınavı iyi bir şekilde tamamladım, hem de durmak bilmeyen sağanak yağmura rağmen. Dönüş yolculuğunda kamyonun arkasında iyice bir esneyip arkadaşlarla muhabbet ediyordum. Kendime güvenim ve gücüm artıyordu.

Sonraki sabah dışarıda daha az kamyon olduğunu fark ettim. Duyduğuma göre pek çok asker adayı sınavdan kalmıştı. Ya kaybolmuş ya da çantalarının ağırlığı altında bitiş çizgisine zamanında varamamışlardı. Kimlerin kaldığını takip etmek zordu ama panoya her akşam yarınki yürüyüşe katılmaya hak kazanan askerlerin listesini asıyorlardı ve şu âna dek benim adım da hep o listede olmuştu.

Ben hiçbir olaya ve kavgaya karışmayan biri olarak kalmak istiyordum.

Sadece işini yap, sana verilen sürede geri dön ve listede kal.

54

Yavaşça azalan grubumuz bir kez daha kocaman metal kamyonların arkasına bindirilip bir başka korkunç, bataklık araziye gönderilmişti. Bugün geçmemiz gereken arazinin çoğu altı ay önce kaldığım sınavda geçmemiz gereken yerdi. Artık o acımı geride bırakma zamanı gelmişti. Aynı hataları yapmamak için dikkat ediyordum; kahvaltıda ceplerime doluşturduğum atıştırmalıkları azar azar yiyor ve sık sık su içiyordum. Ama tam her şeyin kontrolüm altında olduğunu düşünüp kendime güvenmeye başlamıştım ki büyük bir hata yaptım.

Yüksek düzlüklerden erken inip kendimi bataklıkta çırpınırken buldum. Çok kıymetli zamanımı ve enerjimi harcıyordum. Yorgun kollarımdan ve bacaklarımdan akıp giden enerjiyi hissedebiliyordum. Sırtımdaki ağırlık yüzünden her adımda botlarım daha da derine batıyordu. Daha da kötüsü uzaktaki ufuk çizgisinin önünde beni geride bırakan insanların silüetlerini görebiliyordum.

Kısa süre sonra o kadar yorgundum ki durup dinlenmek zorundaydım. Bir dakikalığına bile olsa sırtımdaki çantayı indirmeli, biraz enerji toplamalıydım. Cebimde kalan son atıştırmalıkları da yedim. Yiyeceğim bitmişti. Enerjiye ihtiyacım vardı. Haritayı ve ne kadar zamanım kaldığını tekrar kontrol ettim. Kendimi bu karmaşadan çıkarmam lazımdı, hem de hemen!

Doksan derece dönüp az önce indiğim yüksek düzlüğe çıkmak için tırmanmaya başladım. Bu yol yanlıştı, doğru rotayı takip etmem için aşağı inmem gerekiyordu ama düzlükte ilerlemenin bataklıkla boğuşmaktan daha kolay olacağını biliyordum. Bunu daha önce denemiş ve sınavdan kalmıştım.

Şimdi de rüzgâr platodan aşağı doğru esiyor, sanki beni zorlamaya çalışıyordu. Başımı eğdim ve boyun kaslarıma gömülen çanta kayışlarını görmezden gelerek ilerlemek için kendimi zorladım. Artık kontrolü ele almalıydım. Bu korkunç arazide bu sınavdan tekrar kalmayı reddediyordum.

Koşmaya başladım. Sırtınızda küçük bir çocuğun ağırlığını taşırken böyle bir arazide koşmak her zaman zordu ama ben kararlıydım, koşmaya devam ettim. İlerledikçe daha çok vakit kazanıyordum. Son kontrol noktasına kadar koşup orada kendimi bırakıp çöktüm. Subay bana garip bir ifadeyle bakıp güldü.

"İyi çabaladın," dedi.

Son birkaç kilometrelik koşumu izlemişti. Zamanında yetişmiştim. Buraya dair kâbuslarımı aşmıştım. Adrenalin doluydum.

***

Test Haftası'nın bitmesi için sadece üç yürüyüş daha yapmamız gerekecekti ama bunlar en zor yürüyüşler olacaktı.

İlk yürüyüş yine Brecon Beacons'daydı. En yüksek iki tepe arasındaki yaklaşık otuz kilometrelik yolu yürüyecektik. Her vadiye acımasız bir şekilde birer kontrol noktası yerleştirmişlerdi.

Çantalarımız inanılmaz derecede ağırlaştırılmıştı. Doğru gördüğüme inanamadığım için panoya tekrar bakmak zorunda kaldım hatta. Her sabah yürüyüşe başlamak için sırada beklerken bile o çantanın ağırlığı altında tükenmiş oluyorduk. Genelde bunu en kolaylaştırabileceğimiz yol yere çömelip ellerimizle omuzlarımıza gömülen kayışları kaldırmak ve subaylar gelince bir arkadaştan bizi ayağa kaldırmasını istemekti. Bir kere kalktık mı ayakta kalmak zorundaydık.

Çantanın ağırlığı her zaman en başta ve en sonda daha ağırmış gibi gelirdi. İlk birkaç saat bizi oldukça zorlardı. Omzumuzdaki kabarcıklar çantalar ağırlaştıkça daha çok acırdı. Sonra beynimiz bir süre acıyı görmezden gelirdi ama yürüyüşün sonunda omuzlarımız çöker ve yanıyormuş gibi acımaya başlardı.

Askerlerin kanlı, pansumanlı, kabarcıklarla dolu sırtları durumumuzu çok iyi anlatıyordu. Duşlara gittiğimizde sanki hastanedeymişim gibi bir hisse kapılırdım. Kabarcıklı sırtlarımızı ve ayaklarımızın pansumanlarını acı içinde çıkarıp çinko oksit bandıyla[11] yaralarımızı tekrar kapatırdık. Sonra da bütün askerler sessizce işlerine devam ederdi. Aslına bakarsanız akşam zamanımızın çoğunu her askerin katlanmak zorunda kaldığı kabarcıkları ve yaraları temizleyip sararak geçirirdik.

O sabah ayakta beklerken yine midem bulanıyordu. Beklemekten nefret ediyordum. Mide bulantısı da tamamen strestendi. Ayaklarımın önünde duran o günkü enerji kaynağıma bakıyordum. Kötü bir başlangıçtı.

Yürüyüşe başladıktan sonra kar büyük tanelerle yağmaya başladı. İlk tepeye çıktığımda enerjimin hızla azaldığını hissedebiliyordum. Yine! Vücudum o her geçen gün yedek enerji kaynaklarımı tüketip duruyordu. Ve her gece ancak uyuyabildiğim bir iki saatte o enerjiyi tekrar toplamam mümkün değildi.

Başımın dönmesinden ve bayılıyormuş gibi hissetmekten nefret ediyordum.

Neden şimdi böyle hissediyorum? Enerjiye ihtiyacım var.

Ama kusmak, uykusuzluk, saatlerce bataklıklı dağlık arazilerde yürümek; bütün bunları tekrarlayıp durmanın acısı çıkmaya başlıyordu.

Yolun yarısına geldiğimde bana verilen sürenin gerisinde kalmıştım ve nasıl hissedersem hissedeyim hızlanmam gerektiğini biliyordum. Yumruklarımı sıktım ve kendimi zorladım. Kendimi zorladıkça enerjimin yavaş yavaş geri geldiğini fark ettim.

Sonunda o günün yürüyüşünü zamanında bitirdim. Çantamı arabanın arkasına atarken hâlâ adrenalin dolu ve enerjiktim.

İyi iş çıkardın Bear!

Fark etmediğim şeyse kendimi her gün bu kadar zorlamamın bedelinin vücudumun dayanıklılığını gitgide zayıflatması olduğuydu.

Öyle ya aç karna hiç durmadan ne kadar koşabilirdin?

---

11 Sporcuların yaralandıklarında kullandıkları bir tür yara bandı (Ç.N.).

Sonraki gün mesafe çok daha kısaydı ama çantaların ağırlığı inanılmaz derece artırılmıştı.

Kısa ve zorlu, diye düşündüm. *Bir kez daha çabala Bear.*

Rüzgâr yüzünden suratıma suratıma vuran yağmur yönümü bulmayı çok zorlaştırıyordu. Dahası başlamamızın üzerinden henüz dakikalar geçmesine rağmen bütün ekipmanım sırılsıklamdı. Az önce derin bir nehirden geçmiş gibi görünüyordum.

Neyse ki sırılsıklam olmama rağmen üşümüyordum. Bunun için çok uğraşmıştım. Ceketimin kapüşonunu olabildiğince başıma geçirip yüzümü mümkün mertebe kapatmıştım. Yağmurda ilerlemeye devam ettim.

Altı saat sonra sınavın bittiği yerde bekleyen kamyonları gördüm. Ağır çantamı yere koyup kamp yerine yapacağım yavaş ve sarsıntılı yolculuk için kuru kıyafetler giydim. Sonra da ekipmanımı temizlemek, ayaklarımın pansumanını yapmak ve yarın için hazırlanmak gibi uzun ve yorucu işlerle uğraşacaktım.

Geriye kalan askerler olarak son yirmi dört saatin neler getireceğini çok iyi biliyorduk. Bir yürüyüş daha, son kez kendimizi zorlayacaktık. Ama gerçekten korkunç bir yürüyüş olacaktı bu.

"Dayanıklılık" adı verilen bu yürüyüş sınavımızın ünlü olmasının asıl sebebiydi. Bir de yıllar önce bir asker bu yürüyüş sırasında yorgunluktan ölmüştü. Dayanıklılık yürüyüşü gerçekten pek çok kişiyi bırakacak ama kalanları da gerçek bir ekip yapacaktı.

Bu yürüyüş bizi Brecon Beacons'daki bütün tepelerden geçirecek, sonra da aynı yoldan geri döndürecekti. Önümüzdeki görevin ne kadar zor olduğunu anladığımız an bütün rotayı görmek için 150.000 yapraklık bir haritaya ihtiyacımız olacağını fark ettiğimiz ândı.

Ayrıca bu yürüyüş sınavın dağlarda yapılan son ayağı olacaktı. Bunu yirmi dört saatten önce bitirenler sınavın ikinci kısmına geçecekti.

***

Saat gece 2'de alarmımın sesine uyandım. Artık bu sesten nefret ediyordum.

Yavaşça oturdum. Işıklar açıktı ve herkes ayaklarıyla sırtlarındaki kabarcıkları kapatmakla meşguldü. Yanımdaki adamın rengi solgundu ve yorgun görünüyordu. Maçtan önce ellerini bandajlayan bir boksör gibi yavaşça ayaklarını sarıyordu.

Ben bir şekilde diğerleri kadar sargı bezi kullanmaktan kaçınmıştım. Bu haftadan önce ayaklarım ve sırtım yavaş yavaş bu ağırlıklara alışmıştı ve etrafımdakilerin sırtlarındaki ve ayaklarındaki bandajlara bakınca bu durumdan ötürü minnettar hissediyordum. Bu noktaya kadar sadece birkaç rahatsız edici kabarcıkla gelmeyi başarmıştım ve bu büyük bir farka sebep olabilirdi. Ancak ayaklarım ve ayak bileklerim şişmişti; tamamen tükenmiş hissediyordum kendimi. En fazla birkaç yüz metre uzaklıktaki yemekhane binasına gidebilecek durumdaydım.

Yolun yarısında durdum ve düşünmeye başladım.

Kendine bir bak Bear! Bugün "dayanıklılık" yürüyüşü var ama sen yemekhaneye giderken bile güçlükle yürüyorsun.

Bu düşünceyi bir kenara bırakmaya karar verdim.

O gece, karanlıkta dizilmiş askerler ölüm kadar sessizdi. Kimse konuşmuyordu. Bir hafta önce başlayan askerlerden geriye çok az kişi kalmıştı. Trucker hâlâ bizimleydi. İnatla, sessizce emredilen mesafeleri geçer; zamanında yürüyüşlerini bitirirdi. Hiç şikâyet etmezdi. İyi adamdı.

"Yapabiliriz dostum," diye mırıldandım ayakta beklerken. "Bir yürüyüş daha ve bu sınavı geçmiş olacağız Trux."

Trucker yorgun bir gülümsemeyle bana baktı. Yaralanmış ama hâlâ yürümeye devam ediyormuş gibi görünüyordu. Hepimiz öyle görünüyorduk. Bu güçlü askerler acıyan ayaklarını sürükleyerek ancak yürüyordu.

Sadece yürümeye başlamam lazım, diye düşündüm. *Bir başlarsam kan dolaşımım hızlanıp ayaklarımdaki ve sırtımdaki bu yorgunluğu ve acıyı alacak.*

Dağlara gittiğimiz son kamyon yolculuğunda kimse konuşmadı. Toplaşıp oturduk. Herkes yüzünü ya eliyle ya da şapkasıyla kapatmıştı, hepimiz kendi dünyamızdaydık.

Şubat ortasında bir gece olduğu için hava dondurucu soğukluktaydı. Frenlerin sesi ve duran motorun titremesi bizi kendimize getirdi. Dışarı baktım. Karanlıktı. Yerde biriken kar kalın bir tabaka oluşturmuştu. Arabadan inme zamanıydı.

Çantalarımız şimdi yirmi beş kiloydu. Onun üzerine bir de taşımamız gereken kemer ekipmanımız, su, yiyecek ve silahlarımız vardı. Fazla ağırdı.

Subaylar çantalarımızı kamyonlardan birinin arkasına yerleştirilmiş terazideki kasaplarda etlerin asıldığı kancalara asarak tarttı. Teraziye göre Trucker'ın çantası yarım kilo kadar hafifti. Subaylardan biri ona beş kiloluk bir taş verip bunu da çantasına koymasını emretti. Dayanıklılık *dayanıklılık*tı ve burada kimseden bir iyilik bekleyemezdiniz.

Trux ve ben birbirimize yardım ederek çantalarımızı taktık ve sıraya girdik. Her zamanki gibi iki dakika aralıklarla yürüyüşe başlamayı bekliyorduk. Keskin bir soğuk vardı ve rüzgâr burada, dağların eteğinde bile çok sert esiyordu. Sırada beklerken hepimiz rüzgâra arkamızı dönmüştük.

Sonunda adımı duydum.

"Grylls zaman geçiyor. Başla!"

56

Karanlıkta dağ yolundan ilerlemeye başladım. Tepeye çıkan dağ yoluna girdiğimde hedefim ilk nirengi noktasıydı. Başımı eğip ayaklarımın gidebildiği en yüksek hızda yürümeye başladım.

İlk kontrol noktası altı yüz metre kadar yukarıdaydı. Dağ yolunu takip etmektense hafif bir kıvrımla yukarı çıkan vadiden gidersem biraz zaman kazanabileceğimi düşündüm. Ancak bunun bir hata olduğunu kısa süre sonra fark etmiştim. Karın derinliğini küçümsemiş ama aynı zamanda artık bu rotada ilerlemeye başlamıştım ve geri dönmeye zamanım yetmezdi.

Vadideki kar belime kadar geliyordu. Rüzgâr karı bu alçak araziye toplamıştı. Salyangoz hızında hareket ediyordum. Yukarıda ay ışığının önünde ilerleyen silüetleri görebiliyordum. Bunlar sabit bir hızla yürüyen diğer askerlerdi. Bu sırada ben bu kar dolu çukurda hiçbir yere gidemeden debelenip duruyordum. Dayanıklılık'a adam gibi başlayamamıştım bile. Kendime küfrettim.

Ne kadar kötü bir karar verdin Bear!

Şimdiden ter içinde kalmıştım. Tekrar dağ yoluna çıkmayı başardığımda diğer askerlerin izi bile kalmamıştı. Tek başıma ve gerideydim.

Ben dağ yolunda ilerlerken esen rüzgâr o kadar korkunçtu ki gerçekten iki adım ileri atıyorsam bir adım geri atmak zorunda kalıyordum. Yine de dar dağ yolundan dikkatle yukarı çıkıyordum. Birkaç santim yanımdaysa iki yüz elli metre derinliğinde bir uçurum vardı.

Aniden ayaklarımın altındaki buz tabakası kırılmaya başladı ve kasıklarıma kadar buz gibi, siyah çamurun içine battım. Şimdi sırılsıklamdım ve bu ağır, siyah çamur bacaklarıma uhu gibi yapışıyordu.

Harika!

Başımı eğip ilerlemeye devam ettim. Güneş ufukta yükselmeye başlarken bir kez daha yukarı ilerledim ve hepimizin çok iyi bildiği o ilk yüksek tepeye çıkan, doğuya dönen yola girdim.

Bu dağda defalarca ne kadar güçlü olduğumu kanıtlamıştım ama bu kez bu dik yokuşta ağır ağır ilerliyordum. Başım eğik, bacaklarım yorgundu. Nefes nefeseydim. Bu yorgunluğum dağın sıradan insanları nasıl her seferinde yola getirdiğinin son bir kanıtı gibiydi. Sonra aşağı inip bir sonraki vadiden yukarı tırmanmaya başladım ve uzaktaki ufuk çizgisini gören, kış gün doğumunun harika bir manzarasını görebileceğim bir noktaya çıktım.

Bugün boyunca yürüyüp gece yarısından sonra da yürüyüşe devam edecektik, tabii Dayanıklılık yürüyüşünü tamamlayabilirsek.

Ağır ağır ilerledim, ilerledim ve ilerlemeye devam ettim.

Hızını koru; nefes alışverişini kontrol et; kendini zorlamaya devam et.

Saatler birbiri ardına geçip gitti. Aklımla bedenim yorgunluk konusunda birbirleriyle mücadele ediyordu. Bu süre zarfında çatlamış, ıslak botlarım içindeki şişmiş ayaklarımı görmezden gelmeye çalışıyordum.

Bir başka kar kaplı, dik yamacı inip bir depoya vardım. Yolun yarısındaydım. Tükenmiştim. Çantamı yere bırakıp içindeki yiyecekleri bulmaya çalıştım. Enerjiye ihtiyacım vardı.

Gördüğüm diğer askerlerin hepsi kontrol noktasından çıkarken çılgın gibi yiyordu. Karanlık, ıslak, kambur duran silüetler çamur araziden geçip tekrar dağa tırmanırken yulaftan yapılmış bisküviler ve ordunun verdiği çikolataları tüketiyordu.

Beş dakikadır kontrol noktasında sabit duruyordum. Hemen harekete geçmem gerektiğini, yoksa bacaklarımın böyle kalacağını biliyordum. Nitekim beş dakikadan uzun dinlenmelerden sonra yürüyüşe devam etmek her zaman çok daha zordur.

Çantamı takıp az önce indiğim tepeye tırmanmaya başladım. Kısa süre sonra bitmek bilmeyen çalılar ve çamurlu topraktan ötürü yavaşlamak zorunda kalmıştım. Vücudumun gidebileceği en yüksek hızda ilerlemeye çalışıyordum. Yaklaşık on beş kilometre sonra Trucker'a yetiştim ve birlikte yürümeye başladık. Hızını korumaya çalışan ve sürekli yorgunlukla mücadele eden iki asker...

Sonraki kontrol noktasında botlarımı çıkardım, çünkü çamurlu arazide yürürken tepelerine kadar çamur ve suyla dolmuşlardı. İçlerini boşaltıp yeni çoraplar giydim. Islak ayakkabıların içinde olunca yeni çorapların farkı pek hissedilmiyordu ama zihnen bir fark yarattıkları söylenebilirdi. Artık sadece otuz kilometremiz kalmıştı ve yeni çoraplarım vardı. Psikolojik olarak yürüyüşe yeniden başlamış gibi hissediyordum.

Haydi Bear kalk ve devam et. Bitir bu işi.

GÇ Vadisi sınavda tırmanmamız gereken en son tepelerden biri ama aynı zamanda tırmanması en zor tepeler arasındaydı.

GÇ, "Gönüllü Çekilme"nin kısaltmasıydı. Bu dağı gördüğünüzde insanların neden burada sınavdan çekildiklerini anlayabilirdiniz. Dik, rüzgârlı ve çamurlu... Genelde yaklaşık elli kilometre gittikten sonra askerlerin çoğu ya mesafe ya ağırlık ya da hız yüzünden vazgeçip sınavdan çekilmeye karar verirdi.

Ama ben vazgeçmeyeceğim. Şimdi değil!

Arkamı dönüp dik yamacın ilk girintisinden vadinin çukurlaştığı yere giden yola çıktım. Silahımın arkasını karda aşağı kayarken beni yönlendirmesi için kullandım ve sonunda yamacın bittiği yerde yavaşlayıp üzeri donmuş bir nehrin yanına indim.

Nehri geçip arkamda Trucker'la birlikte diğer yamaca tırmanmaya başladım. İlerledim, ilerledim ve sonunda tepenin zirvesine varınca kendimi yere bırakıp Trucker'ı beklemeye başladım.

Ayaklarının ikisi de çok kötü şişmişti. Daha sonra bu tırmanış esnasında Trucker'ın iki ayak başparmağını da kırdığını öğrendik. Ayaklar durmadan sızlıyordu. Trucker acı içindeydi. Sonra Trucker'ın kendi kendine mırıldandığını duydum. İncil'den bölümler okuyordu. Daha önce de büyük yürüyüşlerden önce sessizce birlikte dua etmiştik. Şimdi o yardıma her zamankinden çok ihtiyacımız vardı.

"Sağ elini tutuyorum... Korkma. Sana yardım etmeye geldim." Isaiah, 41:13.

Bu sözleri duymak daha önce hiç bu kadar büyük bir ihtiyaç olmamıştı.

Kuşkucu davranıp işler yolunda giderken yardıma ihtiyacın olmadığını düşünmek kolaydı ama bu sınav bana herkesin bir sınırı olduğunu öğretmişti. O sınırı aşmak bazen bizden büyük şeylerin yardımını gerektiriyordu. İnancım bana bunu sağlıyor, en çok ihtiyaç duyduğum anlarda benim için gizli bir güç kaynağı oluyordu.

Şimdi de gerçekten buna ihtiyacım vardı.

Tepeyi aştığımızda hava kararmaya ve sis her yeri kaplamaya başlamıştı. Kısa süre sonra üşümeye başladık. Bu bataklık arazide durmadan ilerlerken gerçekten çok yorulmuştuk ve kısa süre sonra sırf yorgunluktan ötürü yolumuzu kaybettiğimizi fark ettik. Hâlâ platoda olmamız gerekmesine rağmen tepeden yavaşça inmekteydik.

"Neredeyiz?" diye mırıldandım. Titreyerek haritaya tekrar bir göz attım.

Bizi bir sonraki kontrol noktasına götürecek tepenin yamacını arayıp durduk. Kısa süre her yer zifiri karanlıktı ve dağın bulunduğumuz bölgesine inen sis yüzünden görüş mesafemiz neredeyse sıfıra düşmüştü.

Önde ilerlerken bir anda buzlu bir yere basıp düştüm ve donmuş, çamurlu bir dere yatağından aşağı kayarak inmeye başladım. Trucker da hemen arkamda kaymaktaydı. Karlı, eriyen karla çamur olmuş çakıl taşlarının üzerine düşünce tırmanmak için arkamı döndüm ve o anda aşağıda bir ışık olduğunu fark ettik. Boşu boşuna arayıp durduğumuz kontrol noktası buydu. Umutsuzca ve sessizce ettiğimiz dualarımıza cevap gelmişti!

Kontrol noktasına varıp isimlerimizi verdikten sonra bir sonraki noktaya ilerlemeye başladık. Ama bir anda ilerlemek imkânsız hâle geldi. Üç kez belime kadar bataklığa battım. Ayrıca bütün arazi bitmek bilmeyen, çamurlu yüzeye yarı yarıya gömülmüş ağaç dallarıyla doluydu.

Artık donuyordum ve susuzdum. Bu yürüyüş beni alt etmeye başlamıştı. Yapabileceğim başka hiçbir şey yoktu. Yavaşça ama kaçınılmaz bir şekilde vücudum yorgunluğa teslim oluyordu.

Artık taburumuzdan başka bir asker, Matt de yanımızdaydı. Sınıra dayandığımı görebiliyordu. Beni kenara çekip üzerime geçirebileceğim bir kat kıyafet verdi. Su şişesini de benimle paylaştı ve yola devam etmeme yardım etti. O sırada, bana ona ömrüm boyunca minnettarlığımı gösteremeyeceğim kadar çok yardımcı oldu. Sonra üçümüz birlikte ilerlemeye devam ettik.

Kısa süre sonra aşağıda toprak bir yol olduğunu fark ettik. Bu yolu kullanırken yakalanma ihtimalimiz olduğunun farkındaydık. Sınavdan ânında kalırdık. Ama bu korkunç arazide adam gibi yürüyemiyorduk ve bu son yürüyüşü geçmek istiyorsak zaman kazanmamız gerekiyordu. Ya bu yoldan gidecek ya da ölecektik.

Ağaç köklerinin oluşturduğu labirentin arasından yolumuzu bulup toprak yola çıktık. Dikkatli bir biçimde yolu takip etmeye başladık. Bir anda karşıda bir arabanın ışıklarını gördük ve hemen yanlardaki dikenli tellerin arasına atladık. Gidecek hiçbir yerimiz yoktu, o yüzden çamurun içinde yüzüstü uzandık ve hiç kımıldamadık. Bizi görmemeleri için dua ettim. İçinde subayla birlikte Land Rover yavaşça yanımızdan geçip gitti. Bizi fark etmemişlerdi.

Bir yarım saat daha toprak yolda yakalanma tehlikesiyle yürüdükten sonra doğuya ilerleyip ormana girdik ve bataklık araziye gitmek için ilerlemeye başladık.

Bitiş çizgisi artık sadece on beş kilometre uzaktaydı. Ama sanki bir türlü oraya varamıyorduk. Zombi gibiydik. Her beş yüz metrede bir dinlenmek için durmamız gerekiyordu ama birkaç saniye sonra sırtımızdaki ve bacaklarımızdaki ağırlık azaldığı için öylece kalırdık. İki dakika kadar kar ve çamurun içinde oturduktan sonra Matt'i ayağa kalkması için tekmelemem gerekirdi. Bu kez ben ona yardım ediyordum.

"Kalk Matt, bu yürüyüşü bitirmek zorundayız."

Sonunda deponun karşısında aradığımız şeyi bulduk; far lambalarının suda yansıması görünen ışığı. Bizi bitiş çizgisinde bekleyen kamyonların farlarıydı bunlar. İçeride arabanın ısıtıcılarını açtıkları için dizel motorlarının sesi duyuluyordu. Buradan oraya kuş uçuşu yaklaşık bir kilometre olmalıydı ama bu arazide oraya varmak için yaklaşık dört kilometre yürümemiz gerekecekti.

Kaslarım tekrar enerjiyle doldu. Hızımı olabildiğince artırdım. Beni sonuna kadar iten tek şey adrenalindi şimdi.

Sonunda, yirmi bir saat sonra bitiş çizgisine varan ben, Matt ve Trucker; Dayanıklılık'a başlayan yirmi bir asker arasında bitiş çizgisine en kısa sürede varan askerlerdik.

Daha önce hem bu kadar yorgun ve kötü hem de bu kadar rahatlamış ve gururlu hissetmemiştim. Ama umurumda olan tek şey sınavın dağ kısmını bitirmemdi.

Ancak eğitimin devamı hem çok farklı hem de çok zorlu olacaktı.

58

"Tepe" aşamasının ardından taburumuzda çok az kişi kalmıştı.

Şişmiş ayaklarımın ve kabarcıklarla kaplı sırtımın tekrar hislerini kazanabilmeleri neredeyse altı gün aldı ama dağlarda dayanıklı ve formda olabildiğimi kanıtlamıştım. Artık eğitim zamanıydı.

Öncelikle "acemi asker becerileri" dedikleri şeyleri öğrenmemiz gerekiyordu. (Bunlar temel askerlik becerileriydi.) Bu alanda uzmanlaştıktan sonra Özel Kuvvetler'e özel olan becerilere geçecektik. Zamanımızın çoğu bu özel becerileri öğrenmeye ayrılacaktı. Şimdi subayların bu hammaddeleri alıp Özel Kuvvetler'in bu kadar ünlü olmasını sağlayan iyi eğitimli, becerikli uzmanlara dönüştürmeleri gerekiyordu.

Bu süreçte öğrenmesi zor becerileri doğru, hızlı ve en önemlisi öngörülü bir şekilde uygulamayı öğrenecektik. Bu standarda ulaşmak için gereken öğrenme süreci oldukça yoğun olacaktı. Bize hata ve yanlışlarımıza en fazla bir kere göz yumacaklarını söylediler. Ondan sonra her gece talim yapmamız gerekecekti ve yapamazsak atılacaktık.

Ben her şeyden çok Özel Kuvvetler'in gerektiği standartlarda olmak, her şeyi öğrenebilmek ve bu eğitim sürecini geçebilmek istiyordum. Bu kadar zor edindiğim bu fırsatı kaçıramazdım.

Önümüzde bu özel becerileri öğrenmemiz için bir sürü uzun hafta sonu vardı. Sonra haftalarca sürecek uzun ve zorlu dövüş kampı geliyordu. Burada Özel Kuvvetler askeri olmaya hazır olup olmadığımızı görmek için yetenek ve karakterlerimiz yorucu ve zorlu koşullara maruz bırakılacaktı. Bunun sonundaysa en zorlu bölüme geçecektik. Bu bölüm muharip askerlerin zapt etme konusunda "eğitilmeleri" için tasarlanmıştı. Bu eğitimi başarıyla geçersek (bu bölümün her zaman birkaç kişiyi bıraktığını duymuştuk) ancak o zaman sadece kazananların edinebileceği Özel Kuvvetler neftelerini ve berelerini kazanabilirdik.

***

Özel Kuvvetler karargâhında eğitim gördüğümüz ilk hafta sonu her şeye oldukça hızlı başladık ama bu kez sadece fiziksel dayanıklılık söz konusu değildi, yeni beceriler de edinmemiz gerekiyordu. Sonra da geliştirdiğimiz fiziksel güçle bu yetenekleri harmanlamamız lazımdı.

Güneş doğmadan yer altındaki bir depoya toplanmamız emredildi. Burada "eğitim" görecektik. Öğrenmemiz gereken her şeyi hızla anlatıp geçeceklerdi.

"Anlatma. Gösterme. Taklit etme." Kural buydu. Bize bir talimi anlatır, sonra gösterir, sonra da aynısını tekrarlamamızı beklerlerdi. Her şeyi mükemmel yapana kadar devam ederdik.

Bu ilk günlerde çok şey öğrendik. İngiliz Özel Kuvvetleri'nin kullandığı standart operasyon prosedürlerinin hepsini anlattılar. Ayrıca burada atmosferin çok farklı olduğunu fark etmiştim. Artık sadece bir grup acemi er değildik, burada bize daha çok Özel Kuvvetler askeri adayları gibi davranıyorlardı. Bir gün subayların yanında mücadele edecek adamlardık.

O yüzden o subaylar şimdi bütün prosedürleri düzgün bir şekilde öğrendiğimizden emin olmak istiyor ve aramızdaki zayıf askerleri eliyordu. Bu eğitim aşaması pek çok yönden dağlardaki aşamadan daha zordu. Eğer subaylar bu işi yapamayacağını ya da öğretilenleri hızlı bir şekilde öğrenmediğini düşünürse, hatta sadece buraya uymadığına karar verirse seni hemen geri gönderebilir; kimse de bir şey diyemezdi.

Artık subayların öğrenmek istediği hızlı öğrenip öğrenemediğimizi anlamaktı. Zamanında tepki verebilir misin? Uyum sağlayabilir misin? Doğaçlama çözümler bulabilir misin? Baskı altında sakin kalabilir misin? Hem bir takımın üyesi olarak hem de tek başına çalışabilir misin? Kendini disipline edebilir misin, sakin kalıp yine de gerektiğinde sert davranabilir misin?

Ayrıca fiziksel gücümüzün neden o kadar önemli olduğunu da anlamıştım. Şimdi bu gücü aksiyona dökebiliyorduk, artık bir amacı vardı.

"Beş saat sonra bir helikopter gelecek. Hedefiniz yirmi beş kilometre uzakta. Ayrıca bir kaybınız var ve düşman hâlâ peşinizde. Eğer bu görevin başarılı olmasını istiyorsanız o helikopteri buluşma noktası olarak seçmelisiniz. Haydi başlayın."

Ve ben buna bayılıyordum.

Artık hepimizin Özel Kuvvetler'in bir parçası gibi hissettiği kesindi ve bu, harika bir duyguydu.

Düşmanla karşılaşma talimlerini tekrarlayıp duruyorduk. Adrenalin her zaman yüksekti. Ya ani pusulardan kaçmaya çalışıyor ve dağlara radyoyla mermi çıkarmaya çalışıyor ya da kullanılmayan tarla binalarına baskınlar düzenliyorduk. Bunların arasında hâlâ durmadan koşu yapıyor ve fiziksel eğitime devam ediyorduk. Tabii ki dövüş eğitimimiz ve toplu koşular da hâlâ devam ediyordu.

Tam bir talimi öğrenirken üzerine bir sürü yeni bilgi ekliyorlardı. Zihinsel olarak yetişmesi oldukça güç bir hızda gidiyordu her şey. Anladım ki bu yüzden Özel Kuvvetler zeki askerlerin yeri olarak görülüyordu. Hakikaten de o karmaşanın içinde net düşünme ve kararlı biçimde hareket etme yeteneği tam bir kaosa sebep olabilirdi. Ah, bir de çok hızlı öğrenme becerisi.

Kamuflaj, takip etme, saklanma ve hedefe yakınken gizlenip bekleme. Silah talimleri; çamurda, suyun altında, karanlıkta. Pek çok farklı yabancı silahı nasıl hızla ve doğru şekilde kullanacağımızı öğrenme. Ormandaki hedef patikalarda eğilip saklandığımız dört kişilik saldırı talimlerinde hakiki silahlı saldırı, hem de defalarca.

Bütün bu talimlerde olabilecek en iyi ekip olmayı öğreniyorduk. Baskı altında içgüdüsel olarak birbirimizin nasıl tepki verdiğini ve hangi alanlarda güçlü olduğumuzu keşfediyorduk. Burada yapmaya çalıştıkları şey ihtiyacımız olduğunda dostlarımızın orada olacağına inanmamızı sağlamaktı.

Yaptığımız hataların sonuçları gitgide daha ciddi hâle gelmeye başladıkça gerginlik arttı. Bu işi birlikte yapıyorduk ve hatalar herkesi etkiliyordu. En iyi ihtimalle bir gece boyunca şınav çekmek zorunda kalıyorduk. En kötü ihtimalse birinin hayatını kaybetmesiydi. (Karanlıkta gerçek hedefleri vurmak için gerçek mermiler kullanılıyordu. Bu sırada çukurlara saklanıp çıkıyorduk ve birbirimize fazlasıyla yakın mesafedeydik.)

Dahası son dövüş kampımız yaklaşıyordu. Subayların kimin Özel Kuvvetler'e dâhil olmaya uygun olduğuna dair "tartışmaları" artmıştı. Aynı zamanda fiziksel zorluğu da artırdılar. Bizi sık sık ağır otomatik silahlarla ve kutularca mermiyle dağlarda koşturuyorlardı.

"Güzel, şimdi tekrar koş ama aynı zamanda silahını söküp yeniden monte et."

Ve bütün bunları yaparken sonunda sınavı geçememe ihtimalimiz olduğunu biliyorduk.

***

Dövüş kampına yolculuğumuz çok kötü başladı.

Henüz kışladan ayrılmadan taburumuzdan sorumlu subay Taff, "Daha ekipmanlarınızı bile kamyona adam gibi yükleyemiyorsanız bu önünüzdeki sınavı geçmenize ihtimal bile yok!" diye bağırdı.

Ben ilk sınavda hissettiğimden daha da gergin hissediyordum. Kuzeye ilerlediğimiz araba yolculuğu boyunca midem bulandı. En son okula geri dönmek zorunda olduğum bir çocukken böyle hissetmiştim. Bunun sebebi stresti.

Ayrıca Taff'a sınavda karşımıza ne çıkmasını beklememiz gerektiğini ve "saldırı" aşamasında nasıl hayatta kalacağımızı sorduk. Bana ve Trucker'a verdiği tavsiye basitti.

"Siz iki züppe önce çenelerinizi kapatın! 23. Tabur'un subayları özel okula gitmiş askerlerden nefret eder."

23. Tabur, dövüş kampını idare eden taburdu (bu görev ya 21 ya da 23. taburlara verilirdi) ve bu tabur sert, inanılmaz derecede güçlü, çok içen ve açık sözlü bir birim olarak bilinirdi. Sınav Haftası'nda bu taburla bir aradaydık ve sürekli, "23. Tabur'un subayları 21'in askerlerini perişan edecekmiş," gibi söylentiler duymuştuk.

Trucker'la ben ilgi çekici olmayan askerler gibi görünüp fark edilmemeyi umuyorduk. Başımızı eğip sessizce işimizi yapacaktık. Ama her şey bu plana göre gitmedi.

Hedefimize varıp sıraya girdiğimiz gibi, "Prens Charles gibi konuşan gençler nerede?" diye bağırdı bir subay. "Sabah çayınızla birlikte gazete de ister misiniz beyler?" diye dalga geçer gibi sordu.

Bir parçam, "Çok iyi olurdu," diye cevap vermek istiyordu ama direndim.

Subay devam etti.

"Gözüm ikinizin üzerinde! Bir gün hayatımı sizin burnu büyük, yumuşak kollarınıza mı bırakmak zorunda kalacağım? Yok ya! Eğer bu sınavı geçmek istiyorsanız çalışıp çabalayıp alnınızın teriyle yerinizi kazanmanız gerekecek. Gerçekten dayanıklı askerlersinizdir umarım."

Harika, dedim içimden. Gelecek günlerin oldukça zor olacağının farkındaydım.

60

İlk beş gün az uyku, bitmek bilmeyen testler ve her zamankinden çok fiziksel antrenmanla doluydu. Her sabah saat 05.00'te; daha günlük programımız başlamadan bir saat süren, korkunç bir fiziksel antrenmana başlıyorduk. Yemekler genelde ayakta yenirdi ve ne kadar az kullandığımız göz önüne alınınca bize neden yatak verdiklerini anlamıyordum açıkçası.

Yabancı silahları gözlerimiz bağlı bir şekilde zamanla yarışarak sökerken balistik dersleri alır, sonra gerçekten ateş ederek antrenman yapardık. Gölleri aşıp sonra da toplu koşulara çıkardık. Hemen ardından saldırı ve helikopter talimlerimizi yapar, sonra da uygulamalı ilkyardım dersini dinleyip gösterilen her şeyi tekrarlardık.

Her şey çok hızlı ilerliyordu. Subaylar kafamız bir sürü yeni bilgiyle doluyken ve bedensel olarak tükenmişken bile sürekli tetikte olduğumuzdan ve takım olarak iyi çalıştığımızdan emin olmak için hem zihinsel hem de fiziksel gücümüzü test ediyordu.

Her gece 3'e, 4'e kadar uyanıktık; bu saatlere kadar pusu ve saldırı talimleri yapardık. En zoru yağmur yağarken bir çukurda uzanıp beklediğimiz talimlerdi. O kadar yorgun olurduk ki birkaç dakika uyuyakalmamamız mümkün değildi.

Aç, üşüyen, adrenalini tükenmiş hâlde, subayların kışlayı çeviren Yorkshire bataklıklarındaki pusu noktamızdan geçmesini beklerdik. Çoğunlukla hiç gelmezlerdi ve sabahın erken saatlerinde bütün ekipmanlarımızla silahlarımızı alıp kampa geri döner, her şeyi yeniymiş gibi görünene kadar temizlerdik. Ancak ondan sonra birkaç saatlik kıymetli uykumuz için yataklarımıza çökebilirdik.

O kadar az uykudan sonra her sabah bizi fiziksel antrenman için uyandıran alarm sesini korkuyla beklemeyi öğrenmiştim. Vücudum ölmüş gibi hissediyordum. Yorgun, morluklar içinde ve ağırdım. Ama her gün bize verilen görevleri tamamlamak için daha da güçlü olmamız gerekiyordu.

Testin bu kısmı bunu anlamaya çalışıyordu; bu kadar yorgunken bile öğretilen becerileri kullanabilir misin?

Bir sabah katıldığım antrenmanı çok net hatırlıyorum. Her zamanki uzun ve hızlı koşularımızla ağırlık kaldırma antrenmanlarını yapıyorduk ve bunlar hepimizi kusmanın eşiğine getirmişti. Artık omuzlarımda o ağırlıkla daha fazla koşamayacağımı düşünürken arkamdan bir çarpma sesi geldi ve birinin çığlığını duydum. Baktığımda yere uzanmış bir askerin kanının her yere saçıldığını gördüm. Anladığım kadarıyla onu taşıyan asker bir sokak lambasına çok yakın koşuyormuş ve oradan geçerken sırtındaki askerin kafasını lambaya vurmuş.

Bunun iyi yanı doktorların hemen gelmesi ve yarım saat önce serbest bırakılmamızdı. Harika! Ama bu çok sık olan bir şey değildi. Aslına bakarsanız iki hafta boyunca kısa bir süre için bile olsa serbest bırakıldığımız tek an bu olmuştu.

Genel uykusuzluğum beni çok rahatsız ediyordu. Hiçbir zaman uzun süre uykusuz kalmaya nasıl tepki vereceğinizi tahmin edemezsiniz. Her konuda zarar görüyordunuz; konsantrasyon, motivasyon ve performans. Bunlar da bizim işimizin temel bileşenleriydi. Ama bu test böyle tasarlanmıştı. Gerçekten nasıl insanlar olduğumuzu görmek için bizi perişan etmeye yönelikti. Göründüğümüzün altında ne yattığını anlamak için..

Bir dersimizi çok net hatırlıyorum. (Konumuz inanılmaz derecede sıkıcı bir konu; hangi mermilerin daha delici olduğuydu.) Yana dönüp bakınca Trucker'ın durmadan koluna iğne batırarak kendini uyanık tutmaya çalıştığını gördüm. Bu manzara beni çok güldürdü.

En yorucu olan şey de herkesin yaptığı her şeyin fark edilmesiydi. Dediğim gibi, bunu dikkatli bir biçimde, maksimum baskı ve yorgunluk altında nasıl çalıştığımızı görmek için tasarlamışlardı.

Kısa süre sonra son dört günün egzersizi için sabırsızlanıyordum, çünkü hiç olmazsa devriyeye çıktığımızda dışarıda olacak ve bu cehennem gibi yerde durmadan izleniyor olmayacaktık.

Son egzersiz günü şafaktan önceki soğuk havada (her zamanki gibi) başladı ama bugün fiziksel antrenman yoktu. Dört kişilik devriye grupları oluşturduk. Artık kendi grubumuz dışında kimseyle konuşamazdık. (Bu; yakalanan askerin ekibi dışındaki ekiplerin devriye rotalarını düşmana vermesini engellemek için planlanmış, standart bir operasyon güvenlik önlemidir.) %100 görevimize yoğunlaşmamızı sağlıyordu.

Emirler verildi ve bireysel görevlerimiz hakkında bilgilendirildik. Günün kalanı göreve hazırlıkla geçti; yeterli cephane taşıyabilmek için bireysel ekipmanlarımızı olabildiğince hafif olacak şekilde azalttık, şarjörlerimizi doldurduk, silahlarımızı temizledik, haritalarımıza baktık, talimleri tekrarladık, acil durum helikopterinin yerini ezberledik, kaçış ve atlatma tekniklerinin üzerinden geçip radyolarımızı test ettik.

Heyecanlı ve göreve çıkmaya hazırdım.

Sonra dördümüz yemek yedik, bir kez daha görevin üzerinden geçtik ve ekipmanlarımızı tekrar kontrol ettik.

Helikopter şafakta gelecekti.

61

Bulutsuz bir geceydi. Ayın önünü kapatan helikopterin silüetinin kampa inişini izliyorduk. Çantalarımızı içeri atıp helikoptere bindik. İlk kez bir gece vakti askerî bir helikopterle alçaktan uçarak uzaktaki bir iniş noktasına gidiyordum. Takımın bir parçası olarak, hayal edebileceğimden çok daha güçlü ve daha iyi eğitimli bir asker olarak kendimi yenilmez hissediyordum.

Kısa süre sonra helikopter havada beklemeye başladı. Yerden en fazla bir buçuk metre yüksekteydi. Sessizce atlayıp helikopter gece göğüne yükselip tepelerin arkasında kaybolana kadar savunma pozisyonunda bekledik. Birkaç dakika sonra rüzgârın sesinden başka bir ses yoktu. Sessizce oturup beklemeye başladık. Harekete geçmeden önce algılarımızı açıp konsantre olmamız gerekiyordu.

Sonra yola çıktık. İlk hedefimiz on kilometre uzaktaydı. Sıradan bir araçta bekleyen, sıradan görünüşlü biriyle buluşacaktık ve bu kişi bizi hem asıl hedefimize yakın bir yere götürecekti hem de bize görevle ilgili güncel bilgi verecekti.

Hedefe vardık, ayrı yerlerde pozisyonlarımızı aldık. Dinleyip beklemeye koyulduk. Önceki saatlerin adrenalini azaldıkça gecenin yorgunluğu beni ele geçirmeye başladı.

Uyanık kal Bear, haydi. Kendine gel.

Soğukta sabit bir şekilde uzun süre beklerken uyanık kalmak gerçek bir mücadeleydi. Birkaç dakikada bir uyuyakalır, sonra sıçrayarak uyanır ve yorgunluğumu aşmak için başımı iki yana sallardım. Uyanık kalabilmek için çenemi tüfeğimin keskin arpacığına yerleştirdiğimi bile hatırlıyorum.

Sonunda beklediğimiz ajan, arabasını önümüzdeki açıklığa çekti. Sessizce minibüsün arkasına doluştuk. Yaklaşık yarım saat kadar daracık yollarda ilerlerken arkada oturup bize verilen elle çizilmiş haritayı incelemeye koyulduk. El fenerlerimizin ışıkları haritanın üzerine gidip geliyordu. Kısa bir süre sonra dar, bomboş bir yoldaki bir parkta durduk ve araba geceye karışıp gözden kayboldu. Biz de bütün mekânı taramaya başladık. Önceden belirlenmiş operasyon prosedürümüze göre devriyeye çıktık ve asıl hedefimizi ilk kez o zaman gördük.

***

Bu egzersizin senaryosu oldukça basitti. Hedefimiz bir adam kaçırma şüphelisinin saklandığı sanılan bir yerdi. Bu bilgi doğrulandıktan sonra yirmi dört saat içinde diğer iki grupla bir araya gelip onlara bu bilgiyi aktarmamız, rehineyi kurtarmak için bir plan yapmamız ve görevi yerine getirmemiz gerekiyordu. Sonra da son buluşma noktasına çekilecektik. Oradan rehineyle beraber bizi alacaklardı. Bütün bunların sonunda da görevimizin ifşa olduğunu öğrenecektik. Bilerek yakalanacaktık ve o zaman da görevin son aşaması olan "rehine operasyonu" başlayacaktı.

Ama tabii ki bu test sırasında gerçekleşecek her şeyin provanın bir parçası olduğunu biliyorduk. Ama son aylar içinde çıktığımız bütün o operasyonlardan sonra yaptığımız her şey gerçekmiş gibi davranmayı öğrenmiştik.

Askerleri mücadeleye hazırlamanın en iyi yolu buydu; *çok çalış, kolay dövüş. Antrenmanı olabildiğince gerçekçi yaparsanız gerçek bir operasyon sırasında çok daha az sürprizle karşılaşacaksınız.*

Özel Kuvvetler'in yıllar içinde uzmanlaştığı bir alan da bu provaları son derece gerçekçi hâle getirmekti. İnanın bana.

Hedefimiz olan terk edilmiş eve tepeden bakan bir yerde pozisyonumuzu aldık. Kendimizi saklayıp nöbete başladık. Bu nöbet iki kişilik gruplar hâlinde iki saatlik vardiyalar yapmamızı gerektiriyordu. Hedefi izleyip bütün hareketleri not ediyorduk. Diğerlerinin vardiyası başlayınca da yemek yiyip dinleniyorduk. Kısa bir süre için bile olsa gözlerimi kapatabilmek benim için büyük bir lütuftu.

Yazdı ve güneş saklandığımız yeri bütün gün aydınlatıyordu. Bu da geçtiğimiz on gün boyunca devam eden yaz yağmurlarından farklı olduğu için güzeldi. Ve sessizce, dikkatle hedefe yaklaşık üç yüz metre mesafede bekleyip izlemeye devam ettik.

Sonraki gece görevimiz birkaç kilometre uzakta olan iki ayrı ekibi bulunduğumuz yere getirmekti. Matt ve ben diğer ekipleri getirmeye giderken diğer iki takım arkadaşımız hedefi izleme görevine devam edecekti.

Buluşma saatimizin sabah 03.00 ile 05.00 arasında olmasına karar verilmişti. Matt ve ben buluşma noktasına erken varıp beklemeye başladık. Dikenli çalıların arasındaydık. Yağmur ve rüzgâr tekrar başladığı için kapüşonumu kapattım ve ısınmaya çalıştım.

Matt'la görevimizi iki vardiya hâlinde yapmaya başladık ki uyanık kalabilelim ama Matt de benim gibi çok yorgundu ve daha fazla uyanık kalamadı. İkimiz de görev esnasında uyuyakaldık. Bu konuda kötüydük. Diğer ekiplerin yaklaştığını duyduğum gibi uyandım.

İlk ekipte 23. Tabur'dan bir subay vardı. Hızla ileri emekledim ve subayın omzuna dokunup ekibi saklandığımız yere yönlendirdim.

Subay başparmağını kaldırarak "aferin" demek istedi. Matt'in olduğu yere döndüğümüzde o da kendine gelmişti. Bütün gece ateş edilebilecek bütün yönleri dikkatle izlemiş, atılmaya hazır bir yay gibi duruyordu.

Subay beş dakika önce ikimizin de şapkalarımızı gözlerimize indirip bebekler gibi mışıl mışıl uyuduğumuzu bilmiyordu. Eğer yakalansaydık kesinlikle atılırdık. (Ama sınav esnasında atılmanın kıyısından geçmeyen bir Özel Kuvvetler askeri bulmanız mümkünse bulun.)

Kimse mükemmel değil.

***

Sabahın ilk ışıklarında diğer ekipleri kendi ekibimizin beklediği, asıl hedefimizden birkaç yüz metre uzaklıktaki nöbet yerimize götürdük. Eski pozisyonlarımıza geçip tekrar hedefi izlemeye başladık. Öğlenin geç vakitlerine kadar hiçbir hareket görülmemişti. Ama sonra birden her şey değişti.

Bir kamyonetin büyük bir hızla toprak yolda eve ilerlediğini gördük. Arabadan iki kan kırmızısı kar maskesi takmış adam indi. Arka kapıyı açıp içeriden çığlıklar atan bir kızı saçından sürükleyerek çıkardılar. Eve girdiler ve kapıyı çarparak kapattılar. Bilgiyi diğer ekiplere aktardık ve radyodan bize hemen bir plan yapıp harekete geçmemizi emrettiler. Tek ihtiyacımız olan bu emirdi.

Birkaç dakika sonra gün batarken rehineyi kurtarma planımız hazırdı. Bir grup teröristlere saldırıp rehineyi kurtarırken diğer iki grup onları koruyacak ve teröristlere destek olabilecek ani müdahale kuvvetlerini etkisiz hâle getirecekti.

Planımız saat gibi işliyordu. Bütün o eğitim işe yaramış gibi görünüyordu. Binaya saldırdık, teröristleri "vurduk" ve rehineyi kurtardık.

Detayları paylaşamam ama her şey çok hızlı gerçekleşti. Kısa süre sonra bir kamyonetin açık arkasına doluşmuş, toprak yolda hızla ilerliyorduk. Buradan ayrılıyorduk. İş bitmişti.

Planlandığı gibi gizli görevimiz bittiği gibi bizimle buluşacak asker geldi. Başka bir araç rehineyi alıp sorgulamaya götürdü. Bense hâlâ vücudumda dolaşan adrenalinle enerji dolu hissediyordum.

Egzersizin ilk kısmı bitmişti ve son hedefimiz artık gözümüzün önündeydi. Rozetlerimizi almamıza neredeyse bir gün kalmıştı. Ama bu cehennemin son günü ve gecesi asıl kalacağımız ya da geçeceğimiz yer olacaktı.

63

Bazı şeyler için hazırlıklı olmak neredeyse imkânsız... Ben de oldukça endişeliydim.

Kamyonetin arkasına sıkışmıştık. Dört terli ve çamur içinde adam, bütün kemer ekipmanımız, tüfeklerimiz ve çantalarımız üst üste; yolda ilerlerken arabanın üzeri kapalı kısmından gelen zayıf ışık gelip gidiyordu.

Pusulama göre güneye gitmiyorduk. İçgüdüsel olarak bir sorun olduğunu fark etmiştim. Aniden araba yana çekti, hızla frene basıldı ve sert bir şekilde durduk. En başta her yere sessizlik hâkimdi ama sonra her şey değişti. Bam bam bam, arabanın metal kapılarına vuruyorlardı.

Başlamıştı.

***

Daha sonra gerçekleşenler ve sonraki gün de devam eden olaylar gerçek bir zihinsel ve fiziksel stres ve travma dolu karışık bir şeydi. Rehin alınmanın nasıl bir tecrübe olduğunu göstermek için yapılan bir provaydı. Gerçekten çok rahatsız edici ve korkunçtu ama detayları anlatma özgürlüğüne sahip değilim.

Son egzersizimiz başlamadan önceki gün subaylar bir konuda oldukça açık konuşmuştu.

"Ellerine koz vermeyin, çünkü kesinlikle kullanacaklar. Akıllı olun. Acı ve yorgunluğa rağmen dikkatinizin dağılmasına izin vermeyin. Bir saniye bile dikkatiniz dağılırsa bitersiniz. Ve hiç kimse orada arkadaşınız olmayacak. Ben kolumda beyaz bir haçla içeri girene kadar egzersiz bitmeyecek. Kızılhaç ekiplerin haçı değil, bir rahibin haçı değil. İkram edilen çay ve haçlı kurabiyelerin[12] üzerindeki haç değil. Anladınız mı?" Sonra da, "Yakalanmayın, sınavın bu aşamasında yakalanmayın," dedi.

Burada uygulanan taktikler sert ve etkiliydi ama kimse şimdi benden bu fırsatı almayacaktı. Sınavı bitirmeye çok yakındım. Ellerine hiçbir koz vermeyecektim. Aklımda bir sürü düşünce dönüp duruyordu ama yine de her şeye rağmen kontrollü davranmayı başarabiliyordum. Bu pislikler beni pes ettiremeyecekti. İçimden ilahiler söyleyip dua ediyordum. *Güçlü kalmama yardım et.*

Hiç bu kadar hırpalanmış ve yorgun hissetmemiştim. Başım çok ağrıyordu ve sırtımdaki kaslara kramp girmişti. Tekrar tekrar çöktüm. Perişan, aç ve susuzdum. Yerde, soğuk havada tir tir titriyordum. Dakikalar saatlere dönüştü ve saatler bitmek bilmiyordu. Gece miydi, gündüz mü? Artık hiçbir fikrim yoktu.

Sonunda küçük, karanlık bir hücreye atıldım ama sıcaklığı hemen fark ettim. İçinde olduğum odanın şeklini gözümü bağladıkları bezdeki bir yırtık sayesinde görebiliyordum.

Bekledim.

Kamuflaj ceketim aşağı çekilmişti ve titreyerek kenara büzüşmüştüm. Perişan görünmüş olmalıyım. Yüzüme bulaşmış sümüğü hissedebiliyordum. Bir el gözlerimi bağlayan bezi çözdü. Her yer aydınlıktı şimdi.

"Bunu hatırladın mı Bear?" dedi yumuşak bir ses.

Gözlerimi kısarak baktım. Adam kolundaki beyaz haçı gösteriyordu. Tepki vermedim. Emin olmak için tekrar bakmam gerekti.

"Bu egzersiz bitmiş demek, hatırladın mı?"

Hatırlıyordum ama hâlâ tepkisizdim. İyice emin olmam gerekiyordu. Sonunda hafifçe başımı öne salladım. Bana gülümsedi.

Bitmişti.

"Aferin! Şimdi otur, bir beş dakika dinlen ve şu çayı iç. Birazdan doktorumuz gelip sana bakacak."

Subay üzerime bir battaniye örttü. Yüzüme bir gülümseme yayıldı. Her şey bittiği için o kadar rahatlamıştım ki yanağımdan bir yaş süzüldü. Sonra bir doktor gelip bir saat kadar beni göreve dair bilgilendirdi.

---

12 Pişirilmeden önce üzerlerine şekerle haç işareti yapılan kurabiyeler (Ç.N.).

Çok iyi tepki verdiğimi ve etkili bir şekilde direndiğimi söyledi. Çok rahatlamıştım. Doktoru çok sevmiştim.

Buradan almam gereken iki ders vardı; *aklını kontrol et ve yakalanma.*

Sonra subay, "Unutma, egzersiz bitince bu adamlar senin dostların. Hepsi İngiliz, gerçek düşman değiller. Eğer gerçek düşmanların eline düşseydin asıl o zaman kötü olurdu. O yüzden unutma, sakın yakalanma!"

Bu, asla unutmadığım bir ders oldu ve muhtemelen bu ders sayesinde ömrüm boyunca tehlikeli durumlardan kendimi kurtarma konusunda bu kadar uzmanlaştım.

***

Kışlaya döndüğümüzde aramızda bazılarının yüzleri hâlâ bembeyazdı ve titriyorlardı ama her şey bittiği için hepimiz rahatlamış hissediyorduk.

Trucker oldukça kötü görünüyordu ama yine de yüzünde büyük bir gülümseme vardı. Gidip yatağına oturdum ve o ekipmanını tek tek çıkarırken muhabbet ettik. Başını sallayıp kendi kendine kıkırdıyordu. O da bu tür olayları böyle aşıyordu. Gülümsedim.

Özel bir adam, diye düşündüm.

Hepimiz son egzersize gitmeden önce yataklarımızda bıraktığımız yedek üniformaları giydik ve yataklarımıza oturup endişeyle beklemeye başladık. Egzersiz bitmiş olabilirdi ama hepimiz geçmiş miydik?

"Beş dakika içinde sıraya geçiyorsunuz beyler. Hem iyi hem de kötü haberleri vereceğiz. İyi haber, bir kısmınız geçti. Kötü haber de... Tahmin edebilirsiniz herhâlde."

Subay bunu dedikten sonra gitti.

Bu son zorluğu aşamayanlardan olmaktan korkuyordum. Bu korkuyu bastırmaya çalıştım.

Burada kaybedemem. Bu kadar yakınken kaybedemem.

Subay geri geldi ve hızla listedeki isimleri okudu. Adı okunanların onu takip etmesini söyledi. Ben o grupta değildim. Geriye ben ve Trucker'la birlikte sadece birkaç kişi kalmıştı. Endişeyle birbirimize bakıp bekledik.

Dakikalar zor geçiyordu. Kimse konuşmuyordu. Kapı açıldı ve az önce adı okunan askerler geri geldi. Başları eğik, yüzleri asıktı. Yanımızdan geçip eşyalarını almaya gittiler. Toparlanıyorlardı.

Bu bakışları ve bu hissi biliyordum. Matt de aralarındaydı; bana "dayanıklılık" yürüyüşünde o kadar yardım eden arkadaşım. Baskı altında kendini toplayamadığı için kalmıştı. Bir an bile kendini bıraktığında subayların tuzaklarına düşmek çok kolay oluyordu.

Kural 1: Özel Kuvvetler'in askerleri baskı altında da sakin ve dikkatli kalmaya devam etmek zorundadır.

Matt bana dönüp gülümsedi ve dışarı çıktım. Onu bir daha hiç görmedim.

64

İşte bütün bunlardan sonra kışladaki sıradan görünüşlü bir binada, pek eşya olmayan bir odada durup bekliyorduk. Aylar önce sınava katılan o kadar kişiden sadece bu kadarı kalmıştı. Sabırsızca odada dolaşıyorduk. Hazırdık. Sonunda Özel Kuvvetler askerleri olarak rozetlerimizi almaya hazırdık.

Albayımız içeri girdi. Sıradan bir kamuflaj pantolonu ve bir gömlek giymişti. Başında bir bere, belindeyse Özel Kuvvetler'in kemeri vardı. Bize gülümsedi.

"Aferin beyler. Zordu, değil mi?"

Biz de gülümsedik.

"Bugün kendinizle gurur duyuyor olmalısınız ama unutmayın; bu sadece başlangıç. Asıl zorluk şimdiden sonra, siz taburunuza dönünce başlıyor. Buraya çok kişi katılıyor ama çok az kişi seçiliyor. Bize burada gösterdiğiniz insanlar olarak kalın." Sonra durdu. "Ayrıca bundan sonra Özel Kuvvetler ailesinin bir parçasısınız. Bunu da unutmayın. Bunu hak ettiniz. Ve bu aile gerçekten bu dünyadaki en iyi ailedir ama bizi farklı kılan şey her zaman diğerlerinden çok çabalamamızdır. Herkesin pes ettiği yerde biz biraz daha çabalarız. Bu yüzden farklıyız."

Bu, hiç unutmadığım bir konuşmadır.

Orada yırtılmış, çamurlu, eskimiş botlarımla; yırtılmış pantolonumla ve içinde terlediğim siyah bir tişörtle öylece durdum. Hayatımda hiç hissetmediğim kadar gururluydum.

Hepimiz hazırolda durduk. Kutlama falan olmadı. Birer birer albayın elini sıktık ve her birimize bir tane Özel Kuvvetler beresi verdiler.

Bu noktaya gelene kadar meselenin bere olmadığını, berenin ifade ettiği şey olduğunu öğrenmiştim; dostluk, ter, yetenek, alçak gönüllülük, dayanıklılık ve güçlü bir kişilik.

Albayımız bereleri vermeye devam ederken beremi başıma geçirdim. Sonra bize dönüp, "Özel Kuvvetler'e hoş geldiniz," dedi. "Eğer bir şeye ihtiyacınız olursa kapım her zaman açık. Burada işler böyle yürüyor. Haydi bakalım, gelin size bir iki bira ısmarlayayım."

Trucker ve ben her şeye rağmen başarmıştık.

İşte Özel Kuvvetler sınavı böyle bir şeydi ve albayın da dediği gibi, bu daha başlangıçtı.

Benim bu sınava girdiğim o yıllardan bu yana pek bir şey değişmedi. Savunma Bakanlığı'nın sitesi Özel Kuvvetler 21. Birim'in üyelerinin bu kişilik özelliklerine sahip olmasını gerektiğini yazıyor; "Hem fiziksel hem de zihinsel olarak dayanıklı, kendine güvenli, kendini disipline edebilen, tek başına çalışabilen, yeni bilgi ve beceriler edinebilecek askerler."

Şimdi o sözleri okuyunca gülümsüyorum. Sınav ilerledikçe bu özellikler karakterime iyice yerleşmişti. Sonra da üç yıl boyunca taburumla çalışırken onlar artık varlığımın bir parçası hâline gelmişti. Bugün de benim için önemli olan değerler bunlardır.

Sınavı geçtikten sonra yaptığım işlerin ayrıntılarını paylaşamam ama yeterince şanslı olan her adamın alabileceği en iyi eğitimi almamı sağladılar. İmha görevleri, hava ve deniz görevleri, yabancı silahlar, ormanda hayatta kalma, travma ve tıbbi yardım, Arapça, sinyal verme, hızlı ve kaçma konusunda etkili araba kullanma, kışın mücadele ve düşman hatlarının arkasında olduğumda ihtiyacım olacak kaçma ve saklanarak hayatta kalma dersleri dâhil bir sürü şey öğrendim. Dövüş ve hayatta kalma eğitmeni olmak için çok daha derinlikli bir yakalanma ve kendini kurtarma programına dâhil oldum. Bu program, sınavda katlandıklarımızdan çok daha korkunçtu. Gece operasyonlarında paraşütle gizlice inmede ve silahsız mücadelede uzmanlaştık. Uzmanlaştığımız tek alan bunlar da değildi. Ayrıca bir sürü heyecan dolu macera yaşadık.

Ama en iyi hatırladığım ve en değer verdiğim şey neydi derseniz?

Benim için bu, dostlarım ve takım arkadaşlarımdı. Ve tabii ki Trucker. Kendisi hâlâ bu dünyadaki en iyi dostlarımdan biri... Bazı dostluklar hiçbir zaman eskimez.

O ağır çantalarla yaptığımız uzun yürüyüşleri, orada aldığımız eğitimi ve Brecon Beacons'daki o dağı asla unutmayacağım.

Ama hepsinden önemlisi, bundan sonra ömrümün sonuna kadar aynaya baktığım her an bir zamanlar o sınavı geçecek kadar iyi olduğumu bildiğim için sessiz bir gururla dolacağım. Bir Özel Kuvvetler askeri olabilecek kadar iyi...

Bazı şeylerin değeri ölçülemez.

65

Bu arada ben ve Trucker, Bristol'un birkaç kilometre dışında tuttuğumuz o evde kalmaya devam ediyorduk. Yıkık dökük, ne ısıtma sistemi ne de herhangi bir elektronik eşyası olan bir yer olduğu için çok az kira ödüyorduk ama ben bu evi çok seviyordum. Evin bir tarafı büyük yeşil bir vadiye, diğer tarafıysa ormana bakıyordu. Nerdeyse her akşam arkadaşlarımızı çağırıp canlı müzik partileri veriyorduk. Katı yakıtlı ocağı çalıştırmak ve ısınmak için de bahçedeki yıkılmaya yüz tutmuş bir kulübeden tahta parçaları koparıp getirirdik. Yeni asker maaşımızı yakınlardaki bir barda bitirip duruyorduk.

Bahçeye bakmayarak her yeri perişan ettiğimizi ve bahçedeki küçük kulübeyi parçalayıp yaktığımızı düşününce muhtemelen korkunç kiracılardık diye düşünüyorum. Ama ev sahibimiz de kimsenin sevmediği, acınası yaşlı bir adamdı zaten!

Bahçedeki çimler uzayınca çim biçme makinesiyle kısaltmaya karar verdik ama iki çim biçme makinemizi de bozduk. Biz de onun yerine bahçeyi yakmaya karar verdik. Bu biraz fazla iyi işleyen bir plan oldu, çünkü ateş o kadar hızlı yayılıyordu ki neredeyse evin kendisine de yakacaktık.

Buranın en güzel yanı motosikletlerimizle hiçbir anayola çıkmak zorunda kalmadan ormanın içindeki toprak yollardan şehre çıkabilmemizdi.

Bir gece şehirde eğlenceli bir akşam geçirdikten sonra Trucker'la birlikte motorlarımızla eve dönüyorduk. Benim motorum bir anda sorun çıkarmaya başladı. Önce rengi kırmızıya, sonra da beyaza döndü ve egzozdan büyük bir ateş çıktıktan sonra motor durdu. Karanlıkta dikenli bir tel bulup motorumu Trucker'ın motoruna bağladık ve kahkahalarla gülerek birlikte eve vardık. O günden sonra motorum ancak evimizin yanından geçen dik tarla yolundan yokuş aşağı itilince çalışabildi. Eğer yokuşun bittiği yerde hâlâ çalışmaya başlamadıysa motoru yokuş yukarı iki yüz metre kadar çıkarıp tekrar aşağı bırakırdım. Çok saçma bir şeydi ama hem formda kalmama yardım ediyor hem de Trucker'ı çok güldürüyordu.

Eğlenceli zamanlardı.

Şehirde diğer öğrenci arkadaşlarımızla hayatımızı yaşıyorduk ama bazen üç hafta ortadan kaybolup taburumuzla göreve gidiyorduk. Sonra da güneşten yanmış bir şekilde Bristol'un güzel kızlarına geri dönüyorduk.

Harika bir hayattı. Sadece birkaç yakın arkadaşımız normal öğrenciler olmadığımızı biliyordu. Bazen derslere girmeyen öğrenciler gibi görünüyorduk o kadar. (Ama pek çok öğrenci arkadaşımız da derslere nadiren giderdi açıkçası!)

Harika bir "çok çalış, çok eğlen" hayat tarzıydı bu. Formdaydık, sevdiğimiz bir işi yapıyorduk ama taburumuzla olmadığımızda da üniversite şehrinde eğlenmekten geri kalmıyorduk. Bu şekilde iki yıl geçirdik. Genç bir adam olarak rüya gibi bir hayatım vardı.

Bir şeyleri havaya uçurmayı, tepelere tırmanmayı, geceleri paraşütle atlamayı ve hızla kaçmak amaçlı araba kullanmayı öğrenmeye bayılmayacak bir genç adam bulmanız mümkün mü!

Ama o noktaya ulaşmak çok zaman almıştı.

O yıllarda Trucker'la pek çok arkadaşımızı da sınava girmeye ikna etmeye çalıştık ama maalesef hiçbiri o yolda çok ilerleyemedi. Bu hayat herkese göre değildi.

Bu arkadaşlardan biri bana bir keresinde Özel Kuvvetler'de çalışmak için gereken kişilik özelliklerini sordu. Ben de gerekenlerin bana göre şunlar olduğunu söyledim; kendini motive edebilmek, dirençli olmak, sakin kalabilmek ve karanlık anlarda bile gülümseyebilmek. Soğukkanlı olmak, hızlı tepki verebilmek ve "doğaçlama git, adapte ol ve üstesinden gel" zihniyetine sahip olmak. Ah, bir de kritik anlarda kararlı davranmak.

Sonraki olaylara bakınca bu özelliklerden bütün hayatım boyunca, Everest'e çıkmak gibi büyük maceralarımdan "Escape to the Legion", "İnsan Doğaya Karşı", "Worst Case Scenario" ve "Born Survivor: Bear Grylls" gibi programları çektiğim zamanlara, her zaman çok yararlandığımı görüyorum. O kadar da zor bir şey değil. Sadece önemli anlarda cesur olmak gerekiyor. Ben de bunu hep çok sevmişimdir.

Ama, ve bu gerçekten büyük bir ama, o kazaya karıştığımda bu kişilik özelliklerine ne kadar ihtiyaç duyacağıma dair en ufak bir fikrim yoktu. Özel Kuvvetler sınavı gibi, bazı şeylere hazırlıklı olmak neredeyse imkânsızdır.

Afrika'nın göklerinde, dümdüz çölün üzerinde olduğumuz o soğuk gece bütün hayatımı değiştiren bir dönüm noktasıydı.

ÜÇÜNCÜ BÖLÜM

"Zorluklar eşsiz bir öğretmendir."
Benjamin Disraeli

66

1996'nın yazında Güney Afrika'daki Transvaal'ın kuzeyinde bir avlanma bölgesinde geyikleri diğer hayvanlardan ayrı tutma ve yasadışı avlanan insanları tarladan uzak tutma konusunda yardımcı oldum. Siyahi işçilerle birlikte çalışıyordum. Bu ayrıcalık için bir de bana para ödüyorlardı.

Bir keresinde boş bir vaktimde biraz eğlenmek için kuzeye, Zimbabve'ye gitmeye karar verdim. Eve, İngiltere'ye dönmeden önce bana verilen parayı biraz harcamak istiyordum.

Benim için eğlence demek; yakın arkadaşlarımla paraşütle serbest atlama ve akşam da arkadaşlarımla soğuk bir şeyler içmekti. Hayat güzeldi.

***

Güneş batmaya başlıyordu ve Afrika güneşinin parlaklığı yerini günbatımının yumuşak renklerine bırakıyordu. Birlikte küçük bir uçağa bindik. Ayağıma kramp girmeye başladı. Ayaklarımı gevşetip kan akışının devam etmesi için uğraştım.

Her zamanki yerden yaklaşık beş bin metre yükselirken kimse göz teması kurmuyordu. Herkes kendi küçük dünyasındaydı.

Uçak yüksekliğini sabitledi. Herkes tekrar canlandı ve ekipmanlarını tekrar tekrar kontrol etmeye başladı. Kimileri kapıya uzandı. Kapı kayarak açılınca motorun ve saatte yetmiş kilometre hızla yanımızdan geçen havanın sesi sessizliği bozdu.

"Kırmızı."

Kırmızı ışık yanıp sönerken her şey garip bir biçimde sakin görünüyordu. Işık yeşil oldu.

"Atlayın."

Birer birer açık kapıdan atladık ve hızla düşmeye başladık. Kısa süre sonra uçakta sadece ben kalmıştım. Aşağı baktım, alışkın olduğum gibi derin bir nefes aldım ve kendimi aşağı bıraktım. Rüzgâr vücudumu ikiye katlarken hareketlerime nasıl karşılık verdiğini hissedebiliyordum. Bir omzumu indirdiğim gibi rüzgârın beni döndürmeye başladığını fark ettim. Ufuk gözlerimin önümde hareket ediyordu. Bu duygu sadece, "gökyüzünün özgürlüğü" olarak biliniyordu.

Benden önce atlayanları aşağıda küçük noktalar olarak görebiliyordum ama sonra bulutların arasında kayboldular. Birkaç saniye sonra ben de bulutların arasındaydım. Yüzümü ıslatıyorlardı. O beyazlığın arasından hızla düşmeyi ne çok sevmiştim!

2500 metre. İpi çekme zamanı.

Sol kalçama uzanıp ipi kavradım ve bütün gücümle çektim. Önce normal bir şekilde çalışmaya başladı. Saatte 130 kilometrelik düşüşümün sesini paraşütün açılmasıyla çıkan ses böldü. İniş hızım saatte 25 kilometreye düştü.

Sonra yukarı bakıp bir sorun olduğunu fark ettim, hem de büyük bir sorun. Üzerimdeki şekil düzgün bir dikdörtgen değildi. Paraşütüm kendi kendine dolanmış görünüyordu. Yani bu paraşütü kontrol etmek inanılmaz derecede zor olacaktı.

Yönümü ayarlayan iplerin ikisini de tutup bütün gücümle çektim. Ne kadar işe yarayacaklarını görmek istiyordum. İşe yaramadılar.

Paniklemeye başladım. Çölün gitgide yaklaştığını görüyordum. Her şey netlik kazanmaya başlıyordu. İnişim hızlı, fazlasıyla hızlıydı. Elimden geleni yapıp bu hızla inmek zorundaydım.

Ben daha ne olduğunu anlamadan yedek paraşütümü kullanabileceğim noktayı geçmiştim. Şimdi yere hızla yaklaşıyordum. Korkudan paraşütü çok sert ve çok yükseğe uçacak şekilde açtım. Bu hareket vücudumu yukarı çekti ve sonra beni çölün toprağına sertçe düşürdü. Bedenim oyuncak bebek gibi yerden sekti ve tozla çamurun içine tekrar düştüm. Orada inleyerek öylece uzandım.

Tam sırtımın üzerine düşmüştüm ve sırtıma takılı olan sıkıca paketlenmiş yedek paraşüt arkamda semsert, kare bir taş gibiydi. Düşüş yüzünden bu taş gibi sert paraşüt omuriliğimin ortasına girmiş gibi hissediyordum.

Ayağa kalkamadım; sadece acıyla tozun toprağın içinde yuvarlanıp inliyordum. Orada toprağın içinde yatarken ağlıyor, arkadaşlarımın gelip bana yardım etmelerini bekliyordum. Her şeyi mahvetmiştim. Hayatta sadece bir şansımız vardı ve o acı dolu anda o şansı mahvettiğimi çok iyi biliyordum. İçimde hayatın bir daha asla aynı olmayacağına dair bir korku vardı.

Kriz hâlinde, bir bayılıp bir ayılarak öylece uzanıyordum. Birlikte atladığım arkadaşlarım beni yerden kaldırırken hâlâ acı içinde inliyordum. Gözlerim sımsıkı kapalıydı ve bu uzayıp giden bıçak gibi ağrıyla kıvranıyordum.

Birinin paraşütümde büyük bir delik olduğunu söylediğini duydum. Bu, paraşütü kontrol etmenin neden o kadar zor olduğunu açıklıyordu. Ama kurallar basitti ve ben de bu kuralları biliyordum; eğer paraşütü kontrol etmek mümkün değilse onu kesip bir süre tekrar paraşütsüz düştükten sonra yedek paraşütü açmam gerekiyordu.

Kontrol edebileceğimi düşünerek ben bunu yapmamıştım. Yanlış düşünmüştüm.

Sonra eski bir Land Rover'a bindirilip hızla en yakın hastaneye götürüldüğümü hatırlıyorum. Beni içeri taşıyıp dikkatle bir tekerlekli sandalyeye oturttular. İki hemşire beni koridorun sonuna götürdü ve orada bir doktor durumumu değerlendirdi. Beni her muayene etmeye çalıştığında acıyla yüzümü buruşturuyordum. İkide bir doktordan özür dilediğimi hatırlıyorum.

Daha sonra doktorun uzun bir iğneyi eline aldığını ve bana batırdığını hatırlıyorum. Acı ânında kesildi. O bulanık zihnimle hemen ayağa kalkıp yürümeye çalıştım. İki hemşire beni tutup yatırdı. O sırada bir doktorun İskoç aksanıyla (Afrika'nın ortasında olduğumuz için bu bana çok garip gelmişti) bana tekrar yürümeme daha çok olduğunu söylediğini hatırlıyorum. Bundan sonrasına dair pek bir şey hatırlamıyorum.

Uyandığımda yeşil beresinde kocaman tüy olan bir adam üzerime eğilmişti. *Hayal görüyor olmalıyım*, diye düşündüm. Gözlerimi kırptım ama adam hâlâ aynı yerdeydi. Sonra kusursuz bir İngiliz aksanıyla ama kelimeleri hafifçe yutarak konuştu.

"Nasıl hissediyorsun asker?"

Güney Afrika'daki İngiliz Askerî Danışma Ekibi'nin liderliğini yapan albaydı bu. Durumumun nasıl olduğunu görmeye gelmişti.

"Yakında seni İngiltere'ye götüreceğiz," dedi gülümseyerek. "Biraz daha dayan asker."

Son derece iyi biriydi ve o iyiliğini hiçbir zaman unutmadım. Benimle görevinin ötesinde ilgilendi ve ülkeme en kısa zamanda dönmem için bana yardım etti. Sonuçta hastanelerinin harika olmasıyla bilinen bir ülkede değildik.

İngiltere'ye uçuşum bir uçağın arkasında üç koltuğa uzanmış hâlimle, hızla geçti. Afrika güneşinin sıcağı altında asfalttaki bir sedyeye yatırılmıştım. Umutsuz ve yapayalnız hissediyordum. Kimse bana bakmadığında durmadan ağlardım.

Kendine bir bak Bear, kendine bir bak. Evet, mahvoldun sen!

Sonra da yorgunluktan uyuyakalırdım.

Heathrow'da beni bir ambulansla karşıladılar ama sonunda ailemin ısrarıyla eve götürüldüm. Gidebileceğim başka hiçbir yer yoktu. Annem de babam da benim için üzülmekten yorgun düşmüş görünüyordu. Yaşadığım fiziksel acının üzerine bir de onları bu kadar üzdüğüm için son derece suçlu hissediyordum. Bunların hiçbiri hayat planıma dâhil değildi.

Hiç hayal edemeyeceğim, hiç beklemediğim bir şekilde korkunç bir saldırıya uğramıştım. Böyle şeyler bana olmazdı. Ben her zaman şanslı bir çocuk olmuştum. Ama beklenmedik bir şekilde başımıza gelen olaylar bizi biz yapan şeyler olabilir.

68

Daha sonraki günlerde neredeyse her gün hastanedeydim. Filmlerimi çektiler, dokunup problemi hissetmeye çalıştılar, sonra da bunların hepsini emin olmak için bir daha yaptılar.

T8, T10 ve T12 omurlarım zarar görmüştü. Gün gibi ortadaydı. X-ray'den saklanamazsınız.

Bunlar sırtımın ortasındaki en önemli omurlardı. Ayrıca kırılması en zor olan omurlar...

Doktorlara sürekli, "Düzgün yürüyebilecek miyim?" diye soruyordum. Ama kimse bana bir cevap vermiyordu ve en kötüsü bunun cevabını bilmemekti.

Doktorlar hemen ameliyat yapma konusunda acele etmemenin daha iyi olduğuna karar verdi. Genç ve formda olduğum için iyileşme konusundaki en büyük şansımın beklemek ve vücudumun bu yaralanmaya nasıl tepki vereceğini görmek olduğuna karar verdiler ve haklıydılar.

Hepsinin söyleyip durduğu tek şey, "normalin üstünde şanslı olduğumdu." Omuriliğimi parçalamanın ve bir daha asla hareket edememenin kıyısından döndüğümü biliyordum.

Bana sevgiyle "mucize çocuk" diye hitap etmeye başladılar. Mucize miydi, değil miydi bilmiyorum ama ne zaman azıcık sağa ya da sola hareket etmeye çalışsam inanılmaz bir acı hissediyordum. Korkunç bir acı içinde olmadan bulunduğum yerden başka bir yere kaymam imkânsızdı.

Ne zaman yataktan kalksam etrafımı kaplayan büyük metal bir tele tutunmam gerekiyordu. Sakat gibi hissediyordum. Sakattım. Bu korkunç bir şeydi.

Mahvolmuştum.

Aptal, aptal Bear! Eğer paniklemeseydin ya da paraşütü erkenden kesip attıktan sonra yedek paraşütü açsaydın doğru düzgün inebilirdin.

Yapabileceğim en kötü şeyi yapmıştım; ne hemen yedek paraşütü açmış ne de normal paraşütümle düzgünce inmeyi başarabilmiştim. Eğer daha akıllı, daha sakin ve hızlı davransaydım bu kazayı önleyebileceğimi düşünüyordum. Yanlış hareket etmiştim ve bunu biliyordum. Bir daha bu konularda asla yetersiz kalmayacağıma yemin ettim.

Bu tecrübe bana çok şey öğretmişti ve buradan çıktıktan sonra dünyadaki en sakin davranan ve en hızlı adam olacaktım. Ama şimdilik tek yapabildiğim ağlamaktı.

***

Uyandığımda ter içinde ve nefes nefeseydim. Bu kâbusu üçüncü görüşümdü; o korkunç düşme ânını tekrar yaşıyor, kontrolü kaybedip hızla yere yaklaşıyordum.

İki aydır öylece uzanıyor, güya iyileşiyordum ama daha iyiymiş gibi hissetmiyordum. Aslına bakarsanız sırtım daha da kötü gibi geliyordu. Hareket edemiyor ve gitgide daha sinirli biri hâline geliyordum. Kendime ve her şeye kızgındım. Kızgındım, çünkü çok korkuyordum. Planlarım, geleceğe dair bütün hayallerim yıkılmıştı. Artık hiçbir şey kesin değildi. Özel Kuvvetler'de kalabileceğimi sanmıyordum. İyileşip iyileşmeyeceğimi hiç bilmiyordum. Hareket edemeden öylece uzanıp sinirle terlerken bütün bunlardan sadece kendi iç dünyama kaçabiliyordum. Hâlâ yapmayı hayal ettiğim bir sürü şey vardı.

Odama baktım ve duvara asılı, kenarı eğilmiş Everest posterimi gördüm; babamla o çılgın hayalimiz. Bir sürü diğer hayal gibiydi bu da şimdi. O kadar, ne daha azı ne de daha fazlası. Toz içinde... Asla gerçek olmayacak. Ve Everest gerçek olamayacak kadar, her zamankinden uzak görünüyordu.

Haftalar sonra metal desteğime tutunarak posterin yanına gittim ve duvardan indirdim.

İnsanlar bana hep omurgamı kırdıktan sonra iyileştiğime göre o dönem oldukça pozitif olduğumu düşündüklerini söyler ama bu gerçek değil. O dönem hatırladığım en karanlık, en korkunç zamanlardı.

Canlılığımı ve heyecanımı kaybetmiştim ve beni ben yapan en büyük şeyler de bunlardı. Ve bir kere o heyecanı kaybettiniz mi yeniden kazanmak çok zor oluyor.

Askerlik yapmayı ya da tırmanmayı bırak, tekrar yürüyebilecek kadar güçlenebileceğimden bile emin değildim. Hayatımın kalanının ne olacağına gelince mi? O sırada baktığım yerden her şey çok kötü görünüyordu.

Gençliğin getirdiği o sonsuz kendine güvenim kaybolmuştu. Fiziksel olarak ne yapabilecek duruma gelebileceğime dair hiçbir fikrim yoktu ve bu gerçekten çok zordu. Beni ben yapan şeyler genelde fiziksel yeteneklerimdi. Şimdi kendimi savunmasız ve zayıf hissediyordum. Ayakkabı bağlarımı bağlamak için bile eğilememek ya da sırtımı yıkamak için acı içinde olmadan biraz bile öne eğilememek insanı umutsuz biri yapıyor.

Özel Kuvvetler'deyken hem bir amacım hem de arkadaşlarım vardı. Odamda tek başıma uzanırken bunların ikisini de kaybetmiş gibi hissediyordum. Bu, verdiğimiz en zorlu mücadele olabilirdi. Daha bilinen adıyla bu, çaresizlikti.

İyileşmem gerçek bir dağa tırmanmak kadar zor olacaktı. Fark etmediğim şeyse iyileşmemin anahtarı olacak şeyin bir dağ, o dağ olduğuydu; Everest: Dünyanın en büyük ve zorlu dağı.

Bazen oturup hayatımızı yakalamamız için bir şeyin bizi itmesi gerekiyor ve ben de bunun en büyüğünü yaşamıştım.

Bütün o çaresizliğin, korkunun ve mücadelenin içinde bana umut ışığı olacak bir şey vardı ama ben daha bunun farkında değildim. Bildiğim tek şey; bir şeyin bana tekrar umut vermesine ihtiyacım olduğuydu. O canlılığı, hayatımı geri kazanmalıydım. Bu umudu inancımda, ailemde ve maceralara atılma hayallerimde buldum.

İnancım bana korkmam ya da endişelenmem gereken hiçbir şey olmadığını söylüyordu. Her şey yolundaydı. Hastaneye gidip geldiğim o dönemde bütün o acıya ve çaresizliğe rağmen sevginin ve umudun varlığını hissedebiliyordum. Hayatım Hz. İsa'nın ellerinde güvendeydi. O lütuf benim için o günden beri her zaman çok önemli bir şey oldu.

Ailem de buna yakın şeyler söylüyordu.

"Bear sen gerçekten aptalsın ama biz seni yine de seviyoruz, her zaman seveceğiz."

Bu, benim için çok büyük bir şeydi ve bulmaya çalıştığım cesaretin bir kısmını geri getirmişti.

Sonunda artık hayallerim tamamen imkânsız değildi. O eski hayallerim bir kez daha canlanmıştı. Hayatın bir armağan olduğunu fark etmiştim. Bunu başkalarına kıyasla en iyi öğrenen bendim. Annem bana armağanlar karşısında her zaman minnettar olmayı öğretti. Yavaş yavaş gücümü ve cesaretimi tekrar kazanırken asıl önemli olanın yaşadığımız anda cüretkâr bir şeyler yapmak olduğunu fark ettim.

Öyle ya, bir ağacın altına gömülen hediyenin bir değeri yoktur.

Bir gece yatağımda tek başıma uzanırken kelimelere döktüğüm, sesli, bilinçli bir söz verdim kendime; *tekrar tırmanabilecek kadar iyileşirsem hayallerimin peşinden sonuna kadar koşacaktım.*

Klişe mi? Bu benim tek umudumdu.

Hayatımı kollarım açık yaşamayı seçiyordum. Hayatı boynuzlarından yakalayıp bitene kadar istediğim yere sürecektim.

Hayat bize genelde ikinci bir şans vermez ve eğer verirse minnettar olun.

Bana bu zorlu yolda yardım ettiği için göklerdeki Tanrıma her zaman minnettar olacağıma yemin ettim.

***

Yatakta üç ay geçirdikten sonra Londra'nın hemen dışındaki Headley Court'taki Askerî Rehabilitasyon Merkezi'ne gönderildim. Şimdi biraz yürüyebiliyordum ama sürekli acı içindeydim.

Headley Court ve oradaki bütün ekip gerçekten harikaydı. Bana odaklanacak şeyler ve bir plan verdiler; açık hedefler belirleyip umudumu tekrar kazanmama yardım ettiler.

Tedavi oldukça yoğun bir süreçti. Bazen günde yaklaşık on saat "çalışırdım." Bir saat minderin üzerinde esnerdim, bir saatimi havuzda geçirirdim, bir saatimi danışmanla geçirip bir saat de fizyoterapi yapardım. (Hem de güzel hemşirelerle!) Bir saat süren hareket dersinden sonra öğle yemeği yiyip yine aynı şekilde devam ederdik.

Yavaş yavaş hareket etme yeteneğim geri geldi ve acı azalmaya başladı. Sonunda kazadan yaklaşık sekiz ay sonra Rehabilitasyon Merkezi'nden ayrıldığımda gerçekten iyileşmekteydim.

Bir gece kimse görmeden dışarı çıkıp bir trene atladığımda ve eve gidip motosikletimi aldıktan sonra üzerimde hâlâ metal desteğimle motorumun üzerinde güneş doğmadan Headley Court'a vardığımda gitgide daha iyi olduğumu fark etmiştim.

Hemşireler beni görseydi çok kızardı ama motorum bana özgürlüğümü geri veriyordu. Ayrıca bu tehlikeli ama başarılı görev heyecanımın ve canlılığımın geri geldiğini gösteriyordu. Tekrar gülümsüyordum.

70

Kazadan hemen önce Cambridge'de öğrenci olan harika bir kızla tanışmıştım.

Yeni edindiğim motorumla Rehabilitasyon Merkezi'ndeki son akşam yürüyüşümüzün ardından çılgın gibi yola çıkar ve onu görmeye giderdim. Onu yemeğe götürür, akşam yanında kalırdım. Sonra da sabah 4'te uyanıp sabah yürüyüşünden önce iki saatte Headley Court'a dönmek için zamanla yarışırdım.

Hemşirelerin hiç haberi yoktu. Kimse birinin bu kadar aptal olabileceğini düşünmemişti.

Kışın ortasında o kadar üşürdüm ki deri montumun üzerinde sırtımdaki metal destekle ilerlerken bir elimi motorun üzerinde ısıtır, o ısınınca da motoru o elimle kontrol ederken diğer elimi ısıtırdım. Dikkatsizlik ve kötü sürücülük. Ama çok eğlenceliydi.

Ama kısa süre sonra o ilişki yavaşça miadını doldurdu. Cambridgeli kız benim için fazla zekiydi ve ben de pek güvenilir bir erkek arkadaş sayılmazdım.

***

İyileşmeme yardım eden kararlılığın çoğu Everest etrafında dönüyordu. Bana ulaşabileceğim bir amaç, bir hedef vermişti; ne kadar zor olsa da.

Ailemdeki kimse bunu ciddiye almamıştı. O sıralarda ancak yürüyebiliyordum tabii ama ben son derece ciddiydim. Garip bir biçimde hemşirelerin hiçbiri benimle dalga geçmedi. Onlar iyileşmenin tamamen kararlılık ve hedeflerle alakalı olduğunu biliyordu. Ama aynı zamanda birkaçının gerçekten bunu yapmamın mümkün olduğuna inandığını hissediyordum.

Pek çok İngiliz Everest'e tırmanmaya çalışmış ama sadece iki kişi zirveye çıkabilmişti. Bunlar ülkenin en güçlü ve tecrübeli iki dağcısıydı. İkisi de Özel Kuvvetler askeriydi ve fiziksel güçlerinin zirvesindeydiler. Başarmışlardı ama inanılmaz bir güçlükle tepeye çıkmış, hayatlarını zor kurtarmışlardı. Buz yanıklarıyla ve bazı organlarını kaybetmekle mücadele etmek zorunda kalmışlardı.

Şimdilik bütün bunlar işin bilimsel kısmıydı. Önemli olan güçlenmeyi hedeflememe yardımcı olan bir amacımın olmasıydı. Ne kadar gerçekten uzak ve çılgınca görünürse görünsün.

Hayat bana bir hedefi olan insanlar karşısında, özellikle de hayatın kıyısında sendeleyerek yürüyen insanlara dikkat etmemi öğretti. Bunlar insana gücü anlatılamaz bir kararlılık ve dikkatsizlik veriyor.

Aynı zamanda bu, insanları eğlenceli kişiler yapabiliyor.

***

Kısa süre sonra rehabilitasyon merkezinden Özel Kuvvetler'e gönderildim. Ama doktorun profesyonel görüşü paraşütle atlamam gereken görevlere katılmamam yönündeydi. Fazla riskliydi. Gece bütün ekipmanımla yanlış bir atlayış yapsam düzelen omuriliğim tamamen kırılabilirdi. Sırtımızda inanılmaz ağırlıklar taşıdığımız uzun yürüyüşlerden hiç bahsetmedi ama.

Bütün Özel Kuvvetler askerleri Özel Kuvvetler'de çalışmayı planlayan biri için zayıf bir sırtın hiç iyi olmadığını bilir. Yıllarca yürümekten ve zıplamaktan kaç askerin sırtının ve dizlerinin plakalar ve çivilerle düzeltildiği artık bir klişedir.

İçten içe Özel Kuvvetler'de çalışabilecekmişim gibi görünmediğimi biliyordum ve bu, kabullenmesi zor bir şeydi. Ama eninde sonunda yüzleşmem gereken bir durumdu. Doktorlar bana uymam gereken tavsiyeler verebilirdi ama nihai kararı vermesi gereken bendim.

Bilindik bir hikâye... Hayat seçimlerimizden ibarettir ve büyük seçimleri yapmak genelde kolay değildir.

Ben de bu kararı vermeden önce kendime biraz zaman vermek istedim.

Bu sırada taburumda diğer ekiplere hayatta kalma konusunda eğitim verme görevini üstlenmiştim. Eski takımım fiziksel eğitimdeyken de istihbaratçılara yardım ederdim. Ama bu benim için çok acıydı. Fiziksel değil, duygusal bir acı; arkadaşlarımın heyecanla, birlikte dışarı çıkıp görevlerini tamamlamalarını ve yorgun ama heyecanlı bir şekilde dönmelerini izlemek. Ben de bunları yapabiliyor olmalıydım.

İstihbarat ekibiyle oturup onlara çay yapmaktan nefret ediyordum. Kabullenmeye çalışsam da içten içe burada olma sebebimin bu olmadığını biliyordum. Özel Kuvvetler'le inanılmaz birkaç yıl geçirmiştim. En iyilerle en iyi yerlerde eğitim aldım ama bu işi tam yapamayacaksam hiç yapmak istemiyordum.

Askerlik böyle bir şeydi işte. Gücünü korumak için kişinin en iyi olduğu yerlere odaklanması gerekiyordu. Uzun mesafelerde hiçbir şey taşıyamazken ve paraşütle atlayamazken işe yaramaz bir askerdim. Bu beni üzüyordu.

Kazadan sonra hayatımı farklı yaşamaya yemin etmiştim. Cesur olmaya ve o yol beni nereye götürürse götürsün hayallerimin peşinden gitmeye karar vermiştim. Böylece taburumdan sorumlu albayı görmeye gittim ve kararımı ona söyledim. Beni anlayışla karşıladı ve söz verdiği gibi Özel Kuvvetler ailesinin ihtiyaç duyduğum her zaman yanımda olacağını söyledi.

Taburum bana bir sürü içki ısmarladı ve görevden ayrıldığımda bana bronz, küçük bir heykel verdiler. (Bugün bu heykel şöminemin üzerindeki rafta duruyor ve oğullarım askercilik oynarken kullanıyor.) Ben de eşyalarımı toplayıp Özel Kuvvetler 21. Birim'den dönmemek üzere ayrıldım.

O gece çok fazla içtiğimi kabul etmem lazım.

Sizi öldürmeyen her şey sadece daha güçlü biri olmanızı sağlar. Ve büyük resme bakınca hayatta kalmış ve daha güçlü bir insan olmuştum, fiziksel olarak olmasa da ruhsal olarak. Bütün hareket etme yeteneğimi kaybetmenin sınırına gelmiştim ve Tanrı'nın lütfuyla bu hikâyeyi anlatabilecek kadar yaşadım. Çok şey öğrenmiş ama hepsinden çok oynadığım kartları anlamaya başlamıştım. Şimdiki problem işimin ve paramın olmamasıydı.

Para kazanmak ve hayallerinin peşinden gitmek insanı farklı yönlere çekebilir. Bu zorluğu hisseden ilk insan ben değildim.

Everest'e tırmanma hayalim benim için "ya yaparsın ya da ölürsün" gibisinden bir görevdi. Eğer Everest'e tırmanırsam tepeye ulaşan en genç dağcılardan biri olacaktım. Bu da bana daha sonra dünyayı keşfetme ve bunun hakkında konuşmalar yapma ya da gezi lideri olma konusunda yardımcı olabilirdi. Bunu diğer gezilerim için sponsorlar kazanmak amacıyla kullanabilirdim. Ama öbür taraftan başarısız olursam ya dağda ölecek ya da eve beş parasız şekilde dönecektim. Ne bir işim ne de bir özelliğim olacaktı.

Aslına bakarsanız benim için zor bir karar değildi. İçten içe yapmam gereken şeyin tırmanmaya gitmek olduğunu biliyordum. Ayrıca ben hiçbir zaman o eski düzenbazdan, yani başarısızlıktan korkan biri olmamıştım. Hiçbir zaman insanı hayran bırakmak için dağa tırmanmamıştım. Sadece biraz becerebildiğim bir şey olduğu için tırmanmıştım ve şimdi Everest adında bu yeteneği daha da ilerletmeme yardımcı olacak bir fırsatım vardı. Ayrıca başarısız olsam bile büyük ve cesaret gerektiren bir şeyi denerken başarısız olacaktım. Bu fikri sevmiştim.

Bir de yarı zamanlı bir üniversiteye kaydolabilirdim. (Dersleri Everest'ten e-maille takip edecektim.) Böylece başarısız olsam bile MI5'ta bir yerim olacaktı. (Bazen arkada birkaç emniyet ağı bırakmak iyi olabiliyor.)

***

Hayat ilginç...

Bir şeye kararlılıkla yaklaşıyor, evrene bazı sinyaller gönderiyorsunuz ve olaylar sizin istediğiniz şekilde gelişmeye başlıyor. Ben bunun sık sık gerçekleştiğine tanık oldum.

Şirketlere Everest'e çıkarken sponsorum olmaları için mektup yazmaya başladıktan bir ay sonra (Everest'e tırmanacak bir ekibi nereden bulacağıma dair hiçbir fikrim yoktu) askerlikten tanıdığım eski bir arkadaşımın Everest'in güney yüzüne tırmanacak İngiliz bir ekip toplamaya çalıştığını duydum.

Kaptan Neil Laughton'la sık sık karşılaşırdım ama kendisini pek yakından tanımıyordum. Neil Laughton eski deniz piyadesiydi. İri yarı, kararlı ve sonradan öğrendiğime göre tanıdığım en azimli adamlardan biriydi. Neil iki yıl önce, yani dağa tırmanmaya çalışan sekiz kişiyi yirmi dört saat içinde öldüren bir fırtınanın yaşandığı yıl, Everest'in tepesine çok yaklaşmıştı. Ama bütün bu risklere ve Everest'te tanık olduğu ölümlere rağmen kesinlikle tekrar denemeye hazırdı.

Pek çok insan neden bu dağın insanları buzlu yüzlerinde hayatlarını tehlikeye atmaya çektiğini anlamakta zorlanıyor. Hepsi tepedeki o tek, yalnız bir an için... Bunu anlatmak zor olabilir ama ben aynı zamanda bu sözü de doğru buluyorum; "Eğer sorman gerekiyorsa hiçbir zaman anlamayacaksın."

Bunun benim ilk gerçek ve muhtemelen tek Everest'in zirvesinde durma hayalimi gerçeğe dönüştürme şansım olduğunu hissetmiştim. İçten içe bu şansımı değerlendirmem gerektiğini biliyordum.

Neil, Everest ekibine katılmama bir şartla izin verecekti; Ekim'de Himalayalar'a yapılacak gezide iyi bir performans göstermem gerekiyordu. Neil'la telefonda konuştuktan sonra iyi ya da kötü, hayatımı sonuna kadar değiştirecek bir karar verdiğimi hissetmeye başladım.

Ama yeni bir başlangıç istemiştim ve bu da o başlangıç olacaktı. Tekrar hayatta hissediyordum.

Birkaç gün sonra bu kararı aileme söyledim. Annem, babam ve özellikle ablam Lara benim bencil, zalim ve sonra da aptal olduğumu söyledi. Sonunda eğer dağda ölürsem annemin babamı boşayacağı şartıyla isteğimi kabul ettiler, çünkü annemin gözünde kafama yıllar önce bu "saçma fikri" yerleştiren babamdı. Babam sadece gülümsedi.

Ama zamanla değiştiler ve en baştaki inatları bana yardım etme konusunda kararlılığa dönüştü. Beni hayatta tutma amacıyla böyle davranıyorlardı. Bana gelince, yapmam gereken tek şey iyi olacağıma dair verdiğim sözü tutmaktı.

Biz Everest'teyken dört kişi hayatını kaybetti; dört yetenekli, güçlü dağcı.

Aileme böyle bir söz vermek yapabileceğim bir şey değildi.

Babam bunu biliyordu.

72

Himalayalar, Hindistan'ın kuzeyinde, 2.735 kilometre boyunca aralıksız bir şekilde uzanıyor. Bu kadar büyük bir dağın boyutunu hayal etmek zor olmalı ama Himalayaları Avrupa boyunca düz bir şekilde serseydiniz Londra'dan Moskova'ya kadar uzanırdı. 7.300 metreden yüksek doksan bir tepesi var ve bu tepelerin hepsi diğer kıtalardaki bütün dağlardan daha yüksek... Bütün bunların tam ortasında da Everest'in tepesi, dünyanın en şanlı zirvesi var.

Bu tepeye ilk olarak 9 Mayıs 1953'te Edmund Hillary ve Sherpa Tenzing Norgay tarafından ulaşılmıştı. Daha önce pek çok kişi bu zirveye çıkmaya çalışmış ve pek çok kişi bu imkânsız görülmeye başlayan hedefin peşindeyken ölmüştü.

1990'larda Everest'e tırmanmak isteyenlerin sayısında reklam amaçlı geziler sayesinde büyük bir artış görüldü. Artık dağcılar Everest'e tırmanma girişiminin bir parçası olmak için 60.000 Dolar ödeyebilirdi ama bu, aynı zamanda gerçek dağcılık yeteneklerinden yoksun insanların da bu dağa "tırmanmalarına" kapı açmıştı. Gezi liderlerinin üzerinde bu fiyatın karşılığını verme baskısı olduğu için katılımcılar genelde gerekli tecrübe olmadan kendilerini fazla yükseklerde bulur ve felaketleri resmen çağırırlardı.

Sonra 1996'da korkunç bir fırtına ve dağcıların tecrübesizliği bir araya gelerek üzücü bir trajediye neden oldu. Bir gecede sekiz kişi hayatını kaybettikten sonra, sonraki hafta içinde üç kişi daha dağda hayatını kaybetti. Ama yukarıda ölenler arasında sadece acemiler yoktu.

İçlerinde dünyanın en iyi dağcılarından biri olarak bilinen Rob Hall de vardı. Korku dolu bir dağcıyı kurtarmaya çalışırken oksijensiz kalmıştı. Soğuk, oksijen yetersizliği ve yorgunluğun ölümcül kombinasyonu yüzünden çökmeye başlamıştı.

Nasıl olduysa gece ilerledikçe sıcaklık düştü ama Rob direnmeyi başardı. 9.000 metre yukarıda, -15 derecede Rob o geceyi geçirmeyi başardı. Şafak vakti üslerindeki uydu telefonuna bağlı radyosundan karısı Jan ile konuşmuş. Karısı ilk çocuklarına hamileymiş ve Rob eşiyle konuşurken herkes kımıldamadan onu dinlemiş.

"Seni seviyorum. İyi geceler sevgilim. Lütfen benim için çok endişelenme."

Bu, onun son sözleriydi.

Dersler açıktı; dağa saygı duymalı ve yükseklikle kötü havanın en iyi dağcılara bile neler yapabileceğini anlamalısın. Ayrıca asla doğayı kışkırtmaya çalışma. Everest kadar büyük bir dağa tırmanırken para hiçbir şeyin garantisi değil, özellikle güvende olmakla hiç alakası yok.

***

Everest'te olduğumuz için aramızda bu büyük tırmanışı daha önce yapanlar da vardı. Şimdiye kadar Everest'e tırmananların arasında kör bir adam, takma bacaklı bir adam ve Nepalli bir genç bile vardı. Ama bunlara aldanmayın. Ben bu dağı asla küçümsemedim. Hâlâ yüksek olduğu kadar tehlikeli bir dağ... Ben sadece bir şekilde Everest'e tırmanmayı başaran bu dağcılara hayranlık duyuyorum.

İnsanlar nasıl egemenlik kuracaklarını ve nasıl fethedeceklerini öğreniyor. Biz böyle yaratıklarız. Ama dağlar hep aynı... Bazen dönüp bize öyle bir saldırabiliyorlar ki korkuyla geri çekilmek zorunda kalıyoruz.

Bir süreliğine...

Sonra geri dönüyoruz. Akbabalar gibi... Ama kontrolü elinde tutanlar asla bizler değiliz.

Bu yüzden Nepal'de Everest gökyüzünün ana tanrıçası olarak bilinir. Bir dağcı olarak öğrenebileceğiniz en önemli ders saygıdır. Dağa tırmanabilmenizin tek sebebi dağın buna izin vermesidir.

Eğer zirve size beklemenizi söylüyorsa, o zaman beklemek zorundasınız. Eğer devam etmenize izin verirse, o zaman o oksijeni az havada bütün gücünüzle mücadele ederek ilerlemeniz lazım.

Hava dakikalar içinde değişebilir, fırtına bulutları zirveyi sarabilir. Jet rüzgârları dört bin kilometre yükseklikteki tepeyi çevrelerken Everest'in tepesi inatla hepsinin üzerinde durur. Bu neredeyse saatte 150 kilometreyle esen rüzgârlar Everest'in tepesinden karların dökülmesine neden olur.

Bu dağa saygı duymamız gerektiğini asla unutmamızı sağlar. Yoksa ölürsünüz.

Ama o zamanlar dünyadaki en büyük azme de sahip olsam sponsor bulamazsam hiçbir yere tırmanamayacaktım. Ve bunun ne kadar zor olacağından hiç haberim yoktu.

Sponsorluk teklifinin nasıl hazırlanacağına, kendi hayalimi nasıl bir şirketin fırsata dönüştüreceğine dair hiçbir fikrim yoktu. Büyük bir şirketin kapılarını nasıl açacağımı, nasıl adımı duyuracağımı hiç bilmiyordum. Bunun üzerine ne bir takım elbisem ne bir geçmiş performansım ne de medyanın beni dikkate alacağını gösterecek bir özelliğim vardı. Kocaman bir deve karşı plastik bir çatalla dövüşüyor gibiydim ve reddedilme konusunda hızlı bir ders alacakmışım gibi görünüyordu.

Bu durumu Churchill'in bir sözü çok güzel açıklıyor; "Başarı, hevesini hiç kaybetmeden bir başarısızlıktan diğerine koşabilmektir."

Bütün hevesimle çıkıp başarısız olmaya hazır olmalıydım, ta ki başarana kadar.

***

Potansiyel sponsorların gözünde ben hiç kimseydim. Kısa süre içinde bir insanın kaldıramayacağı kadar çok ret mektubu almıştım.

Hayranlık duyduğum bir girişimci ve maceracı bulmaya çalışınca aklıma sürekli Virgin'ın kurucusu Sir Richard Branson geliyordu. Kendisine bir mektup yazdım. Sonra bir tane daha yazdım. Toplamda yirmi üç mektup göndermiştim. Cevap yoktu.

Öyleyse, dedim, *nerede yaşadığını öğrenip teklifimi bizzat sunmaya gideceğim.*

Ve tam olarak bunu yaptım. Soğuk bir akşam, saat 8'de Richard Branson'ın kocaman kapı zilini çaldım. Biri interkomdan cevap verdi, ben de durumu açıkladım. Evin kâhyası bana teklifimi bırakıp gitmemi söyledi.

Daha sonra ne olduğu çok açık değildi. Sanırım bana cevap veren kişi interkomu kapatmaya çalıştı ama yanlışlıkla kapıyı açma düğmesine bastı. Kapının açılma sesi bana saatlerce sürmüş gibi geldi ama aslında muhtemelen sadece bir iki saniyelik bir şeydi. O sırada düşünecek zamanım yoktu, sadece harekete geçtim ve kapıyı içgüdüsel bir şekilde biraz ittim.

Kendimi bir anda Sir Richard Branson'ın evinin şatafatlı, mermer zeminli girişinde buldum.

"Ah, merhaba," diye bağırdım boş koridora. "Affedersiniz ama kapıyı açtınız."

Boşluğa özür diliyordum. Hemen sonra evin kâhyası merdivenlerden koşarak inip bana gitmem için bağırmaya başladı. Ben de teklif mektubunu sakince bırakıp oradan ayrıldım.

Sonraki gün evine girdiğim için özür dilemek amacıyla çiçek gönderip bu önemli adamın teklifime bir göz atmasını istediğimi yazdım. Gençliğinde onun da böyle şeyler yaptığından emin olduğumu da ekledim. Buna da bir cevap alamadım.

Sonraki hafta Londra'nın merkezinde bisikletle dolaşırken DLE adlı bir şirketin önünden geçtim. Açılımı, Davis Langdon&Everest'ti.

Hmm, diye düşündüm aniden durarak.

Derin bir nefes aldım ve tertemiz, son derece şık resepsiyona girdim ve CEO'yla görüşmek istediğimi, hem çok acil hem de gizli bir görüşme olması gerektiğini söyledim.

CEO'nun sekreteriyle telefonda görüşmeyi başarınca patronunun iki dakikasını bana ayırması için yalvarmaya başladım. Üç denemeden sonra merak ve acıma karışımı bir duygu sebebiyle patronuyla ciddi anlamda sadece iki dakika görüşmeme izin verdi.

İşte bu!

Beni bir asansöre götürdüler ve CEO'nun ofisinin bulunduğu, sakin görünen en üst kata çıktım. Oldukça endişeliydim.

Şirketin başındaki iki adam Paul Morrell ve Alastair Collins içeri girip elinde bir broşür tutan, pejmürde kılıklı bir genç görünce şüpheyle bana baktı. (Daha sonra bana bunun karşılaştıkları en kötü teklif olduğunu söylediler.)

Ama ikisi de beni dinleyecek kadar ince insanlardı.

Mucizevi bir şekilde hayalimi ve azmimi gördüler ve 10.000 Euro karşılığında (bu benim için dünyalara bedeldi ama onlar için sadece bir pazarlama yöntemiydi) bana DLE bayrağını Everest'in tepesine çıkarmam için yardım etmeyi kabul ettiler.

Toplantı odalarına asabilecekleri harika bir resim çekeceğimi söyledim. Ayağa kalktık, el sıkıştık ve o zamandan beri dostluğumuz devam ediyor.

Böyle anlaşmalara bayılıyorum.

74

Şansım dönmüştü. Ama bunun için defalarca reddedilmem gerekmişti.

Bunda bir ders olduğundan eminim. Biri bana inanıp bu bahsi kabul etmişti. Onları hayal kırıklığına uğratamazdım. Bana kendimi gösterme şansını verdikleri için bu insanlara her zaman minnettar olacağım.

DLE bana yardım etmeye karar verince birkaç şirket daha onlara katıldı. Bir insan sizi destekleyince diğer insanların da aynısını yapma konusunda daha rahat hissetmesi çok ilginçti. Sanırım insanların çoğu öncülük yapmaktan hoşlanmıyordu. Ve daha ne olduğunu anlamadan bir anda takımda yer almak için gereken sermayeyi elde etmiştim. (Aslına bakarsanız 600 Euro kadar eksiğim vardı ama babam bana bu konuda yardım etti ve geri ödeyeceğime dair konuşmama bile izin vermedi. Harika bir adam.)

Everest'e tırmanma hayalim gerçeğe dönüşmek üzereydi.

Yıllarca pek çok insan bana nasıl sponsorluk alabileceklerini sordu ama sadece bir büyülü malzeme var; harekete geçmek. Sadece çabalamaya devam etmelisiniz. Ve sonra biraz daha çabalamalısınız.

Eğer hayallerimizin peşinden gitmezsek sadece arzularımız olarak kalacaklar. Hayatta içinizdeki ateşi kendiniz körüklemelisiniz.

Büyük gezileri planlamak genelde can sıkıcı ve zor bir iştir. Bir başka potansiyel sponsorun daha ret mektubunu almanın güzel bir yanı yoktu elbette ve bu dönemde sık sık içimdeki heyecanın neredeyse söneceği noktalara gelmiştim. Bu ateşi canlı tutan harekete geçmekti.

***

Sermayemi güvenceye aldıktan sonra Himalayalar'a yapılacak altı haftalık İngiliz Ama Dablam Gezisi'ne katılmaya gittim. Bu dağlara tırmanmak da hayalimdi ve oldukça ünlü İskoç bir dağcı ve Everest'e gezimizin lojistik kısmıyla ilgilenecek Henry Todd çok ucuz bir ücretle bu geziye katılmama izin vermişti. Bu, benim Henry'ye ve Neil'a kendi başımın çaresine bakabileceğimi ve bu yüksekliklere kendi başıma çıkabileceğimi gösterme şansımdı.

Londra'da güven içinde otururken konuşmak kolay ne de olsa... Şimdi sıkı çalışma ve azmimi gösterme zamanıydı.

Ama Dablam dünyanın en güzel tepelerinden biridir. Bir zamanlar pek çok Himalaya tepesi arasında en yükseğe ulaşan bu tepeye son derece dik yüzlerinden ötürü Sir Edmund Hillary "tırmanılamaz" demişti.

Pek çok dağ gibi, yüzünüzü dağın kendisine sürmeden gittiğiniz yolu tırmanmanın mümkün olduğunu anlayamazsınız. Biraz cesaret ve dikkatle plan yapmayı gerektiriyor.

Ama Dablam dünyaca ünlü gezi şirketi Jagged Globe tarafından en zor tırmanışlarından biri olarak görülüyor. Ama Dablam'a 5D notu vermişler, bu dağa tırmanmanın teknik zorluğunu gösteriyor; "Son derece dik kayalar ve buz. Sürekli bu tür tırmanışlar yapmış yetenekli dağcılar için uygun. Bu seviyedeki tırmanışlar son derece yorucudur ve kilo vermeniz kaçınılmazdır."

Ha, işte Himalayalar böyle.

Ama Dablam'a tırmandığımız o dört haftayı sevgiyle hatırlıyorum. Harika bir uluslararası takımımız vardı. Birkaç yıl sonra başka bir Himalaya tepesinde hayatını kaybeden, son derece zeki Ginette Harrison da bizimle birlikteydi. (Ginette'le tırmanabilmek benim için her zaman bir ayrıcalık oldu. Son derece azimli, güçlü, güzel ve yetenekli biriydi. Ölümü oldukça üzücü ve dağcılık dünyası için büyük bir kayıptı.)

Ama Dablam'a tırmanan ekibimizde Peter Habeler de yer alıyordu. Peter en büyük dağcılık kahramanlarından biri ve Reinhold Messner'la birlikte Everest'e oksijensiz tırmanan ilk kişidir. Yani beni tedirgin eden insanların arasındaydım ama heyecan doluydum.

Dağdaki zamanımın çoğunda tek başıma, kendi dünyamda tırmandım; kulaklıklarımı takar, başımı eğer, elimden geleni yapardım. Bütün bu süre zarfında, sadece 16 kilometre kuzeyimizde Everest'in kendisi yükseliyordu.

Oradaki tırmanışımda pek çok risk almıştım. Şimdi geriye bakınca biraz utanıyorum. İpleri ve tutunacak yer açmayı pek önemsemedim. Daha çok erkenden uyanıp elimde buz baltamla işe girişme taraftarıydım.

Bir keresinde tamamen kayadan oluşan bir yeri tırmanıyordum. Yaklaşık 1.200 metre yükseklikteydim. Kramponlarımın iyi küçük burnuyla tehlikeli bir şekilde kendimi dengelemiştim. Bir Gypsy Kings şarkısı mırıldanıyordum. Rahatlıkla ulaşmamın mümkün olmadığı bir yere tutunmak için uzanıyordum. Atlayıp o çıkıntıyı yakalamak ve yerinde kalmasını umup sonra da aynı şekilde yoluma devam etmek gerçekten cesaret gereken bir şeydi ama bu adımı attım. Daha sonra Ama Dablam'da, o kadar yükseklikte bunun gibi pek çok hareket daha sergiledim.

Bu tür umursamaz dikkatsizlik her zaman sağlıklı bir şey değil. Ama ben heyecanlı ve korkusuzdum. Kazamdan sonra böyle bir tırmanış yapabildiğim için son derece minnettardım. Sonunda ilk kez bir daha güçlü biri olabilmiştim ve semsert buz zeminde yatmak sırtıma çok iyi geliyordu.

Ama böyle bir tavırla tırmanmak oldukça tehlikeliydi. (Şu anda güvenliğime çok daha önem veriyorum bu arada.) Ama kötü bir şey olmadan hızla ve etkili bir biçimde tırmanmaya devam ettim. Öyle ki üç zorlu haftadan sonra kendimi Ama Dablam'ın tepesinde bulmuştum.

Çok yorulmuştum. Tepeye çıkan o son tırmanış insanı tüketiyordu. Zirvede dizlerimin üzerine çöküp elimle yüzümü rüzgârdan koruyarak gözlüklerimin arkasından soluma baktım. Dolanıp duran bulutların arasından Everest'in uzaklardaki tepesini izledim. Son derece tehlikeli bir dev gibiydi. Tepesinden karlar dökülüyordu. Güçlü, etrafından bağımsız duran ve o an bulunduğum noktadan bile neredeyse 2.000 metre yukarıda...

Everest'in çok daha farklı bir mücadele olacağını fark etmiştim. Kendimi neye attığımı durup düşündüm.

Tek parça hâlinde eve varabilmiştim. Ne kadar formda olduğumun farkındaydım ama daha da güçlü olmam gerekiyordu. Everest benden bunu bekleyecek ve karşılığını verecekti.

Her dakikamı antrenman yaparak ve dağlara tırmanarak geçiriyordum; Wales, Lake District ve İskoçya'nın dağları.

O yeni yılda eski bir okul arkadaşım, Sam Sykes, beni onlarda kalmaya davet etmişti. Evi İskoçya'da, Sutherland'in kuzeybatı kıyısındaydı. Dünyadaki en yabani ve kayalıklı bir yerlerden biridir burası ve ben buna bayılıyorum. Aynı zamanda en sevdiğim dağlardan biri olan Ben Loyal'a da ev sahipliği etmekteydi. Bu dağ inanılmaz bir halice bakan, süpürge otlarıyla dolu dimdik kayalardan oluşan bir zirveye sahiptir. O yüzden Sam'lere gidip o dağa tırmanmak için çok da ısrara ihtiyacım yoktu.

Ama bu kez tepelerdeyken hayatımı sonuna kadar değiştirecek kadınla tanışacaktım ve bu olaya acınacak düzeyde hazırlıksızdım.

Kuzeye antrenman yapmak ve tırmanmak için gidiyordum. Sam bana yeni yıl için başka arkadaşlarının da geleceğini söylemiş, hepsini seveceğime dair garanti vermişti.

Harika! Beni tırmanmaktan alıkoymadıkları sürece sorun yok, diye düşündüm.

Kendimi âşık olmaktan daha uzak hissettiğim bir an hatırlamıyorum. Ben hedefi olan bir adamdım. Everest'e tırmanmama sadece iki ay kalmıştı. Âşık olmak kesinlikle aklımda yoktu.

Sam'in arkadaşlarından biri Shara isimli genç bir kızdı. Zarif, güzel ve eğlenceli biriydi ve bana sevgi dolu gözlerle bakıyordu. Bu kızla ilgili farklı bir şey vardı; ne yaparsa yapsın ışıldıyormuş gibi görünüyordu. Ve ben tamamen âşık olmuştum. Yapmak istediğim tek şey onunla takılmak, çay içmek, muhabbet etmek ve yürüyüşlere çıkmaktı.

Çantamı taşlar ve ağır kitaplarla doldurup tek başıma tırmanmaya giderek hislerime karşı savaşmaya çalıştım ama düşünebildiğim tek şey o güzel, sarışın kızın tatlı kahkahası ve bir dağa çıkarken çantamda Shakespeare kitabı taşımanın ne kadar saçma olduğuydu.

Bunun dikkatimi çok dağıtacağının farkındaydım ama aynı zamanda nasıl oluyorsa başka hiçbir şeyin bir önemi yokmuş gibi geliyordu. Sürekli onun yanında olmak istiyordum.

Oradaki üçüncü günümde Shara'ya benimle Ben Loyal'a tırmanmak isteyip istemeyeceğini sordum. Diğerlerine de gelmek isteyen herkesin gelebileceğini söyledim. Erkeklerden hiçbiri gelmek istemeyince Shara da dâhil üç kızdan oluşan bir grupla tırmanmaya karar verdik.

Zirveye ulaşan tepenin dik yokuşlarını çıkmaya başlamadan önce dağın eteğine gelebilmek için çamurlu arazide iki saat yürümek zorunda kaldık. Rotadan çıkmış sayılırdık ama hâlâ kolay yoldan gidiyorduk.

Yaklaşık altmış metre sonra kızlar tükenmiş görünüyordu. Çamurlu arazide bu kadar dolandıktan sonra biraz da tırmanmamızı önerdim. Sonuçta eğlenceli kısım buydu. Hepsi bunu kabul etti ve hızla ilerlemeye devam ettik.

Zirvedeki tırmanması kolay tepeye gelmeden önce süpürgeotlarının oldukça arttığı bir kısım vardı. Yaklaşık yüz metrelik, kısa bir yerdi ve ben kızların hiçbir ip gerektirmeyen bu dik yokuşu tırmanmaktan hoşlanacaklarını düşündüm ama öyle olmadı. Ayrıca deniz manzarası da oradan inanılmazdı. Ama işler planladığım gibi gitmedi.

İlk panik dolu fısıltı büyük bir gürültüyü beraberinde getirdi. Kızların her biri korkularını kelimelere dökmeye başladı. Bir insan paniklemeye başladı mı herkesin iyi olduğu bir andan hiç kimsenin iyi olmadığı bir âna ne büyük bir hızla geçtiğimiz gerçekten ilginçti. Sonra da gözyaşları dökülmeye başladı.

Tam bir kâbus.

Korkuyla dolu kızların her birini teker teker kendi ellerimle tepeden indirmek zorunda kalmıştım. Arkalarında durup ellerini tuttum ve her adımı atmalarına yardımcı olup onları düşmekten korumak için ayaklarını tam olarak benim ayak bastığım yerlere yönlendirdim.

Bu hikâyenin en önemli kısmıysa bütün bu olay sırasında son derece sakin kalan tek kızın Shara olmasıydı. Dikkatle tırmandı, sonra ben diğerlerine yardım ederken dikkatle benim yanımda aşağı indi. İşte şimdi gerçekten tutulmuştum.

Baskı altında sakin kalabilen birine karşı koymam mümkün değil. Daha önceden abayı yakmadıysam bu tırmanma maceramız sırasında kesinlikle yakmıştım. İçimde, hayallerimdeki kızla tanıştığıma dair bir his vardı.

76

Sonraki gece yılbaşı gecesiydi ve Shara'yla gizlice tam gece yarısı arka kapının önünde gizlice buluşmaya karar vermiştik.

"Yürüyüşe çıkalım," dedim.

"Olur. Gece yarısı, hava -5 derece ve zifiri karanlık ama olsun, haydi yürüyüşe çıkalım." Sonra bir an durdu. "Ama Loyal'a kadar değil," dedi gülümseyerek.

Böylece ay ışığının aydınlattığı bir patikada birlikte yürümeye başladık.

İçimden, *Bir yirmi metre sonra onu öpeceğim*, dedim.

Ama benim için çok özel olan bu kızı öpecek cesareti toplamak tahmin ettiğimden daha zordu. Yirmi metre iki yüz metreyi buldu, sonra da iki kilometreye kadar uzadı. Kırk beş dakika sonra Shara artık geri dönüp eve gitmemizi önerdi.

"Evet, iyi fikir," diye cevapladım.

Haydi Bear, yaşlı bir bunak mısın sen? Hemen öp kızı!

Ve öptüm.

Önce dudaklarına küçük bir öpücük kondurdum. Sonra daha uzun süren bir öpücük geldi ama sonra durmak zorundaydım. Aşırı yüklenme olmuştu.

Vay. Yürüyüşe değerdi bu, diye düşündüm. Ağzım kulaklarımdaydı.

"Haydi geri dönelim," dedim hâlâ gülümseyerek.

Shara bu çaba ve sonucu oranından etkilenmiş miydi bilmiyorum; soğuk havada uzun bir yürüyüşten sonra kısacık bir öpücük. Ama bulutlar dağılmış, gökyüzü açılmıştı. Bir daha hiçbir şey aynı olmayacaktı.

Sonraki günlerde bütün uyanık vaktimizi birlikte geçirdik. Saçma sapan danslar ettik, akşamları birlikte puzzle yaptık ve ben yeni yılda buz gibi soğuk Kuzey Atlantik Denizi'ne girme geleneğimi gerçekleştirirken Shara kıyıda durup beni bekledi.

Birlikte olmamız gerektiğine dair bir his vardı içimde. Hatta Shara'nın Londra'da bir arkadaşla birlikte kiraladığımız evin yanında oturduğunu öğrendim. Böyle bir şey olmasının ihtimali nedir ki?

O haftanın sonuna gelirken ikimiz de Güney Londra'ya dönmek için hazırlandık. O uçakla gidiyordu, ben arabayla.

"Londra'ya senden önce varacağım," dedim.

Bilgiç bir gülümsemeyle, "Hayır, varamayacaksın," diye cevap verdi. (*Ama azmini seviyorum.*)

Tabii ki önce varan o oldu. Benim arabayla Londra'ya varmam on saati buldu ama aynı akşam saat 22.00'de Shara'nın evine gidip kapıyı çaldım. Kapıyı pijamalarıyla açtı.

"Haklıydın," dedim gülerek. "Birlikte akşam yemeğine gidelim mi?"

"Pijamalarımı giymiş durumdayım Bear."

"Biliyorum ve gerçekten harika görünüyorsun. Montunu giy. Haydi!"

Ve montunu giyip geldi.

İlk yemeğimize Shara pijamalarıyla geldi. İşte gerçekten harika bir kız! O zamandan sonra nadiren birbirimizden ayrıldık. Gündüzleri iş yerine aşk mektupları götürüp sürekli öğleden sonraları izin almaya ikna ederdim onu. Parklarda patenle kayardık. Hafta sonları onu Wight Adası'na götürürdüm.

Annemle babam, büyükbabamın Dorset'teki eski evine taşınmış ve adadaki evimizi kiraya vermeye başlamıştı. Ama hâlâ evin yanına park edilmiş eski karavan duruyordu. Çalıların arasında gözden kaybolmuştu, o yüzden de isteyen bütün aile üyeleri gizlice buraya gidebiliyordu. Yerler çürümüştü ve banyo böceklerle doluydu ama bunlar ne benim ne de Shara'nın umurundaydı. Sadece bir arada olmamız bile bizim için cennet gibiydi.

Bir hafta içinde Shara'nın hayallerimdeki kız olduğunu anlamıştım ve iki hafta sonra birbirimize bütün kalbimizle ve ruhumuzla, "Seni seviyorum," demiştik bile.

İçten içe bunun Everest'e gidip orada üç buçuk ay geçirmemi çok zorlaştıracağının farkındaydım. Ama kendime eğer hayatta kalırsam bu kızla evleneceğime dair söz vermiştim.

Bu sırada üç aylık bir Everest gezisi için gereken hazırlık süreci oldukça çılgın bir şekilde devam ediyordu.

Mick Croswaithe, Wight Adası'nda yaşayan eski dostum Neil ve benle birlikte İngiliz Everest takımına katılmıştı. İlkokulda, Eton'da ve Wight Adası'nda yaşadığım zamanın çoğunu hep Mick'le geçirmiştim. Birlikte yıllarca dağlara tırmanmaya da gitmiştik. Kendimi bildim bileli Mick her zaman tanıdığım en güçlü insanlardan biri olmuştur. Hem fiziksel hem de ruhsal anlamda. Dokuz yaşındayken Rugby sırasında diğer oyuncularla itişip kakıştığımız zamanlarda tek başına herkesi geri itebilirdi. İlkokuldaki takımımız onun sayesinde yenilmez olmuştu. Üniversiteden sonra en zor askerî sınavlardan rahatlıkla geçmişti, yorulmuyordu bile. Mick her zaman sizin tarafınızda olmasını isteyeceğiniz biridir ve Everest'e benimle gelen arkadaşlarımın arasında onun gibi bir ruh eşimin olması beni çok mutlu etmişti.

Ve takım hazırdı.

Londra'dan ayrılacağımız tarih 27 Şubat 1998'di. Takımımız küçük olduğu için Ama Dablam takımının yolculuk işleriyle ilgilenen Henry Todd'un önderliğindeki daha büyük bir ekiple birlikte yola çıkacaktık.

Planımıza göre Nepal'e bakan, güneydoğu yüzüne tırmanacaktık. Bu, Hillary ve Tenzing'in tırmandığı yüzdü ve en tehlikeli rotalardan biriydi. Annem de bunu gözden kaçırmamıştı. O zamana kadar Everest'te ölen 161 kişiden 101'i bu rotadan giderken hayatını kaybetmişti. Mick ve ben, Neil ve Geoffrey Stanford (ekibin son üyesi) yola çıkmadan dört hafta önce yola çıkmaya karar verdik. Amacımız asıl tırmanış başlamadan önce o yükseklikte olabildiğince çok antrenman yapmaktı.

Shara'ya havaalanında gözyaşlarıyla dolu pek çok vedadan ilkini edip Nepal'e gittim.

Mick ve benim son derece sıkı ortama uyum sağlama programımız başlamak üzereydi.

***

Ortama uyum sağlamaya gitmemizin amacı vücudumuzun az oksijene alışması ve o şekilde işleyebilmesini sağlamaktı. Burada en önemli nokta ne kadar hızlı ilerlediğimiz konusunda sabırlı davranmaktır. Çok yukarı çıkarsak yüksekliği bizi rahatsız edip büyük bir hızla öldürebilir. Bu süreci yanlış izlersek her an beynimizin şişmesi, bilinç kaybı ve gözlerimizden kan akması gibi nahoş yan etkilerle karşılaşabiliriz. İşte bu yüzden bu kadar yükseklere çıkmak ateşle oynamak gibidir; tehlikeli ve ne olacağını kestirmek güçtür.

Everest'in tepesinden baktığınızda Tibet'in kuzeyde ufuk çizgisine kadar uzanan topraklarını görürsünüz. Güneyde Himalayalar uzanır, aşağı baktıkça da Nepal'in düzlüklerini görebilirsiniz. Bütün gezegende bundan daha yüksek bir nokta yok.

Ama azimli dağcılar için bu zirvenin altında bugüne kadar bir sürü yetenekli dağcının canını almış kilometrelerce uzanan taş, kar ve buz var. Sebebi de şu; tepeden aşağı inen güneydoğu yüzü neredeyse tamamen kar ve buzla kaplı. Bu yüzde indikçe kalın bir kar tabakasına ev sahipliği yapan dar bir olukla karşı karşıya gelirsiniz. İlerledikçe de zirvenin yaklaşık bir kilometre altında bir geçide varırsınız. Bu geçit güneyde Lhotse, kuzeydeyse Everest'in zirveleri arasında yer alır. Kampımızı buraya kuracaktık. Sadece bu geçide ulaşmak tırmanışımızın en iyi altı haftasını alacaktı.

Güney Geçidi'nin altında son derece dik bir iniş var. Burası Lhotse Yüzü olarak bilinen 1.500 metre uzunluğundaki buzdan duvardır. Üçüncü kampımız bunun ortasında, buzun içinde açtığımız bir yarıkta olacaktı. Bu duvarın bittiği yerde dünyanın en yüksek ve korkutucu buz vadisi uzanıyor. Bu buzulun ortasına ikinci kampımızı, sonunaysa ilk kampımızı kuracaktık. Bu büyük buz kütlesi, kısaca Batı *Cwm*[13] ya da Sessizlik Vadisi olarak biliniyordu.

---

13 Galler dilinde "vadi" (Ç.N.).

Buzulun kenarından kayıp giden buz dik vadi ağzından düşerek aşağı durmadan kar ve buz yağmasına neden oluyor. Bir nehrin taşarcasına akan suyunun aşağıda bir yere dökülürken şelaleler oluşturması gibi bir şey ama burada o su donduğu için katı... Bazen bir ev boyutundaki bu buz kütleleri aşağı kayarken inlercesine sesler çıkarır.

Yaklaşık beş yüz metre genişliğindeki bu taşan donmuş nehre, "Khumbu Buz Çağlayanı" deniyor ve inişin en tehlikeli kısımlarından biri burasıdır.

Ve son olarak bu nehrin bittiği yerde Everest'teki ana kampımızı kuracağız.

Mick ve ben Everest'e tırmanmadan önceki haftaları Himalayalar'ın çok yüksek olmayan tepelerine tırmanarak geçirdik. Kendimizi ortama ve iklime alıştırıyorduk. Aynı zamanda önümüzdeki görevin ne kadar büyük bir iş olduğunu anlamaya başlıyorduk.

Dağların ortasından gitgide daha yukarı çıktık ve sonunda kendimizi beş bin metre yukarıda bulduk. Everest tırmanışının asıl başlayacağı yer olan Khumbu Buz Çağlayanı'nın başladığı yerdeydik. Bu büyük dağın eteğinde çadırlarımızı kurduk ve ekibin kalanının iki gün sonra yanımıza gelmesini beklemeye başladık.

Oturup beklerken, başımı kaldırıp Everest'e bakarken midemin bulandığını hissetmeye başladım. Ne olacaksa artık başlamasını istiyordum. Beklemek her zaman en zor kısımdır. Hayatım boyunca hiç bu kadar korku ve panikle dolmamış, nefes nefese kalacak kadar heyecanlanmamıştım. Ancak daha tırmanış başlamamıştı bile. Başlayacağımız yerden aşağıdaydık ve başlamamıza daha iki gün vardı.

İleriyi düşünmekten vazgeçtim ve bu tırmanışa gitmesini istediğim şekilde başlamaya karar verdim. Tırmanışı başarıyla bitirmek için elimden geleni ardıma koymayacaktım. Her gün, yirmi dört saat, gözlerim kan çanağına dönene kadar bütün gücümle ilerleyecektim. Bundan daha azını yapmayı ekstra bir şey olarak görüyordum. Bu şekilde beklentilerimi ayarlamış olacaktım.

78

Sonunda Neil ve Henry'yi ufukta gördüğümüz gün tırmanış başladı.

Şimdi ana kampta bir sürü dağcı vardı; etrafımız Singapur'dan, Meksika'dan, Rusya'dan gelen takımlarla doluydu. Toplamda yaklaşık kırk dağcıydık. Bunlardan biri de güçlü ve neşeli bir adam olan Bernardo Guaranchi'ydi.

Tepeye çıkmak için her şeyi riske atmaya hazırdık. Herkes bu tırmanıştan canlı dönmeyecekti.

***

Bir grup azimli, hevesli dağcının bir arada olmasının yarattığı enerji neredeyse elle tutulabilecek bir şeydi. Her hareketin bir amacı vardı. Kamp güneşte yanmış, dayanıklı sporcularla doluydu. Herkes ekipmanlarını kontrol ediyor, tırmanma stratejilerini tartışıyordu.

Henry Todd'un getirdiği diğer dağcıların arasında takımımızın doktoru Andy Lapkass ve sessiz, arkadaş canlısı ama aynı zamanda son derece kararlı bir kız olan Karla Wheelock da vardı. Zirveye çıkan ilk Meksikalı kadın olmak istiyordu.

Aramızda bir de Avustralyalı bir dağcı olan Alan Silva vardı. Sarışın, güçlü görünen bir adamdı. Pek konuşmuyordu, sanki başka bir dünyadaydı. Buraya eğlenmeye gelmediği barizdi. Görevine odaklanmış bir adam olduğu anlaşılıyordu.

Dağcıların arasında bir de Graham Ratcliffe adında bir İngiliz vardı. Everest'e bir kere kuzey yüzünden tırmanmıştı. Açık sözlü ve esprili biriydi. Everest'e iki yüzünden de tırmanan ilk İngiliz olmak istiyordu.

Geoffrey Stanford askerî güvenlik elemanıydı ve Neil, ben ve Mick gibi İngiltere'den gelmişti. Alpler'e tırmanmış bu tecrübeli dağcının Everest'e ilk tırmanışıydı bu.

Son olarak, Kanada'nın en ünlü kaya tırmanıcısı Michael Down da bizimleydi. Neşeli, bariz şekilde yetenekli bir adamdı. Doğaya uygun bir görünüşü vardı ama yine de biraz endişeli görünüyordu. Everest en iyi dağcıların bile endişelenmesine neden oluyordu. Onunla tanıştıktan sonraki birkaç saat içinde Michael'ın iyi bir adam olduğundan emin olmuştum.

Dünyanın her yerinden gelen bu dağcıların yanı sıra ekibimizde Nepalli Sherpalar ve Sirdar liderleri Kami vardı. Himalayalar'ın eteğinde büyüyen Sherpalar Everest'i herkesten iyi bilir. Hepsi yıllarını bu dağlara tırmanarak geçirmiştir. Bizimki gibi tırmanışlara yüksekteki kamplara yiyecek, oksijen, yedek çadırlar ve erzak taşıyarak yardım ederler.

Dağcılar olarak hepimiz her gün Everest'e çıkarken oldukça büyük çantalar taşırız. Bu çantalar yiyecek, su, gaz ocağı, gaz dolu metal kutular, uyku tulumu, katlanır minder, başımıza takabileceğimiz bir fener, piller, eldivenler, şapka, şişme mont, kramponlar, ip, buz baltası ve bunlar gibi bir sürü malzemeyle doluydu. Sherpalar bunların üzerine bir çuval pirinç ve iki oksijen tankı da eklerdi.

Güçleri inanılmazdı ve dağcılara kendilerinin taşıması mümkün olmayan bu hayat kurtarıcı ihtiyaçları taşıyabilme yetenekleriyle gurur duyuyorlardı. Bu sebeple Everest'teki gerçek kahramanlar kesinlikle onlardı.

Üç bin metre yükseklikte doğup büyümüş bu insanlar o yüksekliği kanlarında taşıyordu. Ama yukarı çıktıkça, beş bin metreden sonra onlar bile herkes gibi yavaş yavaş ve kaçınılmaz bir şekilde yavaşlıyordu.

Yavaş, zorlu, ciğerlerimizi parçalıyormuş gibi gelen bir yürüyüş. İki adım, biraz dinlenme, iki adım, biraz daha dinlenme. Bu aynı zamanda "Everest sürünüşü" olarak biliniyordu.

***

Everest'e başarılı bir şekilde tırmanmak, bu dağa beş kez üst üste tırmanmak demektir derler; çünkü sürekli yukarı çıkıp tekrar aşağı inmeniz gerekiyor ki vücudunuz yavaş yavaş o yüksekliğe alışabilsin. Hakikaten de vücutlarımızın yükseklikten kaynaklanan yorgunluğu atması için yüksek bir noktaya çıktığımız her tırmanıştan sonraki sabah aşağı inip diğer kampa gitmemiz gerekirdi.

Yavaş yavaş, saatlerimizi harcayarak çıktığımız buzlu yüksekliklerden inişimiz bir iki saatte biterdi. "Yükseğe çık, aşağıda uyu," prensibimizdi ama aynı zamanda oldukça moral bozucuydu. On saat boyunca tırmanıp bir saatte aşağı inerdik.

Vücutlarımızın alışabileceği en yüksek nokta yüz elli metre yükseklikteki üçüncü kamptı. Alışmak için yirmi dört saat burada kalmamız gerekiyordu. Bunun yukarısına çıktığımızda korkutucu bir şekilde "Ölüm Bölgesi" olarak adlandırılan yere giriyorduk ve vücutlarımız aslında "ölmeye" başlıyordu. Burada artık normal bir şekilde yiyecek sindiremezsiniz. Vücudunuz oksijeni oldukça az olan bu yükseklikte yavaş yavaş zayıflamaya başlar.

Bu tırmanışın vücudumuzu yüksekliğe alıştırmak ve motivasyonumuzu korumak arasında bir savaş olacağı belliydi. Bunun üzerine bir de hastalık, yorgunluk, yaralanmalar ve kötü havayı ekleyin.

Hepimiz burada başarılı olmak için pek çok şeyin yolunda gitmesi gerektiğini biliyorduk. İşte bu yüzden şans Everest'e tırmanırken en önemli faktörlerden biridir.

Amacımız en kısa sürede, en iyi ihtimalle Nisan'ın sonuna kadar üçüncü kampın yüksekliğine alışmaktı. Daha sonra hava durumuyla ve sert rüzgârlarla mücadele etmemiz gerekecekti.

Bu dağı yılın büyük bir kısmında tırmanılmaz yapan şey bu rüzgârlardı. Öyle ki rüzgârların gücü bir insanı dağdan aşağı uçurabilirdi. Ama yılda iki kez sıcak muson yağmurları Himalayalar'dan kuzeye giderken rüzgârlar hafifler. Bütün dağ oldukça kıymetli birkaç gün boyunca tamamen sessizliğe gömüldüğü için bu döneme "sessiz çağrı" denir. Everest'e çıkan her dağcı bu günlerin ne kadar süreceği konusunda risk almak zorunda kalır. Yanlış bir tarihte tırmanırsanız veya şansınız yaver gitmezse ölürsünüz.

Everest'te bu kadar kişinin ölmesine sebep olan şey korkunç soğuk, bitmek bilmeyen yarıklar, her gün gerçekleşen çığlar ve binlerce metrelik yüksekliğin yanı sıra bu sert rüzgârlardır.

O günkü istatistiklere göre zirveye çıkan her altımızdan biri ölecekti. Altıda bir. Rus ruleti oynarken silaha takılan tek bir mermi gibi. Bu benzetmeden hoşlanmıyordum.

79

7 Nisan'da Mick, Nima (Sherpalardan biri) ve ben ilk kez Everest'e tırmanacaktık. Diğerleri daha yükseğe çıkmadan önce vücutlarına yüksekliğe alışmak için biraz daha zaman verecekti, o yüzden ana kampta kalıyorlardı.

Tepeden aşağı kayan eğri büğrü buz parçalarının arasında, Khumbu Buz Çağlayanı'nın eteğinde oturup kramponlarımızı giydik. Sonunda uzun süre hayalini kurduğumuz bu göreve başlayabilecektik.

Labirentin derinliklerine ilerlerken kramponlarımız cam gibi buzlara gömülüyordu. Harika bir histi. Buz dikleşince iplerimizle tırmanmaya başladık. Önümüzde gözün görebildiği kadar yukarı uzanıp giden kocaman buzdan heykeller vardı sanki. Birkaç kez buzları iterek yolumuzu açtıktan sonra birkaç buzdan çıkıntıya tırmandık ve gitgide ağırlaşan havayı içimize çekerek orada uzandık.

Kısa süre sonra aşağıdaki ana kampı görebiliyorduk. Biz uzaklaştıkça küçülüyordu.

Şafağın ışığında tırmandığımız ilk saatler boyunca vücudumuz adrenalin doluydu. Hiç bilmediğimiz bir dağda bildiğimiz bir yolu aşıyorduk.

Kısa süre sonra pek çok yarığın üzerine döşenmiş alüminyum merdiven sistemine ulaştık. Sherpalar tarafından buz vidaları ve kazıklarla tutturulmuş iplerden yapılan karışık bir ağ şeklindeki bu köprüler en derin yarık ve uçurumların üzerinden geçiyordu. Yıllar içinde iyice yerlerine oturtulmuş ve birkaç yılda bir kayan buzların hareketlerine göre tekrar düzeltilen tüy kadar hafif bu merdivenler buz şelalesini geçmenin en etkili yolu olduklarını kanıtlamıştı.

Ama bunlara ilk basışta insan biraz endişeleniyordu. Kramponlar, ince metal basamaklar ve buz tedirgin edici bir üçlü oluyor. Yavaş hareket etmelisiniz. Sakin kalıp her seferinde tek bir basamağa odaklanmanız lazım. Ve unutmayın; ayaklarınızın altında bitmek bilmiyormuş gibi uzanan simsiyah boşluğa bakmayın. Ayaklarınıza odaklanın, aşağı değil.

Söylemesi yapmaktan daha kolay...

İlk kamptan birkaç yüz metre aşağıdayken Sherpaların büyük bir özenle buzun arasına kurduğu yol çöktü. Merdiven ve iplerin kalanı bir yarığın üzerinde öylece sarkıyordu şimdi.

Mick ve ben ne yapabileceğimizi düşündük. Nima aşağıda, daha çok kazık gerektiren kısımları düzeltmekle meşguldü. Birinci kampa başka bir yoldan gitmeye çalışmaktan vazgeçtik. O gün yeterince tırmanmıştık. Dönüp aşağı inmeye başladık.

Aşağı inişimiz yorucuydu. Hayal ettiğimden çok daha yorucu. Bacaklarım ağrıyor, kalbim ve ciğerlerim havadaki azıcık oksijeni alabilmek için kendilerini zorluyordu. Buzun içinde bütün bir gün geçirdikten sonra tükenmiş hissediyordum. Adrenalin, oksijen yetersizliği ve yükseklik insanı oldukça yoruyor. Anlatması zor bir yorgunluk bu; sadece bütün enerjinizi emiyor ve karşılığında hiçbir şey vermiyor.

Kayış takımıma çarpıp duran metal çengellerin sesi beni hipnotize etmeye başlamıştı. Gözlerimi sımsıkı kapatıp açtım. Ritmik şekilde nefes almaya çalıştım. Deniz seviyesinden 5.500 metre yukarıda, Everest'in ölümcül dişlerinin arasındaydık. Kalın eldivenlerimle iplerime tutunurken ellerimin titrediğini fark ettim. Tamamen yorgunluktu bu.

Bir saat sonra hâlâ ana kampa yaklaşmış gibi hissetmiyorduk ve geç olmaya başlıyordu.

Buz şelalesine endişeyle baktım. Buralarda bir yerde Nima'yla tekrar buluşmamız lazımdı, öyle planlamıştık ama etrafı ne kadar gözlerimle tarasam da onu göremedim.

Kramponlarımı karın içine saplayıp biraz nefeslenmek için tırmandığım kayalara yaslandım. Mick'in bana yetişmesini bekledim. Mick hâlâ birkaç yüz metre gerideydi. Dikkatle botlarını buzlara basarak ilerliyordu. Dokuz saattir uçurumlarla dolu bu ölüm tuzağında mahkûm kalmıştık ve ikimiz de güçlükle hareket ediyorduk. Onu izlerken, *O güçlü Mick bu kadar yavaş hareket ediyorsa gerçekten ölümcül bir dağda olmalıyız*, diye düşündüm.

Yaslandığım yerden kalkıp dikkatle birkaç adım attım. Her adımımla buzun dayanıklılığını anlamaya çalışıyordum. Bir ipin sonuna gelmiştim. Onu çıkarıp derin bir nefes aldım ve diğer ipe tutundum. Bu ipi çok sıkmadan tuttum, etrafıma baktım ve derin bir nefes alıp çengelleri bu ipe geçirmeye başladım.

Ama sonra aniden üzerinde durduğum yerin hareket ettiğini hissettim. Aşağı bakınca buzun üzerinde bacaklarımın arasından geçen bir çatlak olduğunu fark ettim. Çatlak alçak, bir şeyin kesilmesini andıran bir sesle ilerliyordu. Hareket etmeye cesaret edemedim. Bütün dünya öylece bekliyormuş gibi geldi. Altımdaki buz bir kez daha çatladı ve daha ne olduğunu anlamaya fırsat vermeden dağdan aşağı yuvarlanmaya başladı. Şimdi ben de düşüyordum.

Buzullardaki dipsizmiş gibi görünen, simsiyah, ölümcül bir yarığa doğru düşüyordum. Aniden yarığın gri duvarına çarptım. Basınç beni öbür tarafa savurdu ve omzumla kolum buza çarparak kırıldı. Sonra aniden durdum, çünkü daha az önce çengellerimi geçirdiğim ince ip beni havada tutmuştu.

Boşlukta kendi etrafımda dönüp duruyordum. Ayakkabılarımın burnu yarığın gri duvarını buldu. Aşağıdaki karanlıktan çığlıklarımın yankısını duyabiliyordum. Buz parçaları üzerime yağmaya devam ediyordu. Büyük bir parça başıma düşerek parçalandı. Ben de başımı geriye atmak zorunda kaldım. Oldukça değerli birkaç saniyeyi bilincim kapalı olarak geçirdim. Gözlerimi tekrar açtığımda aşağı düşen son buz parçalarının altımdaki karanlıkta kaybolduğunu görmüştüm.

Vücudum beni tutan ipin bittiği yerde sallanıp dururken her şey rahatsız edici bir sessizliğe gömüldü. Adrenalin damarlarımda dolaşırken bütün vücudumun spazmlarla sarsıldığını fark ettim. Mick'e seslendim. Sesim duvarlarda yankılandı. Üzerimdeki ışık huzmesini gördükten sonra başımı eğip altımdaki boşluğa baktım.

Duvarı yakalamak için çırpınıp duruyordum ama cam gibi pürüzsüz olduğu için tutunamıyordum. Baltamı bütün gücümle savurdum ama baltam saplanmadı. Kramponlarım bu buz duvarda sadece kayıyordu. Umutsuzlukla yukarıdan sarkan ipe tutunup başımı kaldırdım.

Yirmi üç yaşındaydım ve ölmek üzereydim.

Yine.

80

Tutunduğum ip benimki gibi etkisi uzun süren düşüşler için tasarlanmamıştı. Son derece hafif ve inceydi. Bir yere takıldıktan sonra birkaç gün içinde hareket eden buz tarafından koparılırdı. Bu ip daha çok yol bulmak için, destek olması için kullanılıyordu. Doğru düzgün, dayanıklı bir tırmanma ipi değildi.

İpin her an kopabileceğini biliyordum. Her saniye bana sonsuzluk gibi geliyordu. Ama sonra aniden ipte bir hareket hissettim.

Duvarları tekrar kramponlarımla tekmeledim. Bu kez buza tutundular. Kendimi yukarı çektim. Yukarıdan geldiğini hissettiğim her harekette birkaç adım daha ilerledim. Yarığın kenarına gelince baltamı kara saplamayı başardım ve kendimi yarıktan çıkardım.

Güçlü eller tırmanma ceketimi kavradı ve beni yarığın kenarından uzaklaştırdı. Kenardan, o tehlikeden uzaklaşınca nefes nefese yere çöktüm.

Gözlerim kapalı, yüzüm karın içinde, korkuyla titreyerek uzanırken Nima ve Mick'in ellerini tutuyordum. Eğer Nima yakınlarda olup gürültüyü duymasaydı Mick'in tek başına beni yarıktan çekip çıkarması mümkün olmazdı. Nima hayatımı kurtarmıştı ve bunun farkındaydım.

Mick buz şelalesinden iki saatlik inişimizde bana yardım etti. Bulduğum her ipe endişeyle sımsıkı tutunuyordum. Şimdi alüminyum merdivenleri farklı bir adam gibi iniyordum. Özgüvenimi kaybetmiştim. Güçlükle nefes alıp veriyordum. Bütün gücüm ve damarlarımdaki adrenalin beni terk etmişti.

Ölümle yaşam arasındaki o ince çizgi bir insanı bitirebilir de değiştirebilir de. Ve ben de şu an perişan bir durumdaydım.

Üstelik daha Everest'e tam olarak tırmanmaya başlamamıştık bile.

***

O akşam çadırımda tek başıma uzanırken ağladım. İçimdeki bütün duygular dışarı taşıyordu. Geçtiğimiz yıllarda ikinci kez ölmem gereken bir olay yaşadığımı biliyordum.

Yazmaya başladım.

Bugünkü hislerim oldukça çılgıncaydı. Her şeyin arasında o ip nasıl beni düşmekten kurtardı bilmiyorum.

Akşam yemeğinde Nima olayları diğer Sherpalara anlatırken abartılı hareketler yapıyor ve hızlı konuşuyordu. Duyma güçlüğü çeken aşçımız Thengba bana iki tabak yemek verdi. Sanırım bana güven vermeye çalışıyordu. İyi bir adam... Dağın ne kadar acımasız olabileceğini tecrübe etmiş biri...

Yarığın duvarına çarptığım dirseğim çok acıyor ve dirseğimin altında sıvıyla dolu bir şişkinliğin içinde yüzen kemik parçalarını hissedebiliyorum, bu da tabii ki endişelenmeme neden oluyor. Doktor kırık bir dirseği iyileştirmek için ilaç alıp beklemek dışında bir şey yapamayacağımı söylüyor. Hiç olmazsa kırılan kafatasım değildi!

Şu anda istesem de uyuyamıyorum. Altımda uzanan o boşluğun görüntüsünü aklımdan çıkaramıyor, gözlerimi kapattığım gibi korkuyla doluyorum.

Düşmek ne kadar korkunç bir his, ne kadar savunmasız olduğumuz bir an... Yine paraşüt kazamdaki korkuyla dolmama neden oldu.

Ölüme hiç bugünkü kadar yaklaştığımı zannetmiyorum ama yine hayatta kaldım. Bu his beni hayatımdaki bütün güzel ve iyi şeylere karşı minnettarlıkla dolduruyor ve henüz ölmek istemediğimi görüyorum. Yaşamak istediğim çok şey var.

Bir daha böyle bir şeyi tecrübe etmemek için bütün kalbimle dua ediyorum. Bu akşam, yalnız başımayken Tanrıma ve dostlarıma teşekkür etmek istiyorum.

Hayatımın tırmanışına inanılmaz bir başlangıç oldu bu olay.

NOT: Bugün Shara'nın doğum günü. Şu an her neredeyse Tanrı onu korusun.

81

"Üzerinde hiçbir engel olmayan bir yol bulduysan muhtemelen seni bir yere çıkarmayacaktır."

Bunu söyleyen adam sonuna kadar haklıydı.

Hayat tekrar ayağa kalkıp, üzerindeki tozu silkip geçmişten ders çıkararak ilerlemeye devam etmektir. Ben de öyle yaptım.

Nisan'ın sonraki birkaç günü hava durumu tırmanmaya son derece uygundu. Hep birlikte ilerlemeye başladık. Kolumdaki ağrının bana ikide bir hatırlattığı zamanlar dışında o uçurumda Azrail'le karşılaştığımı tamamen unutmuştum.

Buz şelalesini geçtik ve kenarına kampımızı kurduk. Gelecek tırmanışta ikinci kampa varmak için vadinin içinden geçmemiz gerekecekti.

Çantalarımız öncekinden ağırdı. Daha yukarıda ihtiyaç duyacağımız ekstra ağır ekipmanla doluydular. Büyük vadi önümüzde uzanıyordu ve kocaman bir kayak rampasında ilerleyen karıncalar gibi bu bitmek bilmeyen beyazlıkta yavaşça yürümeye başladık.

**

Yavaşça ayaklarımızı sürüyerek ilerledik. Sonra da bir buzulu neredeyse ikiye yaran bir başka kocaman, kar dolu uçurumu aştık. Bir başka sahte ufuğa varıp uçurumun öbür tarafına tırmandıktan sonra ilk kez uzakta Everest'i gördük.

Heybetli zirvesi belli belirsiz görünüyordu. Hâlâ iki bin metreden fazla bir yükseklik vardı aramızda. Nefesim kesildi.

Güneş Everest'in tepesinden yükselirken ışıkları dağın karı ve rüzgârı arasından geçip bize ulaşıyordu. Hepimiz sessizce çantalarımızın üzerine oturduk. Kalbim heyecan ve korkuyla hızlı atmaya başlamıştı.

Zirve gerçekten tırmanılmaz görünüyordu. Hâlâ çok uzakta, bizden çok ayrı duruyordu.

Çok fazla yukarı bakmamaya, ayaklarıma odaklanmaya ve onları yürümeye ikna etmeye karar verdim. Bu dağa tırmanmanın yolunun bu olduğuna dair bir his vardı içimde.

Yükseklik ve buzulların büyüklüğü bizi gitgide daha da yoruyordu. Kampa hiç yaklaşmıyormuşuz gibi geliyordu. Sonunda ikinci kampa vardık. Buraya kadar çektiklerimizi göz önüne alınca bize çok da etkileyici gelmemişti. Everest'in bir yüzünün gölgesine kurulmuş, gri, soğuk ve pek iç açıcı görünmeyen bir yerdi. Çakıllı taşlar gün ortasında ısınan buzların erimesiyle küçük havuzlar oluşturan koyu mavi buzun üzerini kaplıyordu. Her şey ıslak, kaygan ve çamurluydu.

Küçük bir buz çıkıntısına tırmanmaya çalışırken sendeledim. Yorgundum ve dinlenmem gerekiyordu ama bir başka aşamayı (kolay bir aşama da olsa) geride bıraktığımız için heyecanlıydım.

Ana kampa sonraki dönüşümüzde, Nepal'e geldiğimden beri en iyi uyuduğum gece geçtikten sonra ailemi uydu telefonuyla aramaya karar verdim. Henüz telefonu kullanmamıştım. Dakikası üç dolardı. Şu noktada yeterince borcum vardı. Normalde bu aramayı zirveye çıkarken yapmayı planlamıştım.

"Anne, benim."

"Bear? BEAR!" diye heyecanla bağırdı annem.

Sevdiklerimin sesini duymak çok iyi gelmişti. Son haberleri sordum. Sonra da onlara yarığa düşmek üzere olduğum ânı anlattım.

"Nereye düştün? Gedik mi?"

"Hayır, yarık," dedim yavaşça.

"Yüksek sesle konuş. Seni duyamıyorum canım." Annem etrafındaki herkese sessiz olmalarını söyledikten sonra konuşmaya devam etti. "Gedikle ilgili ne diyordun?"

"Anne önemi yok," dedim gülerek. "Seni seviyorum."

Aile gerçekten insanı kendine getiren en iyi şeylerden biri...

82

Dört gün sonra tekrar ikinci kampta, geniş karlı vadinin morenden oluşan kıyısındaydık. Saat sabah 5'ti ve şafaktan hemen önceki saatlerin ışığında her şey korkutucu şekilde sakin görünüyordu. Çadırımın önüne oturup buza baktım. Soğuktu. Çok soğuk...

Mick bütün gece yatağında dönüp durmuştu. Yükseklik buna sebep olabiliyor. Uykusuz kalıyorsunuz, bitmek bilmeyen bir migren başlıyor ve ciğerlerinizden bütün hava ve nem çekiliyor. Herkes durmadan öksürüyor ve konuşmakta güçlük çekiyor.

Buna dondurucu soğuğu, sürekli kusacakmış gibi hissetmeyi ve en basit şeyleri yapmanın bile inanılmaz derecede zor gelip o işi ancak Herkül'ün yapabileceği bir şeye çevirdiğini ekleyince neden bu kadar yükseklere tırmanan çok kişinin olmadığı anlaşılıyor. Yukarıda, 0 derecenin altındaki hayata gerçekçi bakınca güzel hiçbir yanı yoktu.

Ama bugün ya başaracağımız ya da kaybedeceğimiz gündü.

Ana kamptan ikinci kampa yedi saatlik bir tırmanıştan sonra ulaşmıştık. İlk kez kampta bir gece geçirmeden bütün yolu gitmiştik ve bu tırmanış bizi gerçekten çok yormuştu. Bugün daha da yukarı çıkmamız gerekiyordu ve burada daha dik, daha tehlikeli bir bölgeye girmiş olacaktık.

***

Üçüncü kamp insan vücudunun kaldırabileceğinin sınırındaki bir yükseklikteydi. Buna şüpheyle yaklaşan gazetecilere ikide bir söylediğim gibi, vücut yirmili yaşları geçip otuzlara ulaşırken yüksekliğe alışma yeteneği de gelişiyor.

Yirmi üç yaşındayken yaş konusu benim için bir avantaj değildi ama ne bunu ne de şüphe duyan gazetecileri düşünmeye çalıştım. Evet, gençtim ama daha önce hiç çıkmadığım kadar yükseğe çıkmaya çalışacağım sonraki birkaç haftanın da göstereceği gibi aynı zamanda açtım.

Şimdi önümde gerçek bir sınav vardı. Eğer üçüncü kamptaki yüksekliği kaldıramazsam ana kampa dönüp bir daha asla yukarı çıkmayacaktım.

Dağın geniş yüzüne bakıp en tepede olmayı hayal etmeye çalıştım. Ama yapamadım.

Yola çıktıktan otuz dakika sonra hâlâ dağın moloz ve buz moreniyle dolu eteğindeydik. Hiç ilerlememişiz gibi geliyordu. Ama sonunda tekrar buza ulaştık ve bin beş yüz metre kadar yukarıdaki buzula ulaşmak için harekete geçtik. Bizi çağırıyordu. Arada bir buzun arasından esen rüzgâr dışında sessizdi.

Özellikle bulunduğumuz yüksekliği göz önüne alınca çıkacağımız yükseklik (yaklaşık bin metrelik bir fark) çok fazlaydı. Ana kampa giderken bile günde sadece birkaç yüz metre yükseğe çıkardık. Bu görünmeyen yükseklik sınırını geçmenin tehlikesinin farkındaydık ama dağın dikliği yüzünden bu riski almak zorundaydık. O buzun içinde kamp kurmak için düzleştirebileceğimiz çok az yer vardı.

Üçüncü kampa tırmanışımızı tamamladığımız gibi üç kişi son kez ana kampa geri dönecekti. Bundan sonrası tamamen havaya bağlı olacaktı.

Sonraki beş saat boyunca dik, mavi buzda tırmanmaya devam ettik. Kramponlarımız buza gömülüyor, bacaklarımızdaki kaslar yanıyor, nefesimiz kesiliyordu ama henüz duramazdık. Hava şimdi oksijenden oldukça yoksundu. Buzun üzerinde attığımız her adımda soğuk ve basınç artıyordu.

Sadece önüne bak, sakın aşağı bakma.

Sherpalar üçüncü kampa önceki gün ulaşmış ve bütün öğleni iki çadırımızı kurarak geçirmişti. Vücutları yüksekliğe bizimkinden çok daha dayanıklıydı. Onların gücü için son derece minnettardım!

Parıldayan mavi buzun üzerinde biraz daha ilerledikten sonra buzun içindeki yuvarlak bir girintiye kurulmuş çadırları gördük.

Tehlikeli, diye düşündüm. Ama aynı zamanda üzerimizdeki buzun bizi düşecek çığlardan koruyacağını da biliyordum.

Çadırların kapıları şimdi güçlenen rüzgârda birbirlerine çarpıyordu. Çekici ama güvenmesi zor... Gece gelirken soğuk da beraberinde gelmişti. Artık kar da çok yoğundu ve ışık yavaşça kayboluyordu. Rüzgâr karanlık buzun üzerindeki karı alıp üzerimize savuruyordu.

Mick, benimle Neil'in biraz gerisinde kalmıştı. İkimiz üçüncü kampa çıkmak için buz çıkıntılarına tırmanırken aşağı bakıp Mick'in hareketsiz olduğunu gördük. Sonra yorgun bir adım attı ve tekrar durdu.

Sonunda o da çıkıntılara tırmanmıştı. Yarısı kapalı yüzünde soğuk bir gülümseme belirdi. Üçüncü kamptaydık.

Hayatta ve birlikte.

83

İkinci kampta bıraktığımı sandığım baş ağrısı yine benimleydi ama bu kez daha da güçlüydü. Kimse görmeden bir aspirin yuttum. İlk kez başkalarının acı çektiğimi görmesini istemiyordum. Bu karar ânında olmaz.

Kaldığımız çadır minimum ekipmanıyla kamp yapan tek bir kişiye uygundu, dünyanın en soğuk ve rüzgârlı yerinde perişan olmuş üç adama göre değil. Bu kadar küçük bir yerde bir arada olmak inanılmaz bir hoşgörü gerektiriyordu. Özellikle yorgun ve susuzken ve korkunç bir baş ağrısı çekiyorken, karı eriten bir sobanın önünde toplanmış ya da çadırın buz gibi duvarlarından birine yaslanmışken.

İyi arkadaşlara sahip olmanın önemi böyle anlarda anlaşılıyordu. Güvenebileceğiniz iyi arkadaşlar, zorluklar sırasında bile gülümseyebilen insanlar... Buralar arkadaşlıkların test edileceği ve güçleneceği yerlerdi.

Hepimiz sessizce bu kadar yüksek bir yerde yaşamanın gerektirdiği işleri tek tek yaptık. Botlarımızı çıkardıktan sonra çadırdan çıkamazdık. Pek çok dağcı sadece içeride giydikleri botlarıyla dışarı çıktıkları için ölmüştü. Mavi buzda yükseklik sebebiyle azıcık kaymaları metrelerce yükseklikten savrulup düşmeden önce bilinçleri hâlâ açıkken yaptıkları son hareket olmuştu. Bunun yerine idrar kabınıza işer, sonra da kendinizi sıcak tutmak için bunu göğsünüze bastırırdınız.

Dışkıya gelince (her zaman bir kâbustu), yarım saat boyunca herkese ikide bir oraya buraya gitmelerini söylerdiniz ki dışarı çıkmak için kramponlarınız ve botlarınızı giymeden önce tekrar üstünüzü giyebilesiniz. Sonra bir halata veya kazığa tutunup pantolonunuzu indirir ve arka tarafınız aşağı gelecek şekilde çömelirdiniz.

Ah, bir de aşağıda başka dağcıların olmadığından emin olmak lazım.

***

Şafak vakti geldiğinde kendimi çadırdan dışarı atıp burnuma taze havayı çektim. Dün gece yoğun bir şekilde yağan kar ve sert rüzgâr yerini bu güzel sakinliğe bırakmıştı. Diğerlerinin hazır olmasını beklerken hayranlıkla etrafımı izlemeye koyuldum. Dünyanın yarısına yukarıdan bakıyormuşum gibi hissediyordum.

Orada oturduğum birkaç dakika içinde Mick ve Neil hazırlanmıştı. O birkaç dakikada var olduğuna daha önce inanmadığım bir sakinliğin içindeydim. Zaman bile durmuş gibiydi. O ânın hiç bitmemesini istedim.

Dağın buzdan oluşan yüzü aşağıdaki bembeyaz vadiye iniyor ve bütün Himalayalar'ın zirveleri önümüzde batıya uzanıyordu. Gerçekten bambaşka bir yerdeydik.

Ana kamptan yaklaşık üç kilometre yukarıdaydık. O zamanlar üzerimize eğilen dağlar şimdi bizimle aynı seviyede ya da daha aşağıdaydı. Ne güzel bir manzara, buranın keyfini çıkarabilmek nasıl bir ayrıcalıktı. Ama bugün bir kez daha aşağı inecektik ve bütün o çabamız anlamsız olacaktı.

Aşağıdaki vadiye baktım ve daha sadece on iki saat önce, rüzgâr ve karın arasında tırmandığımız yerin ne kadar dik olduğunu fark ettim. Orada otururken ekipmanımı tekrar kontrol ettim.

Kısa süre sonra hazırdık ve aşağı inmeye başladık.

Ben hızlandıkça ip çengellerin arasından kaydı. Buzdan aşağı zıplayarak inmek insanı sarhoş eden bir şeydi. İpler aralarından hızla geçerken üzerimdeki sekiz çengel de sımsıcak olmuştu. Bu, dağcılığın en güzel kısmıydı.

Şu anda elimden uçup giden binlerce metreyi, teri ve çabayı düşünmemeye çalıştım. Kendime bunların hepsini tekrar yapmam gerekeceğini; sonra da dördüncü kampa, oradan da tepeye çıkacağımı hatırlatmamaya çalıştım. Bu olasılık beni zorluyordu.

Şimdilik üçüncü kampa çıkana kadar hayatta kaldığım için mutluydum. Vücudumun o yüksekliğe dayanabileceğini kanıtlamıştım ve aşağıdaki kampa inerken hava oldukça iyiydi.

İkinci kampa döndüğümüzde gerginlik de geçti. Çok mutluyduk.

Sonraki gün ana kampa gitmek için yola çıktık. Bütün yarıkları ve uçurumları yenilenmiş bir kendine güvenle geçtik. Son alışma tırmanışımız bitmişti.

***

Şimdi İngiltere'deki Bracknell Weather Center'dan oldukça doğru günlük hava raporları alıyorduk. Bu raporlar bize dünyanın her yerinden daha kesin hava tahminleri veriyordu. Meteorolojistler rüzgârların şiddetini her üç yüz metrede bir son derece doğru bir şekilde ölçüyordu. Dağa çıktığımızda bu hava raporları hayatta kalıp kalmamamızı etkileyebilirdi.

Her sabah bütün ekip heyecanla laptopun etrafında toplanıp göklerin ne getirdiğine bakardı ama bu kez iyi görünmüyordu. Musonların Himalayalar'a erken geleceğinin işaretleri yoktu. Rüzgârların Everest'in tepesinden uzaklaşacağı o dönem henüz gelmiyordu. Yapabileceğimiz tek şey beklemekti.

Çadırlarımız bu kampta evlerimiz gibi olmuştu. Hepimizin yanında ailelerimizden aldığımız mektuplar ve küçük hatıralar vardı.

Benim yanımda Wight Adası'ndaki sahilden aldığım bir deniz kabuğu vardı. Shara bunun üzerine en sevdiğim İncil ayetini kazımıştı. Askerdeyken hep bu ayetle güç bulurdum.

"Dünyanın sonuna kadar, her zaman yanında olacağımdan emin ol." Matthew 28:20

Her akşam uyumadan önce bunu tekrar okurdum. Burada yardıma ihtiyaç duymak utanılacak bir şey değildi.

84

Aniden çok hasta bir şekilde uyandım. Çadırımın girişine gidip dışarıdaki taşların ve buzun üzerine kustum. Ölüyormuş gibi hissediyordum ve başım çatlıyordu. Ah, bunun iyi bir işaret olmadığını biliyordum. Günün yoğun zamanını çadırımda kendimi olabildiğince küçültüp uzanarak geçirdim. Ne hissedeceğimi bilmiyordum.

Takımımızın doktoru Andy güçsüz düştüğümü ve göğsümde kronik bir iltihaplanma olduğunu söyledi. Bana antibiyotik verip dinlenmemi önerdi. İyileşecek zamana ihtiyacım vardı ama o kadar zamanımız yoktu.

Günün ilerleyen saatlerinde Henry hava durumu raporuyla yemek çadırına girince en büyük korkum gerçek oldu.

"Haberler iyi. Rüzgâr yavaşlıyor. 19'unda yola çıkabiliriz. Bu bize geçitteki dördüncü kampa çıkıp zirve tırmanışına hazır olmamız için beş gün kaldığını gösteriyor. Bu hedefe yönelik çalışmalara başlamamız lazım, hemen şimdi."

Hasretle beklediğim o an şimdi korkuyla beklediğim bir şeye dönüşmüştü. Sonunda o gün gelmişti ama hareket bile edemediğim, yerde öylece uzanıp kaldığım bir zamanda. Vücudum titrerken ve eklemlerin ateşle ağrırken kendi kendime küfrettim. Tırmanabilmeme imkân yoktu ve beş bin metre yukarıda iyileşmeye çalışmak kâbus gibi olurdu.

***

Sonraki günün şafağında Mick, Neil, Karla ve Alan kamptan ayrılmaya hazırdı. Michael, Graham ve Geoffrey eğer hava iyi olursa yarın yola çıkacak ikinci grubu oluşturuyordu. Bana gelince, ben bütün gün kusup durdum. Rengim bembeyaz olmuştu ve tükenmiştim. Everest hayalim çadırımın önündeki kusmuğun içinde yatıyordu şimdi.

Tepeye çıkma şansı için her şeyi feda etmiştim ve şimdi yapabileceğim tek şey o hayalin parmaklarımın arasından kayıp gitmesini izlemekti.

Tanrım, lütfen, iyileşmeme yardım et –en kısa zamanda.

O gece muhtemelen bu gezi sırasında en yalnız hissettiğim zaman ve en uzun geceydi.

Islak değildim, güvendeydim, arkadaşlarımın yanındaydım ama ümitsizdim. Ve yalnızdım. Bir imkânı kaybetmiştim.

Birkaç saat sonra Mick, Neil, Karla ve Alan ana kamptan ayrılıp altı aydan uzun zamandır Everest'in güney yüzünden yapılan ilk zirve tırmanışına başlayacaktı ve ben bu grubun bir parçası olmayacaktım. Graham ve Michael da hastaydı; öksürüyor ve güçlükle konuşuyorlardı, ikisi de bitkin düşmüştü.

Henry, Geoffrey'den ikinci takımda kalmasını istemişti. Dört-dört gitmek beş-üç şeklinde gitmekten daha güvenliydi. O da bir centilmen olarak kabul etmişti.

Dördümüz ortalamanın altında görünen bir zirve tırmanışı ekibi oluşturuyorduk, tabii ikinci takım olarak yola çıkabilirsek. Bunun gerçekleşeceğini pek sanmıyordum.

Saat sabah 05.00'te Mick'in çadırından ilk hışırtılar gelmeye başladı ama bu sabah her şey farklıydı. Muhabbet yoktu. Neil ve Mick şafağın soğuğunda tırmanma ekipmanlarını giyinirken fısıldayarak konuşuyordu. Bizi uyandırmak istemiyorlardı ama ben uykuya dalmaya yaklaşmamıştım bile.

Yakında harekete geçmek isteyeceklerdi. Bana veda etmek için çadırımın önünde çömeldiler. Mick elimi sıkıp avcunun içinde tuttu.

"Sen bu takımın bel kemiğiydin Bear. Biraz sabret ve gücünü topla. Senin fırsatın da gelecek dostum."

Gülümsedim. Onları çok kıskanıyordum. Zamanlamalarını, imkânlarını ve sağlıklarını çok kıskanıyordum.

Saat 05.35'te ilk ekipteki dört kişi Pasang'la birlikte kamptan ayrıldı. Botlarının buz şelalesinin yolundaki taşlara büyük bir amaçla basarken çıkardığı sesleri duyabiliyordum. Çadırım hiç bu kadar sessiz ve kasvetli gelmemişti.

***

İki gün sonra, ilk ekip üçüncü kampa ilerlerken ben çok daha iyi hissederek uyandım. Her şeye rağmen... Tamamen iyi değildim ama gitgide iyileşiyordum. Bu benim için yeterliydi. Antibiyotik etkisini gösteriyordu.

Ama o sabah gelen rapora göre hava aniden, inanılmaz şekilde değişmişti. Everest'te bu sık gerçekleşen bir şeydi.

"Önemli uyarı: Everest'in güneyinde tropik kasırga. Dağa yaklaştıkça tayfuna dönüşmesi muhtemel."

İki gün içinde tayfun gelecekti. Bu, yukarıdaki ekibin yeterince zamanı olmadığı anlamına geliyordu. Aynı zamanda bu, sadece çok güçlü rüzgârlar geleceği anlamına gelmiyordu. Böyle bir hava birkaç saat içinde 1,5 metreden fazla karın yağmasına neden olabilirdi. Böyle bir havada hâlâ yukarıda olanlar, Henry'nin dediğine göre "ulaşılması imkânsız hâle" gelecekti.

O öğlen Henry'ye bir teklif sunmaya gittim. Michael ve Graham hâlâ hastaydı ama ben neredeyse tamamen iyi hissediyordum.

"Neden ben ve Geoffrey ikinci kampa gitmiyoruz? Böylece tayfun gittiğinde tırmanışa uygun bir pozisyonda oluruz."

Riskli bir plandı. Son derece riskliydi ama golfçü Jack Nicklaus'un dediği gibi, "Gitmezsen hiç varamazsın."

Burada, ana kampta oturup beklerken zirveye çıkma şansını hiç edinemeyeceğim kesindi. Ayrıca ikinci kampta ana kampla (Henry'nin olduğu yer) diğerleri arasındaki radyo görevini görebilirdim. En önemli nokta buydu.

Henry, Michael ve Graham'ın yakın zamanda iyileşmeyeceğini biliyordu. Benim azmimi anladı ve gençliğinde hissettiği o ateşin şimdi bende yandığını gördü.

Henry'nin dağcılık kuralı şuydu; "%99 dikkat, %1 atılganlık." Ama o %1'i nerede kullanacağını bilmek gerçek bir beceriydi.

Öksürüğümü bastırıp Henry'nin çadırından gülümseyerek ayrıldım; yukarı çıkacaktım.

Geoffrey ve ben buz şelalesinin üzerine doğru yavaşça ilerliyorduk. Çengellerimi ilk kampla aramızdaki son ipe taktım. Saat sabah 07.20'ydi.

Günün çoğunu ikinci kampa varmak için yürüyerek geçirdik. Sonunda saat öğlen 15.30'da kampa vardık. Yorgun hissediyordum ve başım dönüyordu. Daha sadece %50 sağlıklıyken tırmanmak zordu, özellikle de bu yükseklikte ama bunu kimseye söylemeye niyetim yoktu. Çok fazla şeyi tehlikeye atmış olurdum.

Geoffrey'yle çantalarımızı ayakuçlarımıza bırakıp oturduk ve su içtik. Terimiz kurusun diye tırmanma tulumlarımızı belimize kadar açmıştık. İkinci kamptaki iki Sherpa, Ang-Sering ve arkadaşım Thengba bize limon çayı getirdi.

Buraya çıkabilmek beni mutlu etmişti. Şimdiye kadar Mick, Neil ve diğerlerinin üçüncü kampla dördüncü kamp arasında bir yerde olduklarını tahmin ediyordum. Yeni bir bölgeye girecek, bu tırmanışta gittiğimiz en yüksek noktanın ötesine geçeceklerdi.

Rotayı bütün detaylarıyla inceledik. Lhotse yüzünde yapılan zorlu bir yürüyüş ve *Geneva Spur* (Cenevre Hattı) adı verilen, mavi buzda çıkıntılar oluşturan dik kayalara tutunarak yapılacak uzun bir tırmanış olacaktı bu. Oradan da rüzgârlı, bomboş bir düzlüğe; yani Güney Geçidi'ne çıkacaktık. En yüksek kampımız, dördüncü kamp buradaydı.

Sherpalar dürbünleriyle gördükleri diğer dağcıları işaret etti. Önümüzdeki bembeyaz, geniş tuvalde noktalar gibiydiler.

Devam et Mick. Devam et dostum.

Kendi kendime gülümsedim.

**

Saat akşam 23.00'tü. Mick ve Neil şu dakikalarda dördüncü kamptan ayrılıyor olmalıydı. Tekrar giyiniyor, ekipman ve oksijenlerini kontrol ediyor, ayakkabılarını sıkıca bağlıyor olmalıydılar. Karanlıkta, yedi bin metre yüksekteki küçük bir çadırın içinde dört kişinin birden hazırlanması zor olmalıydı.

Dolunay 11 Mayıs'taydı; zirveye çıkmak için uygun bir zaman. Ama şimdi bir hafta geçtiği için ay yavaş yavaş kayboluyordu. Bu da sürekli başlarındaki fenerleri kullanmaları gerekeceği anlamına geliyordu ama sıcaklığın sıfırın altında olduğu durumlarda o pillerin ömrü çok uzun olmuyordu. Yedek piller de daha çok ağırlık demekti. Ayrıca -35 derecede kalın eldivenlerle pil değiştirmek sandığınızdan çok daha zordu.

Daha önce Mick'in yanında olmayı hiç bu kadar çok istememiştim.

Rüzgârlar sessiz, gece sakindi. Kamptan iyi bir zamanda ayrılmışlardı. Oradaki diğer iki ekibin önündeydiler. İyi bir karar vermişlerdi.

Mick oksijen stokuyla ilgili bir sorun hissettiğinde daha geçitten yeni ayrılmışlar. İçinde kötü bir his varmış. Geleceği görmüş gibi olmuş resmen.

Beş saat sonra dağcılar bir dizi hâlinde ipsiz, karın ve buzun içinde oldukça rahat bir şekilde "balkon" denilen bölgeye, 8.300 metrelik yüksekliğe ilerlemekteymiş. Ekip tahmin edilenden yavaş ilerliyormuş. Mick'in başındaki fenerin pilleri bitmiş. Karanlıkta ve o karın içinde pilleri değiştirmek yapamayacağı kadar zormuş. Çok sakin görünen hava bu noktada farklılaşıyordu.

Mick ve Neil yine de ilerlemiş. Karla ve Alan onların arkasından yavaş yavaş da olsa gelmeye devam etmiş.

Sonunda saat sabah 10.05'te Neil ve Pasang, Güney Zirve'ye ulaşmış. Neil buradan Hillary Adımı olarak bilinen, kötü bir üne sahip kar ve buz oluğunu ve onun üzerinde yer alıp asıl zirveye ulaşan hafif yokuşu görebiliyormuş.

1996'da dağda gerçekleşen felaketler Neil'in dördüncü kampın üzerine çıkma şansını elinden almıştı ama iki yıl sonra yine buradaydı işte. Fakat bu kez zirve gözlerinin önündeydi. Kendini burada güçlü hissetmiş ve sabırsızlıkla Mick'i beklemeye koyulmuş. Nitekim son yokuşu ve Hillary Adımı'nı geçmeleri için bir arada olmaları gerekiyordu.

Neil bir şeylerin yanlış gittiğini hissetmiş. Mick'in ve diğerlerinin yanına varmasını beklerken değerli dakikalar geçip durmuş ve bir kere ulaşamadığı hayalin bir kez daha ulaşılmaz hâle geleceğini hissetmiş.

Yolda bir yerlerde dağcılar arasında ipin kimde olduğuna dair bir yanlış anlaşılma olmuş. Yüksekte böyle şeyler oluyor. Basit bir hata. Ama hataların sonuçları vardır.

Aniden Everest Dağı'nın zirvesinden birkaç yüz metre aşağıda iplerinin bittiğini fark etmişler. Çekilmekten başka şansları yokmuş. Devam etmek gibi bir seçenekleri kesinlikle yokmuş.

Neil gözlüklerinin arkasından tepeye bakmış; çok yakın ama çok uzak. Sadece bomboş hissediyormuş. Arkasını dönüp bir daha asla geri bakmamış.

***

Saat sabah 10.50'de telsizden sesler yükseldi. Bu, Mick'in sesiydi. Yorgun ve uzaktaymış gibi geliyordu.

"Bear. Ben Mick. Anlaşıldı mı?"

Dediklerinin arasına ikide bir radyo paraziti giriyordu. Anlayabildiğim tek şey oksijenle ilgili bir şeyler söylediğiydi. Kötü bir haber olduğunu hissetmiştim.

"Mick tekrar söyle. Oksijene ne oldu?"

Kısa bir sessizlik oldu.

"Bitti. Oksijenim yok."

Bu sözler ikinci kamptaki çadırımın sessizliğinde havada asılı kaldı. Gözlerimi sımsıkı kapattım. Düşünebildiğim tek şey en yakın arkadaşımın benden 1.800 metre yukarıda ölmek üzere olduğu ve elimden hiçbir şey gelmediğiydi.

"Konuşmaya devam et Mick. Durma!" dedim sert bir tonla. "Yanında kim var?"

Eğer Mick sussaydı ve yardım bulamasaydı asla hayatta kalamazdı. Önce ayakta duracak gücü kaybederdi, sonra da soğuğa direnme gücünü. Hareketsiz, hipotermik ve oksijensiz. Kısa süre sonra bilincini kaybeder ve bunu ölüm izlerdi.

"Alan burada..." Durdu. *"Onun da oksijeni yok. Durum... İyi değil Bear."*

Hemen Neil'le iletişim kurmamız gerektiğini biliyordum. Hayatta kalmaları onlardan yukarıda birinin olmasına bağlıydı.

Mick tekrar konuştu.

"Bear sanırım Alan'ın hayatta olacağı sadece on dakika kaldı. Ne yapacağımı bilmiyorum."

Mick'in tekrar konuşması için uğraştım ama cevap gelmedi.

86

Sonunda iki İsveçli dağcı ve Babu Chiri isimli bir Sherpa Mick'i bulmuş. Neyse ki -Tanrı'nın yardımı- Babu yedek bir oksijen tüpü taşıyormuş. Neil ve Pasang da aşağı inmiş ve Mick'le diğerlerinin yanına gelmişler. Daha sonra Neil karın içinde yarıya kadar gömülmüş bir acil durum oksijen tüpü bulmuş. Birini Alan'a vermiş ve ikisini de ayağa kalkmaya zorlamış.

Yavaş ve yorgun bir şekilde hareket eden Mick'in bilinci sonraki birkaç saat boyunca gelip gittiği için o zamana dair pek bir şey hatırlamıyor. Onun için o süre sadece yorgunluk, soğuk ve kafa karışıklığından ibaretmiş.

Mavi ince buzdan aşağı inmek ölümcül olabilir. Çıkmaktan çok daha tehlikeli... Mick de inerken yalpalayıp durmuş. Havasız kalmanın etkileri kontrolü kaybetmesine sebep olabilirmiş.

Balkon'un altında bir yerde Mick aniden altında düz bir zeminin olduğunu hissetmiş. Mavi buzun üzerini kaplayan yumuşak kar ayaklarının altından kaymadan önce bir an fazla hızlanmış. Buradan sonra dağın bu yüzünden aşağı sırtüstü düşmeye başlamış ve sonra düşüşü yavaşlatmak için ayakkabılarını buza gömmeye çalışma hatasını yapmış. Ama ayakları dağın yüzüne değdiği gibi basınç onu ileri iterek buz ve karla kaplı dağın yüzünden daha hızlı düşmesine sebep olmuş.

Öleceğini o noktada kabul etmiş. Kenara çarpıp dönüp durmuş ve sonunda küçük bir çıkıntının üzerinde durmuş. Sonra sesleri duymuş. Garip ve kısık seslermiş bunlar.

Mick diğerlerine seslenmeye çalışmış ama bağıramamış. Az önce geçitte olan dağcılar şimdi Mick'in yanındaymış. Onu tutup yukarı çekmişler. Mick tir tir titriyormuş.

Mick ve Neil kırk sekiz saat sonra bizim bulunduğumuz ikinci kampa ulaştığında ikisi de tamamen yıkılmış gibiydi. Farklı adamlar olmuşlardı. Mick sadece başını ellerinin arasına alıp oturdu. Bu her şeyi anlatıyordu.

O akşam uyumaya hazırlanırken Mick beni dürttü. Oturdum ve yüzüne bir gülümseme yayıldığını gördüm.

"Bear gelecek sefer tatile gideceğimiz zaman nereye gideceğimize ben karar vereceğim, tamam mı?"

Aynı anda hem gülmeye hem de ağlamaya başladım. Bunu yapmam gerekiyordu. İçimde çok fazla şey tutmuştum.

Sonraki sabah Mick, Neil ve Geoffrey ana kampa gitmek için yanımızdan ayrıldı. Tırmanışları bitmişti. Mick sadece bu ıssız dağdan inmek, güvende olmak istiyordu.

Buzun arasında gözden kaybolmalarını izledim ve hiçbiri yanımda olmadan ikinci kampta kalmakla bir hata yapmadığımı umdum.

***

Ne kadar yüksekte kalırsanız vücudunuz o kadar zayıflar. Bozulmayla alışma arasında ince bir çizgi var. Ben bozulma riskini alıp beklemeye karar verdim. Ne olur ne olmaz. Belki bir başka tepeye çıkma şansımız olurdu. Bazıları buna cesurca diyebilir ama çoğunluk aptalca diyordu.

Fakat kasırga yavaşlıyordu ve iki gün sonra geçmiş olacaktı. Ama hâlâ gelmekteydi. İki gün tepeye ulaşıp geri dönmemize yetecek kadar uzun bir zaman değildi. O yüzden yarın fırtına hâlâ bize doğru geliyorsa aşağı ineceğime dair Henry ve Mick'e söz verdim.

Sonraki günlerim radyonun başında, günün ortasında ana kamptan gelecek hava durumu haberini beklemekle geçti. Kasırganın gideceği haberini duymak için bekliyordum.

İlk gün yerinde kaldığını söylediler. Sonraki gün de aynıydı. Ben de biraz daha beklemeye karar verdim. Sonraki günün raporu hayati önem taşıyacaktı.

O gün saat 12.02'de telsizden haber geldi.

"İkinci kamptan Bear, ben Neil. Her şey yolunda mı?"

Sesi açık ve net duyuyordum.

"Haberleri bekliyorum," dedim gülümseyerek. Neyi kastettiğimi biliyordu.

"Dinle beni. Elimde bir hava durumu haberi, bir de ailenden gelen bir e-mail var. Önce iyi haberi mi duymak istiyorsun, kötü haberi mi?"

"Önce kötü haberi duyalım bakalım."

"Hava hâlâ kötü... Kasırga tekrar harekete geçmiş ve buraya geliyor. Eğer yarın hâlâ aynı yolun üzerindeyse aşağı inmen gerekecek, hem de hemen! Üzgünüm."

"İyi haber?" diye sordum umutla.

"Annen hava durumu raporuyla birlikte bir mesaj göndermiş. Bütün hayvanlarınızın sağlıklı olduğunu söylüyor."

Tuşa bastım.

"Devam et, sadece bu olamaz. Başka?"

"Ailen hâlâ ana kampta olduğunu sanıyor. Muhtemelen böyle olması daha iyi... Yarın konuşuruz."

"Teşekkür ederim dostum. Ah, havanın değişmesi için dua et. Bu son şansımız olacak."

"Anlaşıldı Bear. Kendi kendine konuşmaya başlama. Tamam."

Yirmi dört saat daha beklemem gerekiyordu. Cehennem gibiydi. Yukarı çıkma ihtimali için vücudumun göz göre göre zayıflamasını izliyordum. Kendimden ve bu kadar yüksekte kalma kararımdan şüphe etmeye başlamıştım.

Şafaktan çok önce dışarı çıktım. Saat 04.30'du. Çadırımın önünde oturup güneşin yükselmesini beklemeye başladım. Aklımda yukarıda olmak vardı—insanı tüketen bu acımasız dağın tepesinde olmak.

Üçüncü kampın üzerindeki o ölümcül topraklara ulaşma şansım olacak mı hiç?

Saat sabah 10.00'da telsizin başındaydım. Bu kez erken aradılar.

"Bear, Tanrın sana yardım ediyor. Gidiyor." Henry heyecanlıydı. *"Kasırga doğuya gidiyor. Arada zamanımız olacak; kısa bir süre. İki gün*

içinde rüzgârların yavaşlayacağını söylüyorlar. Nasıl hissediyorsun? Yeterince güçlü müsün hâlâ?"

"Evet, harikayım. Yani, iyiyim. İnanamıyorum."

Ayağa sıçradım, çadırları kuran adamın iplerine takılıp düştüm ve sevinçle çığlık attım. Bu son beş gün ömrümün en uzun günleri olmuştu.

87

John F. Kennedy'nin söylediği şu sözü hep çok sevmişimdir; "'Kriz' kelimesini Çince yazdığınızda kelimenin iki karakterden oluştuğunu görürsünüz. Bu karakterlerden biri 'tehlike' anlamına gelir, diğeriyse 'fırsat'."

Hayatıma dönüp baktığımda beni daha güçlü yapmayan hiçbir kriz yaşamadığımı görüyorum. Ve şimdi sevdiğim her şey önümde duruyordu; büyük bir risk ama aynı zamanda büyük bir fırsat. Hiç bu kadar heyecanlı hissetmemiştim.

Neil tekrar yukarı çıkmak için hazırlanmaya başlamıştı bile. Hayatta kaldığı için çok şanslı olan Mick ise kesin ve akıllıca bir şekilde ana kampta kalıyordu. Bana gelince, harekete geçme zamanım gelmişti.

O akşam ikinci kamp yine arkadaşlarımla doluydu. Michael, Graham, Karla ve Alan'ın yanı sıra Neil ve Geoffrey de yanımdaydı. Ama tekrar ikinci kampa çıkmanın yorgunluğu Karla'nın yüzünden okunuyordu. Gerçekten tükenmişti ve bu son derece barizdi. Everest'te üç ay geçirip daha sadece birkaç gün önce zirvenin birkaç yüz metre aşağısına kadar çıkan herkes bu kadar yorgun hissederdi eminim.

Yarın hayatlarımızın en büyük mücadelesi başlayacaktı.

***

O gece uzun süredir içinde yalnız kaldığım çadırım birden başkalarıyla dolmuştu; insanlar, ipleri ve ekipmanları, hemen yanımda Neil, Geoffrey ve Graham.

İçebildiğim kadar kaynar su içmeye çalıştım. Önümüzdeki güçlükleri aşabilmek için susuz olmamam gerektiğini biliyordum. O yüzden bol

bol içtim ve tuvalete çıktım ama idrarım hâlâ koyu kahverengiydi. Bu yükseklikte susuz kalmamak neredeyse imkânsızdı.

Su şişesine işemek hepimizde artık alışkanlık olmuştu. Bunu karanlıkta, başka birinin başı yanı başımızdayken bile yapmaya başlamıştık. Herkesin iki şişesi vardı; biri su, diğeri idrar içindi. Hangisini ne için kullandığımızı hatırlamak için iyi bir sisteminiz olmalıydı.

Saat akşam 22.00'de tekrar tuvalete gitmem gerekmişti. Şişemi alıp çömeldim ve şişeyi doldurdum. Sonra da kapağını iyice kapattım, daha doğrusu kapattığımı düşündüm. Sonra uyku tulumuma girip biraz uyumaya çalıştım.

Kısa süre sonra kıyafetlerimin ıslandığını fark ettim.

Şaka yapıyor olmalısın. Kendime küfrettim ve hemen kalkıp oturdum. Aşağı baktım ve idrar şişesinin kapağının tam kapalı olmadığını fark ettim. Koyu renk, korkunç kokan idrar şimdi uyku tulumumda ve kıyafetlerimdeydi. Bariz bir biçimde kapağı tam kapatamamıştım. Akılsızca yaptığım bir hataydı. Belki de geleceğimizde yatan olayların bir işaretiydi. Sonra da tekrar uyuyakaldım.

Saat sabah 5.45'te ayakkabılarımızı giyerken kampın önündeki buzun üzerinde oturuyorduk.

Sessizlik içinde üçüncü kampa ilerlemeye başladık. Önceki tırmanışımız kadar uzun sürmemesini umuyordum.

Saat 10.00 gibi tırmanışın ortasındaydık. Teker teker mavi buzu tırmanıp geçiyorduk. Ekipmanıma yaslanıp boynuma asılı su şişesine ulaşmaya çalıştım. Normal hızda hareket ediyordum. Hızlı değildim ama yine de hareket hâlindeydim. Ayrıca en son üçüncü kampa çıktığım zamana kıyasla daha güçlü hissediyordum. Bu da iyi bir işaretti.

Beş buçuk saatlik bir tırmanıştan sonra çadırlar sadece birkaç yüz metre ilerideydi. Ama o kısacık mesafeyi geçmek benim yirmi dakikamı almıştı.

Sabırlı ol ve ilerlemeye devam et. Ciğerlerinin yavaşlamasını, ayaklarının ve ellerinin hissizleşmesini ve bulunduğun yüksekliği görmezden gel. Gelecek adımına odaklan. Başka hiçbir şeyin önemi yok.

Fizik kurallarına göre ne kadar yavaş olursa olsun yukarı çıkmaya devam ederseniz sonunda zirveye ulaşırsınız. Everest'teki tırmanış süreci sadece biraz daha zorluydu.

Daha önce bir dağın nasıl insanları vazgeçmeye, pes etmeye itebileceğine dair hiçbir fikrim yoktu. Ben asla pes eden biri olmamıştım ama şimdi bu yorgunluğun ve acının bitmesi için her şeyi verirdim. Bu hissi bir kenara itmeye çalıştım. Böylece önümüzdeki kırk sekiz saat boyunca içimde durmadan devam edecek savaş başlamış oldu.

Çadırın içine yığılıp kaldık. Şimdi çadırın yarısı geçen hafta yağan kara gömülüydü. Biz bir buz çıkıntısına kurulmuş bir çadırın içine sığışmış dört korku dolu dağcıydık. Üşümüştük, susuzduk, bu daracık yerde baş ağrıları çekiyorduk.

Askerlik bana küçük yerlerde çok kişiyle yaşayabilme yeteneği edindirdiği için son derece minnettarım. Bana gezi ve maceralarımda çok faydası dokundu. Neil'le olmak da ayrıca minnettar olduğum bir durumdu. İyi insanlarla takıldığınız zaman onların iyiliği biraz size de bulaşır. Bu hayatın sevdiğim yönlerinden biridir.

Orduda olmanın bana öğrettiği bir diğer şeyse nasıl ve nerede kendimi zorlayabileceğimdi. Bunu yapacağım zaman zor bir zaman olmalıydı; herkesin yavaşladığı, şikâyet etmeye ve pes etmeye başladığı zaman. En çok ışık saçabileceğin ânın en karanlıkta kaldığın an olduğunu anlamaktı bu. Basit bir ders ama hayatta başarılı olmanın anahtarlarından biridir. Bunu arkadaşlarımda da görüyorum. Everest'te böyle beceriler son derece önemli oluyor.

Karla, Henry'ye sadece rüzgârlar yavaşlarsa ilerleyeceğine rağmen söz vermişti. Henry bütün şartlar mükemmel olmadığı sürece bu son derece yorgun hâliyle Karla'nın hayatta kalmayacağını biliyordu.

Saat akşam 6'da telsizden Henry'nin sesi yükseldi.

"Rüzgârlar hızlanacak beyler. Üzgünüm Karla ama aşağı inmen gerekecek. Orada kalman alamayacağım bir risk..."

Uzun bir sessizlik vardı.

Karla kızgın bir sesle cevapladı.

"Olmaz! Tırmanmaya devam edeceğim. Ne dediğin umurumda değil, ben yukarı çıkıyorum."

Henry telsizden bağırdı.

"Karla dinle beni! Seninle anlaşmıştık. Senin oraya çıkmanı bile istemiyordum ama ısrar ettin. Şimdi yolculuğun bitiyor. Bunu senin hayatını kurtarmak için yapıyorum."

Henry haklıydı. Karla üçüncü kampa hepimizden üç saat sonra ulaşmıştı. Daha yukarı çıkarsa muhtemelen ölürdü.

88

Şafakta Karla aşağı inmeye başladı. Bizse yukarı devam ettik, daha da yükseğe.

Üçüncü kamptan ayrılalı dakikalar olmuştu ki oksijen maskemin altında boğuluyormuş gibi hissetmeye başladım. Sanki hiç hava alamıyordum. Nefes nefese maskeyi yüzümden çıkardım.

Bu çılgınlık, diye düşündüm.

Bana oksijenin sorunsuzca gelip gelmediğini gösteren hava baloncuğu ölçeğine baktım. Pozitifti. Maskeyi tekrar takıp yola devam ettim.

Beş dakika sonra nefes almak kolaylaşmamıştı, hâlâ zorlanıyordum. Maskem beni boğuyormuş gibi hissediyordum. Tekrar durup maskemi çıkardım. Dışarıdaki havayı solumaya başladım.

Geoffrey arkamda durup baltasının üzerine eğildi. Yukarı bile bakmıyordu.

Maskemi değiştirdim. Ekipmanıma güvenme konusunda kararlıydım. Her şey çalışıyormuş gibi görünüyordu. Bu da bana dakikada yaklaşık iki litrecik oksijen verildiğini gösteriyordu. Bana yaklaşık altı saat yetmesi gereken yavaş, az, düzenli bir akış...

Ama dakikada iki litre buradaki oksijensiz havada aldığımız nefesin çok küçük bir parçasıydı, çünkü ağır bir yükle dik bir yokuşu tırmanıyorduk. Ancak bu yavaş akan oksijen beni oksijen yetmezliğinin kıyısında tutan tek şeydi, o yüzden de ekstra ağırlığa değiyordu. Ucu ucuna... Kendime sürekli ağrıyan bir sırtın ve omuzların oksijen yetmezliğinden ve ölümden daha önemli olmadığını söyleyip duruyordum.

***

Önümde dağın yüzünden aşağı salınan bir ip duruyordu. Sağımda buz Lhotse zirvesine kadar yükseliyordu. Solumda buzlar yaklaşık 1.200 metre aşağıdaki vadiye düşüp duruyordu. Bu yükseklikte yapabileceğim en ufak hata bile ölümcüldü.

Kendimi aşağı bakmamaya ikna etmeye çalışıyordum. Onun yerine önümde uzanan buza odaklanıyordum.

Buzun üzerinden yavaşça dağın bu yüzünü ikiye ayıran dik kayalıklara doğru ilerlemeye başladım. Sarı Kayalar olarak bilinen bu kayalık yüzyıllar boyunca devam eden tektonik kaymalar sonucu bu kadar yukarı yükselen, bir zamanlar Tethys Denizi'nin yatağı olan kumtaşı kayalarından oluşuyor.

İşte buradaydım. Bu sarı kayalar önümde, sisin içinde uzanıyordu.

Soğuk kayalara yaslandım ve ciğerlerime oksijen girmesi için hızla nefes alıp vermeye başladım. Kaya kısmını tırmanmaya başlamadan önce biraz gücümü toplamaya çalışıyordum. Bu kayaları geçtikten sonra dördüncü kampa sadece birkaç saatlik yolumuz kalmış olacaktı.

Kramponlarım kayalara ilk değdiklerinde tedirgin edici bir şekilde kaydı. Tutunamıyorlardı, yüzeye hafifçe değerek ilerliyordum. Ayakkabılarımın burnunu bulabildiğim bütün girintilere sokup kendimi yukarı ittim.

Dik sarı kayaları geçtikten sonra yolumuz düz, karlı bir araziye çıkıyordu. Bu yolun sonunda da dördüncü kampa çıkan, dik kayalardan oluşan *Geneva Spur* (Cenevre Hattı) bulunuyordu.

Yaptığımız şeylerin büyüleyici bir basitliği vardı. Aklım bomboş ve netti. Sadece bir sonraki hareketime odaklanıyordum. Bu hissi çok seviyorum.

Geneva Spur'ü tırmanmaya başladığımda Geoffrey'nin benden biraz daha aşağıda olduğunu gördüm. Arkasında da Graham, Alan, Neil ve Michael'ın silüetleri vardı.

Kayalara hızla tırmanmaya devam ettim ve bir saat sonra kendimi bir düzlüğün hemen altında buldum. Yukarıda kötü bir üne sahip Güney Geçidi vardı. Hakkında bir sürü şey okuyup duyduğum bu geçidi görmek istiyordum. Sekiz bin metre yüksekliğe kurulmuş, dünyanın en yüksek kampı... Everest'in Ölüm Bölgesi'nin derinliklerinde bir kamp...

"Ölüm Bölgesi" terimi beni hep ürkütmüştü. Dağcılar normalde zor şeyleri basitmiş gibi göstermekle tanınır ama bu bölgeye söz konusu ismi veren yine dağcılardı. Bu hoşuma gitmiyordu. Bu düşünceyi bir kenara koydum ve son birkaç adımı daha atınca yokuşun düzeldiğini fark ettim. Arkamı dönüp aşağı bakınca dünyanın neredeyse yarısını görebildiğime yemin edebilirdim.

Altımda kalın bir bulut örtüsü vardı, dağın aşağıda kalan kısımlarını görmemi engelliyordu. Ama bunların üzerinde önümde uzanan koyu mavi, geniş ufku görebiliyordum. Adrenalin yorgun vücudumu doldurdu ve bir kez daha hareket etmeye başladım. Başka bir dünyaya girdiğimin farkındaydım.

***

Güney Geçidi geniş, kayalıklı bir araziydi. Yaklaşık dört futbol sahası büyüklüğünde bir bölgeydi ve eski gezilerin kalıntılarıyla doluydu. 1996'daki fırtınanın ortasında hayatları için mücadele eden dağcılar burada çadırlarını bulmak için savaş vermiş, sadece birkaçı bunu başarabilmişti. Bedenleri hâlâ burada yatıyordu. Çoğu kar ve buzun altına gömülü, mermer kadar sertti.

Son derece kasvetli bir yerdi; ailelerin asla ziyaret edemeyeceği bir mezarlık. Ürkütücü havası vardı. Tamamen terk edilmiş bir yer; buraya çıkabilecek kadar güçlü olmayan kimsenin ziyaret edemeyeceği bir yer. Helikopterler bırakın burayı, ana kampa bile zor ulaşıyordu. Hiçbir meblağ bir insanı buraya çıkaramazdı. Bunu sadece azimle yapabilirdiniz.

Ben de bunu seviyordum.

Rüzgâr geçidin kenarından sertçe geçip neredeyse harap olmuş çadırların yıpranmış kumaşlarını sallıyordu. Sanki dağ bana geçmeye cesaret edip edemeyeceğimi soruyormuş gibi hissediyordum.

DÖRDÜNCÜ BÖLÜM

*"Limanınıza hem inanç hem de korku yaklaşacak,
sadece inancın demir atmasına izin verin."*

Everest'in son 1.200 metrelik kısmı ölümcül bir yer, burada insanların uzun süre yaşaması mümkün değil. Dağın dişleri arasında, bu yükseklikteyseniz vücudunuz yavaş yavaş ölüyor demektir. Her saat son derece kıymetli...

Geçidin ortasında iki çadır duruyordu. Biri Singapur'dan gelen ekibe aitti, diğeriyse Bolivyalı arkadaşımız Bernardo'ya. İki ekip de bizden bir gün önce buraya varmıştı. Çadırları şimdi boştu.

Şimdi üzerimizde bir yerlerdeki o dağcıların neler yaşadıklarını merak ediyordum. Bütün Singapur onların tırmanışının haberlerini bekliyordu. Başardıklarını umuyordum.

Bernardo'yla daha önceden o zirveye tırmanırken çadırını ve kaynaklarını paylaşma konusunda anlaşmıştık. Bernardo'nun boş çadırına emekleyerek girdim.

Bu yükseklikte hava oksijenden yoksun olduğu için ancak uzaydaymışız gibi hareket edebiliyoruz; yavaş, zorlukla ve biraz sakarca. Alışkanlıkla oksijen tankımı ve çantamı çıkardım, sonra da köşeye yığılıp kaldım. Başım çok ağrıyordu. Bir saniyeliğine bile olsa gözlerimi kapatmam gerekiyordu.

Duyduğum bir sonraki şey Bernardo'nun sesiydi. Bernardo çadırının içine bakarken yorgunca oturdum. Bana gülümsedi. Yorgun görünüyordu. Panda gözleri gibi görünen gözlerinin altında kocaman koyu renk şişlikler vardı. O yükseklikte güneşin altında çok uzun süre gözlükleriyle durduğu için böyle olmuştu. Ama yüzünden canlılık okunuyordu.

Zirveye ulaşıp ulaşmadığını sormama gerek yoktu. Gözleri her şeyi anlatıyordu.

"Çok güzel Bear! Gerçekten çok güzel!"

Bernardo bu sözleri rüya görüyormuş gibi bir ifadeyle tekrarlayıp durdu. Başarmıştı. Çadırda yan yana oturduk ve Bernardo'nun su içmesi için buzları eritmesine yarayacak sobayı kurmasına yardım ettim. En son su içtiği ânın üzerinden baya zaman geçmiş olmalıydı. Ama yorgunluğuna rağmen son derece canlı görünüyordu. Onun için artık bütün acı geçmişti.

İki Singapurlu dağcı da geri dönmüştü. Onlar da başarılı olmuştu. Bütün Singapur bunu kutlayacaktı.

İki saat sonra Alan ve Neil geçide ulaştı. Geoffrey ve Michael'ı geride bırakmışlardı. Neil başını Bernardo'nun çadırına sokup heyecanla kolumu sıktı. Birlikteydik ve birlikte olmak bize güç veriyordu. Bernardo'nun yanından ayrılıp Neil'in çadırını kurmasına yardım etmem gerekiyordu.

Şimdi Geoffrey ve Michael da geçitte yavaşça ilerliyordu. Bize daha önce Everest'in zirvesine çıkmış bir dağcı olan Graham'ın üçüncü kampa birkaç yüz metre kala dönmeye karar verdiğini söylediler. İkimizi de oldukça zorlayan hastalığın onu fazla zayıflattığını hissetmiş. Daha yukarıda yaşayamayacağını düşünmüş.

Bu önümüzdeki tırmanışla ilgili benim bilmediğim ne biliyor acaba?

Bu düşünceyi bir kenara ittim. Hava kötüleşiyordu. Hemen bir barınağa ihtiyacımız vardı.

Rüzgâr Neil'in çadırının bir kenarını elinden uçurdu. Kumaş oraya buraya uçuşup dururken ikimiz de onu kontrol etmeye çalıştık. Aslında dakikalar alması gereken bu iş neredeyse bir saatimizi aldı ama sonunda çadırı kurmuştuk.

Çadıra girip beklemeye başladık. Gecenin çökmesini bekliyorduk.

90

O koyu kırmızı, ağır oksijen tüpleriyle on yedi saat geçireceğimizi düşünmek beni korkuyla dolduruyordu. Gücümün beni yavaşça ama düzenli bir şekilde terk ettiğini hissedebiliyordum. Sırtımdaki tüpleri nasıl taşıyacağım konusunda hiçbir fikrim yoktu. Bir de onları o kadar mesafede, o kadar yükseklikte, belime kadar gelen karın içinde taşıyacaktım.

Bunun yerine kendime öbür tarafta neler yattığını hatırlatmaya çalışıyordum; evim, ailem, Shara. Ama hepsi çok uzakmış gibi geliyordu. Onları hayal edemiyordum. Oksijen yetersizliği buna sebep olabiliyor. Anılarınızı, hislerinizi ve gücünüzü elinizden alıyor.

Negatif düşünceleri kafamdan atmaya çalıştım. Sadece bu dağı düşünmeye, başka hiçbir şey düşünmemeye çalıştım.

Sadece bu tırmanışı bitir Bear ve gücünü kaybetmeden bitir.

***

Bu yükseklikte hissedilen yorgunluğu anlatmak mümkün değil. Sizi ileri gitmeye motive edecek hiçbir şey yok ve hiçbir şey umurunuzda değil. Tek istediğiniz kıvrılıp uzanmak ve yalnız kalmak... Bu yüzden ölüm garip bir şekilde çekici, bir an için sizi soğuk ve acıdan kurtaracak tek şeymiş gibi görünebilir. Buranın tehlikelerinden biri de bu.

Uzandığım yerden kalkmaya çalıştım. Çadırımızın fermuarı biraz bozulmuş gibiydi. Yarı kapalı ağzının iki kanadı rüzgârda savruluyordu.

Oturduğum yerden ileride derin karın başladığı yere uzanan bomboş geçidi görebiliyordum. Rüzgâr buzları yalayarak geçerken yapışmamış kar tanelerini düşürüp düzlükte taşıyordu. Dağ soğuk ve korkutucu görünüyordu.

Mick'in aşağı düştüğü yeri görebiliyordum. Çok şanslıydı aslında. *Yoksa biri onu korumuş muydu?* Aklımda böyle düşünceler dolaşmaya başladı.

Zirveye çıkma hayaliyle bu dağa gelip hayatını kaybeden bütün o dağcıları düşündüm.

Buna gerçekten değer miydi?

Buna verecek bir cevabım yoktu. Bildiğim tek şey çoğunun buradan yukarıda öldüğüydü.

***

Akşam saat 19.00. Yarım saat sonra tekrar o son derece yorucu ekipmanlarımızı hazırlama işine başlamamız gerekecekti. Bu da en az bir saatimizi alacaktı. Bu iş bittiğinde vücutlarımızın hiçbir yeri görünür olmayacaktı.

Sımsıkı giyinmiştik, hepimiz birer kozanın içine saklanmış gibi görünüyorduk. Bir arada durup kaderimizi beklemeye başladık.

Çantamın en üst gözüne uzanıp içinden plastiğe sarılı birkaç kâğıt çıkardım. Bunları sırf bu an için getirmiştim.

"Gençler bile yorulacak ve bayılacak. Genç erkekler şüphesiz düşecek. Ama Tanrı'yı bekleyenlerin gücü geri gelecek. Kartallar gibi kanatlarını açıp yükselecekler. Koşacak ama yorulmayacaklar. Yürüyecek ama düşmeyecekler." Isaiah 40:29-31

Yukarıda yanımda olabilecek tek şeyin bu olduğunu hissetmiştim. Orada beni güvende tutacak kadar gücü olan kimse olmayacak. Sadece siz ve Yaratıcı. Numara yok, gerektiğinden fazla bir şey yok, B planı yok.

Önümüzdeki yirmi dört saat içinde altıda bir ölme ihtimalim olacaktı. Aklım buna takıldı ve büyük resmin önemini fark ettim.

Ölümün gözlerine bakma zamanıydı. Korkuyu kabullenme ve Tanrı'nın elini tutup tırmanmaya devam etme zamanıydı.

Sonraki gün ve gece boyunca, yukarı çıkarken aklımda İncil'in bu açık satırları dönüp duracaktı.

91

Kamptan akşam saat 21.00'de ayrılmaya karar verdik. Normalde zirve tırmanışına çıkan dağcıların bu kamptan ayrıldıkları saatten daha erken yola çıkıyorduk. Hava durumu raporu yukarıda güçlü rüzgârlar olacağını ve günün ortasına doğru bu rüzgârların iyice güçleneceğini söylüyordu. Rüzgârlar daha kötü olmadan, gece vakti olabildiğince çok tırmanmak istiyorduk.

Geoffrey, Alan ve Michael kısa bir süre sonra Ay'da yürümeye hazır astronotlar gibi giyinmiş bir şekilde çadırlarından çıktı. Sherpaların çadırı hâlâ kapalıydı. Neil onları uyandırdı. Bize yola çıkmamızı söyledi. Arkamızdan geleceklerdi.

Beşimizin geçitte yürümesinde gizemli bir şey var gibiydi. Savaşa giden askerler gibi...

Buza ulaştıktan sonra yokuş yavaş yavaş dikleşmeye başladı.

Başımızdaki fenerler ayaklarımızın önündeki karı aydınlatırken dağın yüzüne iyice sokulduk. Işığımız bütün dünyamız olmuştu; bize ayaklarımızı nereye koyacağımızı, baltalarımızı nereye saplayacağımızı gösteriyordu. Işık görebildiğimiz tek şeydi.

*****

Zaman geçtikçe grup doğal olarak ikiye ayrıldı. Alan, Neil ve ben önden gidiyorduk. Geoffrey ve Michael arkamızdan geliyordu. Kısa süre sonra fazlasıyla geride kalmışlardı.

İki saat sonra üçümüz buzdan bir çıkıntının üzerinde oturuyorduk. Aşağı baktık.

"Korkuyor musun?" dedi Alan sessizce. Şimdiye kadar herhangi birimizin ağzından çıkan ilk sözlerdi bunlar.

"Evet," dedim. "Ama bu oturduğumuz yeri başka bir açıdan görseydim çok daha fazla korkardım," diye devam ettim.

Sözlerimde alaycı bir tavır yoktu. Doğruydu bu. Tehlikeyi göremeyeceğimiz kadar karanlıktı. Görebildiğimiz tek şey başımızdaki fenerlerin aydınlattığı bitmek bilmeyen kar ve buzdu.

Gece yarısı derin, savrulup duran toz gibi kara denk geldik. Bunu beklememiştik. Bu karın arasından geçmeye çalışırken kaynaklarımızın çoğunu harcamak zorunda kaldık. Attığımız her adımda ayaklarımız geri kayıyordu. Bir adım ileri gitmek için üç adım atmak zorunda kalıyorduk. Kar eldivenlerimi ve maskemi dolduruyordu ve gözlüklerim buğulanıyordu. Sessizce küfrettim.

Balkon nerede? Yakında olmalı.

Görebildiğim tek şey daha çok buz ve kayaydı. Karanlığın içinde kaybolup gidiyorlardı. Yoruluyordum.

Saat gece 01.00'de bir başka buzdan çıkıntıya vardık ve karın içinde düşüp kaldık. Balkondaydık. Heyecan bütün vücudumu doldurmuştu. Şimdi deniz seviyesinden 8.300 metre yukarıdaydık.

Biraz oksijenim kalsın diye maskemi çıkardım. Oksijeni az hava ciğerlerimi donmuş ateş gibi yaktı. Cehennem ateşi gibi... Karın içinde oturup gözlerimi kapattım.

Yedek oksijen tüpleri getiren Sherpaları beklememiz gerekiyordu. Sonra bizim yarısı boş tüplerimizi onlarla değiştirecektik. Yeni tüpler bize zirveye gidip balkona dönene kadar yetmeliydi. Son tırmanışı tamamlamamız için bize yaklaşık on saat daha vereceklerdi.

Buradaki zamanımız oksijene bağlıydı. Bu yükseklikte oksijen hayatta kalmak demekti. Sıcaklık -40 dereceydi.

Saat gece 2.00'de Sherpalar hâlâ gelmemişti. Neil de ben de gitgide daha çok üşümeye başlıyorduk. Bu kadar az oksijenle buz yanığı sessizce ve hızla sizi yakalayabilir.

Aniden bütün gökyüzü aydınlandı. Dağlar sanki gündüzmüş gibi aydınlandı ve sonra ışık hemen kayboldu. Sonra fırtına vadilerden geçmeye başladı.

Bu fırtına burada olmamalı, diye düşündüm.

Saniyeler sonra gökyüzü tekrar aydınlandı. Vadilerden yukarı çıkan elektrik yüklü bir fırtınaydı. Eğer bize ulaşırsa hayatlarımızı kaybedebilirdik. Bütün bu dağı dayanmamızın imkânsız olduğu, karlı korkunç bir fırtınaya dönüşecekti. Aşağıda bir yerde Geoffrey ve Michael da ayrı bir mücadele veriyordu.

Ve insanlar Everest'in Ölüm Bölgesi'ndeki mücadeleleri genelde kaybediyor.

92

Geoffrey oksijen ekipmanıyla ilgili sorunlar yaşıyordu. Oksijen doğru düzgün gitmiyor, onu boğuyordu. Uğraşıp durdu ama sonunda çabalarının boşa olduğunu kabul etmek zorunda kaldı. Arkasını döndü. Onun tırmanışı bitmişti.

Michael da geri dönmeye karar verdi. Bitmişti. Sessizce yaklaşan fırtına onun için bardağı taşıran son damlaydı. Hayatı boyunca dağlara tırmanmıştı ve hem kendi vücudunun sınırlarını hem de dağlardaki hava durumu kuralını biliyordu.

"Eğer endişe ediyorsan endişe etme. Aşağı in."

Yavaşça geçide doğru inmeye başladılar. Biz de beklemeye devam ettik. Saat gece 3'te durmadan titriyorduk ve hareket etmeden hayatta kalma sınırımıza gelmiştik. O anda aşağıda Sherpaların fenerlerini gördük.

Buz gibi parmaklarımızla oksijen tüplerimizi değiştirmek çok zordu. Ana kamptayken bu işi uzmanlaşacak kadar iyi öğrenmiştik ama burada; yukarıda, karanlıkta ve sıfır derecenin altında tamamen ayrı bir işti.

Oksijen tüplerinin kapaklarını aynı sıraya getirmeyi bir türlü başaramadım. Küçük, buzlu kapaklar gibiydiler ve karanlıkta, buz gibi havada bu çok zordu. Regülatörü doğru düzgün tutabilmem için dış eldivenlerimi çıkarmam gerekiyordu.

Titremelerimi artık kontrol edemiyordum. Regülatörün kapağını yanlış açıyla kapattım. Ânında sıkışıp kaldı. Sesli küfrettim.

Neil ve Alan hazırdı. Neil yanımda diz çöktü, beni bekliyordu. Ama Alan kalkıp yürümeye başlamıştı, tepeye ilerliyordu.

Bütün gücümle kapağı açmaya çalışıyordum.

Haydi açıl!

Durumun kontrolünü kaybetmeye başladığımı hissediyordum. Buraya kadar geldikten sonra başarısız olamazdık. Bu aşamaya gelmiştik. "Haydi Bear, çalıştır şunu!" dedi Neil maskesinin altından.

Tüpü elimde tutuyordum ve kapağı sıkışmıştı. Denemeye devam etmek dışında yapabileceğim hiçbir şey yoktu. Neil şimdiye kadar ayaklarındaki bütün hissi yitirmiş olmalıydı. Durum kötüydü. Beklediği her dakika soğuk ona daha da işliyordu. Sonra aniden kapağı açmayı başardım. Dikkatle tekrar yerine yerleştirdim, bu kez tam olarak kapandı.

Yola çıktık.

Yanımızdaki üç Sherpa'dan biri aniden durdu. Sessizce gökyüzünü işaret edip başını iki yana salladı. Sonra da arkasını dönüp tek kelime etmeden inmeye başladı.

Burada herkes kendi tercihini yapar ve o kararlara göre yaşar.

Fırtına doğuda ve altımızdaydı. Hâlâ biraz uzaktaydı. Neil'le birbirimize baktık ve yukarı doğru devam etmeye başladık.

Tekrar hareket etmek çok iyi gelmişti. Kısa süre sonra içimde uzun zamandır hissetmediğim bir enerjiyle doldum. İçten içe bunun benim parlayacağım zaman olduğunu biliyordum sanırım. Hızla Neil'i geçip karda arkadan gelenlere yol açmaya çalıştım. Hızım beni sıcak tutuyordu. Neil başını eğmişti ve duruşu yorgunluğunu gösteriyordu. Ama durmayacağını biliyordum.

Buzun üstünde bir saat geçirdikten sonra derin karın içine tekrar girdik. Aldığım her nefes ve attığım her adımla az önce hissettiğim enerji azalıyordu. Önümde karın içinde yürümeye çalışan Alan'ı görüyordum. İlerleyemiyor gibi görünüyordu. Dağın yüzü hâlâ üstümüzde uzanıyordu. Önümüzdeyse sadece kar vardı. Bütün Himalayalar altımızda, şafaktan önceki ışıkta parlıyorlardı ama buradan o manzarayı zor gördüm.

Aklım ve odak noktam ellerimin ve ayaklarımın ne yaptığındaydı. Derin karın içinde ayağını kaldırıp bir adım daha atabilmek için bütün kararlılığımı ortaya koyuyordum.

Devam et. Dövüş. Bir adım daha.

Ama Güney Zirvesi'ne hiç varmayacak gibi hissediyordum. Vücudumdaki bütün enerjinin tükendiğini fark edebiliyordum. Belime kadar gelen pekmezle kaplı bir dağa tırmanıyor, aynı zamanda nedense ağzıma bir çift donmuş çorap sokmaya çalışan birini de sırtımda taşıyormuşum gibi bir histi. Harika!

Kendimi ayakta kalmaya zorladığım her an daha da zayıf hissediyordum. Gücümün biteceğinin farkındaydım. Hızla azalıyordu. Vücudum umutsuzca daha çok oksijen istiyordu ama sahip olduğum tek şey her dakika burun deliklerimi dolduran iki litreydi. Yeterli değildi ve tüpümdeki oksijen her geçen saniyeyle azalıyordu.

93

Neden bitiş çizgisi hep en çok vazgeçmek istediğimiz andan hemen sonra görünür? Bu, evrenin en iyi şeyleri kendilerini en çok feda edebilenlere verme çabası mı? Benim doğadan öğrendiğim tek şey şafağın ancak en karanlık andan sonra geldiğidir.

Sonunda, hâlâ çok yukarıda da olsa Güney Zirvesi şafağın ışığında görünüyordu şimdi. İlk kez bu tırmanışın sonunu hayal edebiliyordum. İçimdeki gücün arttığını hissetmeye başladım; ham, karşı koyulamaz, bitmek bilmeyen bir güç.

Derin karın içinde attığım her adımla eski dostum; hayatımın sadece birkaç ânında yanımda olan (genellikle Özel Kuvvetler giriş sınavından), sert, derinliklerimde saklı bir kararlılık geri gelmeye başlamıştı. Bu lanet olası karı ve dağı yenecektim.

Eski dostum bütün acımı, soğuğu ve korkularımı yendi ve ben ilerlemeye devam ettim.

Güney Zirvesi'nin birkaç yüz metre altında ilk ekibin zirveye çıktığında orada bıraktığı ipleri gördük. Bu iplere çengellerimi takarken belli belirsiz bir rahatlama hissiyle doldum. Güney Zirvesi asıl zirvenin yüz yirmi metre altındaydı ama yine de zirveye tırmanışta çok önemli bir noktaydı. Oraya ulaşabilirsem ilk kez bütün dünyanın çatısının ulaşabileceğim bir yerde olduğunu biliyor olacaktım.

Neil arkamda ama bana yakındı. Alan düzlüğe çıkmış ve öne eğilmişti. Birkaç dakika kendini rüzgârdan koruyarak dururken enerjisini toplamaya çalışıyordu.

Önümde kötü bir üne sahip Hillary Adımı'na uzanan son düzlüğü görebiliyordum; asıl zirvenin önünde duran, tamamen buzdan oluşan o duvar. Everest'i fetheden ilk insan, Sir Edmund Hillary bir keresinde dağların ona güç verdiğini söylemişti. Bu sözü o âna kadar anlayamamıştım ama gerçekten insanı sarhoş eden bir şeydi bu. İçimden bir ses bunu yapabileceğimi söylüyordu.

***

Son düzlük sadece yüz yirmi metre vardı ama bu dünyada en tedirgin edici ve tehlikeli şekilde uzanan dağ yoluydu. İki yanı dimdik aşağı inen bu yolun doğusunda Tibet, batısındaysa Nepal yer alır.

Keskin bir bıçak kadar dik kenarda adımlarımızı sürükleyerek Hillary Adımı'na ilerledik. Sabit durabilmek için baltamı sağımdaki çok derin olmayan karların arasına saplayıp sapına yaslandım. Baltam dağın beyaz kaplamasının içinden geçip altımdaki karlı kenarın aşağı düşmesine neden oldu. Dengemi sağlamak ve çöken yerden uzaklaşmak için sendeledim.

Ayaklarımızın altındaki donmuş suyun üzerinde ayaklarımızı sürükleyerek ilerliyorduk. Aşağıda az önce düşen karın nereye gittiğini de Tibet'in kayalıklı düzlüklerini de görebiliyordum. İlerlemeye devam ettik.

Yavaş adımlarla...

Yavaşça... Dikkatlice...

Gitgide daha yakın...

Gitgide daha ileri...

94

Güney Zirvesi'nin tam altında Rob Hall'ün yattığı yeri görebiliyordum. Yaklaşık yirmi dört ay önce burada ölmüştü. Yarısı karın içine gömülen vücudu değişmeden kalmıştı. Zamanda donmuş gibi... Bu, dağdan hayatta dönenlerin dağ izin verdiği için dönebildiğinin bir kanıtı... İlerlemeniz istenmiyorsa gerçekten ilerleyemezsiniz. Ve ne kadar ilerlediyseniz tehlike o kadar büyüktür.

Şu anda bu dağda gidebileceğimiz kadar ilerlemiştik. Ve ben bunun farkındaydım.

Rob'un karısı Jan'a son sözleri, "Lütfen benim için çok endişelenme," olmuştu. Bunlar öleceğini anlayan cesur bir dağcının umutsuz sözleriydi. Oksijensiz kalan beynimden bu anıyı atmaya çalıştım ama yapamıyordum.

Sadece devam et Bear. Bu işi bitir ve geri dön.

***

Bu yolun sonunda buz baltalarımıza dayanıp yukarı baktık. Üzerimizde efsanevi Hillary Adımı vardı; bu dağın geçmesi en zor engellerinden biri, on iki metrelik bir duvar.

Kendimi rüzgârdan korurken bu duvarı aşabileceğimiz bir yol düşünmeye başladım. Bu buz duvar son ve en zor sınavımız olacaktı. Sonucu bu duvarın üzerindeki kutsal topraklara dokunabilen dağcılardan olup olmayacağımızı gösterecekti. Eğer bunu başarabilirsek Everest'e çıkmayı başarmış otuz birinci İngiliz dağcı olacaktım. Kısa bir listeydi.

Dikkatle harekete geçtim. Düşmek için gelebileceğimiz en uzun yoldu bu.

Botlar buzda. Balta buzda. İkisini de test et ve sonra harekete geç.

Yavaştık ama sonuçta ilerliyorduk. Hızla buzun üzerinde ilerlemeye başladım. Bu kadar dik yerlere daha önce çok tırmanmıştım ama hiç bu kadar yüksekteyken yapmamıştım bunu. Bu yükseklikte, oksijensiz havada, saatte 40 kilometreyle esen rüzgâr beni durdurmaya çalışırken zorlanıyordum. *Yine.*

Ama sonra o bilindik hatayı yaptım; aşağı baktım. Altımdaki ince yolun iki yanında dağ boşluğa dönüşüyordu.

Aptal Bear!

Tekrar sadece önümde ve yukarıda olan şeylere odaklanmaya çalıştım.

Yukarı. Tırmanmaya devam et.

Ve tırmandım. Bu, hayatımın tırmanışıydı ve hiçbir şey beni durduramazdı.

95

Nefes al. Dur. İlerle. Dur. Nefes al. Dur. İlerle. Dur.

Bitmiyor.

Kendimi son yüksekliğin bittiği yerde bulup zorlukla yukarı çeki-yorum. Yüzümün önünde biriken karı temizliyorum. Hızla nefes alıp vererek oracıkta uzanıyorum. Hâlâ çömelirken çengelimden ipi çıka-rıyorum. Artık Neil arkamdan gelebilir.

Ayağa kalkıp sendeleyerek ilerlemeye başlıyorum. Uzakta, yarısı karın içine gömülmüş rengârenk bayrakları görebiliyorum. Rüzgârda dalgalanıyorlar. Bütün bu bayrakların zirveyi, hayallerin gerçekleştiği yeri gösterdiklerini biliyorum.

İçimdeki enerjinin aniden arttığını hissediyorum. Adrenalin damar-larımda, vücudumda dolaşıyor. Hiç bu kadar güçlü ve aynı anda bu kadar zayıf hissetmemiştim. Adrenalin ve yorgunluk dalgalar hâlinde gelip gidiyor ve vücudum bu son anların yoğunluğunu kaldırmakta güçlük çekiyor.

Bu son derece zor tırmanışın son kısmının neredeyse düz denile-bilecek bir yokuş olmasını ironik buluyorum. Zirveye doğru yükselen hafif bir eğim.

Tanrı'ya şükür!

Dağ beni çağırıyor gibi hissediyorum. İlk kez dünyanın tepesine tırmanmam konusunda istekli...

Yürürken adımlarımı saymaya çalışıyorum ama kafam karışıyor. Maskemin içindeki oksijeni almak için vahşi bir hayvan gibi nefes al-maya ve havayı içime çekmeye başlıyorum. Fakat ayaklarımı yavaşça sürükleyerek ilerlerken zirve bana hiç yaklaşmıyormuş gibi geliyor. Ama aslında yaklaşıyor. Zirve gitgide bana daha yakın görünüyor.

Gözlerimin yaşardığını fark ediyorum. Ağlamaya başlıyorum ve gözyaşlarım maskemin içine düşüyor. Bu kadar zaman içimde tuttuğum duygular... Artık içimde tutamam.

Sendeleyerek ilerliyorum.

96

İçimde hep başarabileceğime inanmayan bir parça vardı. Belimi kırdığım ve o hastane yatağında yattığım zamandan beri içimden bir ses bütün bunların tam bir delilik olduğunu söylüyordu. Ve o parçam her zaman azımsanacak gibi değildi.

Sanırım bunun aptalca olduğunu söyleyen çok insan vardı. Pek çok kişi bana gülüp bunun erişemeyeceğim bir hayal olduğunu söylemişti. Ve ben onların bu sözlerini duydukça daha da kararlı olmuştum.

Ama yine de sözleri içime işlemişti.

Kendimizi bir şeylerle meşgul ediyor, bir şeyler başarıyor ve bir süreliğine de olsa içimizdeki şüpheleri duymazlıktan gelebiliyoruz. Ama o ses susunca ne oluyor?

Şüphelerimin ben onlardan kurtulduğumu düşündükten sonra bile ortadan kaybolmamak gibi kötü bir alışkanlıkları var. İçten içe, kendimden şüphe etmiştim. Kendime bile itiraf edemeyeceğim kadar çok hem de.

Şu âna kadar tabii.

Ayrıca hastanede geçirdiğim zamandan beri sürekli iyileşmek istemiştim. Fiziksel ve duygusal olarak. Hatta yatılı okuldan, sekiz yaşından, yani yıllar öncesinden beri iyileşmek istiyordum. Ve şimdi, 8.848 metre yükseklikte son adımlarımı atarken iyileşiyordum. Fiziksel bir işle ruhumu da onarıyordum.

İyileşiyordum.

***

Sonunda 26 Mayıs 1998'de, sabah saat 07.22'de neredeyse donmuş yanaklarımdan yaşlar süzülürken Everest'in zirvesi kollarını açıp beni içtenlikle karşıladı. Sanki artık buraya çıkmaya layık olduğumu düşünüyordu. Nabzım hızlandı ve kendimi dünyanın en yüksek yerinde dururken buldum.

Alan beni kucaklayıp maskesinin altından heyecanla mırıldanmaya başladı. Neil hâlâ bize doğru sendeleyerek ilerliyordu. O da yanımıza gelince rüzgâr hafiflemeye başladı.

Güneş Tibet'in saklı topraklarının üzerine doğuyordu ve altımızdaki dağlar koyu kırmızıya boyanmıştı. Neil zirvede dizlerinin üzerine çöküp haç çıkardı. Sonra maskelerimizi çıkarıp kardeş gibi birbirimize sarıldık.

Ayağa kalkıp etrafıma baktım. Dünyanın yarısını görebildiğime yemin edebilirdim. Ufuk çizgisi kenarlarda aşağı eğiliyormuş gibi görünüyordu. Bu dünyamızın şeklinden kaynaklanıyor. Teknoloji bir insanı Ay'a çıkarabiliyordu ama buraya değil. Buranın gerçekten büyüleyici bir havası vardı.

Sonra bir anda solumdan telsizin cızırtısı sesi geldi. Neil heyecanla konuşmaya başladı.

"Ana kamp. Yolumuz bitti!"

Diğer taraftan gelen sesin neşesini duyabiliyorduk. Neil telsizi bana verdi. Haftalarca tepeye çıktığımda ne söyleyeceğimi planlamıştım ama şimdi bütün o planlarım aklımdan uçup gitmişti. Telsizi alıp güçlükle, düşünmeden konuştum.

"Eve gitmek istiyorum."

Bundan sonrasına dair anılarım çok net değil. Everest'in zirvesinde hem Özel Kuvvetler hem de Davis Langdon&Everest bayraklarıyla söz verdiğim gibi fotoğraflar çektim. Boş bir Juice Plus şişesinin içine zirvedeki kardan biraz doldurdum. [14] Tepeden alıp götüreceklerim bu kadardı.

Telsizden uydu telefonuyla ana kampa bağlanan, yaklaşık beş bin kilometre uzaktaki ailemle konuştuğuma dair çok net olmayan bir anım var. Bunlar bana tırmanmam için ilham veren insanlardı.

Ama yukarıdayken zaman gerçekten çok hızlı geçiyordu ve bütün büyülü anlar gibi bu ânın da bitmesi gerekecekti. Aşağı inmek zorundaydık. Saat 07.48 olmuştu bile.

---

14 Yıllar sonra Shara'yla birlikte üç oğlumuzu da Everest'in tepesinden getirdiğim bu suyla vaftiz ettik. Hayatımın büyük anları...

Neil benim oksijen tüpümü kontrol etti.

"Bear oksijenin bitecek. Sen inmeye başlasan iyi olur dostum, hem de hemen."

Balkona kadar bir tüpün beşte birinden az oksijenim olacaktı. Çantamı ve oksijen tüpümü sırtıma aldım. Maskemi taktım ve arkamı döndüm. Zirveden ayrılmıştım. Burayı bir daha göremeyeceğimi biliyordum.

Zirveden ayrıldıktan dakikalar sonra asıl yorgunluğum omuzlarıma çöktü. Sadece aşağı inmek için bile ne kadar enerji gerektiğini tarif etmek imkânsız... İstatistiklere göre kazaların çoğu inişte gerçekleşiyor, çünkü artık başka hiçbir şeyin önemi olmuyordu. Hedefe varıldıktan sonra sadece o acıdan kurtulma içgüdüsü güçleniyordu. İnsanın aklı böyle bir durumdayken takılıp düşmek çok kolay hâle geliyordu şüphesiz.

Dikkatli ol Bear. Birazcık daha dayan. Eğer odağını kaybetmezsen balkondaki diğer oksijen tüpüne ulaşabilirsin.

Ama sonra oksijenim bitti.

Tökezleyip duruyordum. Dizlerimin üzerine düşüp tekrar ayağa kalkıyordum. Sonra tekrar düşüyordum. Her şey bulanıktı.

Yapabilirim. Yapabilirim. Yapabilirim.

Bunu tekrar edip durdum. Bir daha, bir daha. Özel Kuvvetler sınavında çok yorgun olduğum zamanlarda uyguladığım bir taktikti bu. Bu sözleri fark etmeden mırıldanıyordum artık. İçimden bir yerden geliyorlardı.

Sonunda rahatlamak için fazla yorgun bir hâlde hedefime ulaştım. Yukarı çıkarken balkona yerleştirdiğimiz tüplere yaslanarak oturdum.

Taze oksijeni soludum. Derin derin nefes aldım. Vücudum ısındı, düşüncelerim netleşti. Artık başarabileceğimi, sabit hızla ilerlersem kısa bir süre sonra geçide varacağımı biliyordum.

Biz yavaşça buzlardan aşağı inerken uzaktaki çadırlar gitgide daha büyük görünmeye başlamıştı.

97

Geçide geldiğimizde ayaklarımın altında kar veya buz olmaması garip geldi. Ayakkabılarımın tabanları kayalara sürtünürken gıcırdıyordu. Son birkaç metreyi gitmeden önce biraz durulmak için baltama yaslandım. Tam on sekiz saattir hiçbir şey yiyip içmemiştik. Aklım da vücudum da garip bir biçimde uzaktaymış gibi geliyordu. İkisi de biraz rahatlamak için yanıp tutuşuyordu.

Küçük, kumaşı ince çadırımızın önünde tekrar Neil'e sarıldım. Sonra da öylece yere yığılıp kaldım.

"Bear, haydi dostum! Çadıra girmen lazım. Bear, beni duyuyor musun?"

Michael'ın sesi beni kendime getirdi. Bizi umutla geçitte bekliyordu. Ayaklarımı sürüyerek çadıra girdim. Başım çatlıyordu. Bir şeyler içmem lazımdı. Yirmi dört saatten uzun bir süredir idrar yapmamıştım.

Neil ve Alan yavaşça ekipmanlarını çıkarıyordu. İkisinin de konuşacak hâli yoktu. Michael bana ocağın üzerinden aldığı sıcak bir içecek verdi. Onu ve Geoffrey'yi sağlam gördüğüm için çok mutluydum.

Güneş batmaya başlarken konuşmaya başladık. O zamana kadar neden Geoffrey'yle Michael'ın geri çekildiğini bilmiyordum. Bana hikâyelerini anlattılar. Yaklaşan fırtınadan ve yoğun karla oksijensiz havada ilerlemeye çalışırken artan yorgunluklarından bahsettiler. Dağın durumunu göz önüne alıp çekilmeye karar vermişler. İyi bir kararmış. Bu sayede hayattaydılar.

Ama biz yola devam etmiştik. Bu dikkatsizce alınan bir karardı ama şansımız dönmüş ve fırtına bizim olduğumuz yere gelmemişti. Cesaret bu sefer kazanmıştı.

Ama biliyorsunuz ki her zaman kazanmıyor.

Ne zaman dikkatsiz davranabileceğini ve ne zaman dikkatli davranman gerektiğini bilmek önemli bir dağcılık oyunudur. Bunu biliyordum.

Ölüm Bölgesi'ndeki son gecemiz için hazırlanırken Michael bana dönüp asla unutamayacağım bir şey söyledi. Kanada'nın yabani Rockies Dağları'na yirmi yıl boyunca tırmanıp durmanın getirdiği tecrübenin sesiydi bu.

"Bear yukarıdayken aldığınız riskin farkında mısın? Bana kalırsa mantıklı düşünmekten ziyade dikkatsizlikti yaptığınız." Sonra gülümseyip gözlerimin içine baktı. "Sana tavsiyem; bundan sonra hayatının her alanında biraz geri çekilmeyi öğren, sonunda daha ileri gideceksin. Bu kez hayatta kaldın, şimdi bu iyi şansını kullanma zamanı."

Bu sözleri hiçbir zaman unutmadım.

***

Sonraki gün Lhotse Yüzü'nden inmek neredeyse yukarı çıkmak kadar zaman aldı. Ama altı uzun, ağır geçen saatten sonra sonunda Neil ve ben ikinci kampa doğru ilerliyor, ayaklarımızı buzun üzerinde sürüyerek son birkaç metrelik yolu aşıyorduk.

O gece şafağa kadar, tam on iki saat boyunca yerimden bir santim bile kımıldamadım. Sabaha karşı Neil kımıldanmaya başladı.

"Bear gidelim mi artık? Bu son iniş. Bu kadar yakınken uyuyamıyorum."

Soğuk havada ağzından buhar çıkarak konuşan Neil'in sesindeki heyecanı duyabiliyordum. Gözkapaklarım yerlerine yapışmış gibi hissediyordum. Gözlerimi açmak için kendimi epey zorlamam gerekti.

Telsizden bize taze omlet yapacaklarını söyledikleri için çok heyecanlandık ve kahvaltı bile yapmadan yola çıktık. Sadece büyük bir hızla hazırlandık.

Ben hâlâ oldukça yavaştım. Eşyalarımdan çadıra, oradan ayakkabılarımı giymeye koşuşturup dururken diğerlerini bekletiyordum. Artık dağdaki her şeyimi aşağı indirdiğim için çantam bir ton gibi geliyordu. Harekete geçtik ve hep birlikte buzun üzerinde ilerlemeye başladık.

Yaklaşık bir saat ilerledikten sonra bir anda durduk. Dağ etrafımızda korkutucu bir şekilde kükredi. Bir çatlağın yankısını duyuyorduk.

Çömelip başımızı yukarı kaldırdık ve izlemeye başladık; tam gitmekte olduğumuz yolun üzerinde, beş yüz metre ileride bütün Nuptse Yüzü çöküyordu!

Bembeyaz bir çığ yüzlerce metre aşağı düşüyordu. Bir anda önümüzde uzanan buzun üzerinde her şeyi içine alan bir bulut varmış gibi görünmeye başlamıştı. Çığ önümüzden geçip giderken sessizce izledik. Birkaç dakika erken yola çıksaydık bizi de içine alıp gömecek, oyun bitmiş olacaktı. Bazen yavaş olmak daha iyidir.

Dağın hareketi durana kadar bekledik, sonra da yavaşça çığın sebep olduğu yıkıntıyı geçmeye başladık.

Garip bir biçimde ölmekten en çok korktuğum an o ândı. Sanki iyi şansım, bu çığa yakalanmamamız beni iyice bir sarsmış ve aldığımız riskleri gözümün önüne sermişti. Sona yaklaştıkça ne kadar imkânsız bir şey başardığımızı daha iyi anlıyordum sanırım. Şimdiye kadar ölümden kaçmayı başarmıştık ama hâlâ dağın kollarının arasındaydık. Önümüzde daha geçmemiz gereken bir buz şelalesi vardı.

Batı Cwm'nin derin yarıklarını geçmeye başlarken dağ bana her zamankinden daha uzak gelmeye başladı. Yaklaşık on gündür ikinci kampın altına inmemiştim ve kısa süre sonra arkamda gerçekten inanılmaz bir şey bırakacağımın farkındaydım.

Sessizce ilerliyorduk. Herkes kendi düşüncelerinde kaybolmuştu.

İki saat sonra buz şelalesinin kenarında oturuyorduk. Aşağı düşüp duran donmuş su parçaları bizi son kez aralarına çağırıyor gibi görünüyordu. Ve onların davetini kabul etmekten başka şansımız yoktu.

Taze, derin, toz gibi kar şimdi buz şelalesini inanılmaz derecede güzel kaplamıştı. Biz yukarı tırmanırken neredeyse durmadan kar yağmıştı. Gittiğimiz yol neredeyse tanınmayacak kadar değişmişti. Buz her zaman hareket hâlindeydi.

Yeni rotamız, kocaman buz küplerinin üzerinden kıvrılıp o anda düşmeye karar verse bizi fare gibi ezebilecek, ölümcül görünen bir buz kütlesinin altından geçiyordu.

Geride bıraktığımız her fare tuzağıyla birlikte üzerimdeki gerginlik biraz daha azalıyordu. Her adımda evime yaklaşıyordum.

Aşağıda ana kampı görebiliyorduk artık. Her nefesi daha büyük bir heyecanla alıyordum. En son burada olduğum ânın üzerinden bir sonsuzluk geçmiş gibi hissediyordum. Buz şelalesinin altında biriken buz parçalarını geride bırakırken çadırların rüzgârda hafifçe sallandıklarını görebiliyorduk.

Saat 12.05'te son kez son ipi de çengellerimizden çıkardık. Arkamda aşağı düşüp kırılan buz kütlesine bakıp başımı inanamayarak iki yana salladım. Sessizce, içimden, geçmemize izin verdiği için dağa teşekkür ettim. Endişe ve gerginlik beni terk edip gidiyordu ve ağlamaya başlamıştım. *Yine.*

Düşünebildiğim tek şey babamdı. Şimdi burada, yanımda olsaydı keşke... Ama aslında buradaydı. Tıpkı yol boyunca yanımda olduğu gibi...

98

Güneş yüzümü ısıtıyordu. Sonunda güvende olduğumuzu biliyordum.

Üç ay boyunca ana kampta Buda gibi oturup beklemiş şampanyayı kutlama amacıyla bardaklarımıza doldurdular. Kapağını açabilmek için dördümüz de buz baltalarımızla en az bir on dakika uğraştık.

Parti başlamıştı.

Bu güzel, köpüklü şampanyadan bir litre içmek istiyordum ama vücudum bunu kaldıramazdı. Hapşırmadan içebildiğim kadarını yudumluyordum. Bu kadarcıkla bile kısa süre sonra dengemi kaybetmeye başladım. Gözlerimi kapatıp yemek çadırının taş gibi duvarına yaslanıp yere oturdum. Yüzümde kocaman bir gülümseme vardı.

Daha sonra çadırıma dönünce bu an için sakladığım yeni çoraplarımı ve termal iç çamaşırlarımı giydim. Doksan gün sonra ilk kez kıyafetlerimi değiştirmiştim. Cennet gibi... Çıkardıklarımı fermuarlı bir çantaya koydum ve eve gidince bunları çok dikkatli açmam gerektiğini hatırlattım kendime.

***

Neil'in ayakları hâlâ hissizdi. Yukarıda uzun süre soğuğa maruz kalmak ve balkonda, o karın içinde oturup saatlerce beklemek etkisini gösteriyordu. Ana kampta ayaklarını sarıp sıcak tuttuk ve ne kadar yüksek bir ihtimal de olsa parmaklarını kaybedebileceğinden hiç bahsetmedik. Bir daha parmaklarını doğru düzgün hissetmesinin muhtemelen mümkün olmayacağını duymasına gerek yoktu. Yine de en iyi seçeneğin en kısa zamanda ona tıbbi yardım sağlamak olduğunun farkındaydık.

Ayakları iki kocaman beyaz balon gibi sarılıyken hiçbir yere gidemezdi. Havadan tahliyeye ihtiyacı vardı ama Everest'in ana kampında kolay bir şey değildi bu. Sigorta şirketi yarın şafak vakti Neil'i oradan almaya geleceklerini söylemişti. Hava uygun olursa... Ama 5.300 metre, helikopterlerin çıkabileceği yüksekliğin üzerinde sayılırdı.

Söz verdikleri gibi, sonraki sabah aşağıdaki vadiden helikopter motorunun sesinin geldiğini fark ettik. İki yandaki kocaman taştan duvarların arasında bir toz tanesi gibi duruyordu.

Altmış kısa dakika içinde Neil'i alıp bir şehre götürebilirler, diye düşündüm.

Tanrım, ne harika bir olasılıktı bu!

Nasıl olduysa Neil'la birlikte helikoptere binmem gerekti. Otuz dakika içerisinde, geçen üç ay boyunca kullandığım her şeyi topladım. Koluma beyaz bantla bir haç yapıştırdım ve Neil'in oturduğu yere koştum.

Sadece bir ihtimal...

Nasıl?!

Neil bana bakıp gülümseyerek başını salladı.

"Tanrım, gerçekten şansını zorluyorsun değil mi Bear?" Motorun sesini bastırmak için bağırıyordu.

"Uçuş sırasında düzgün bir doktora ihtiyacın olacak," dedim gülümseyerek. "O da benim." (Bunda biraz da olsa gerçeklik payı vardı; evet, sıhhiyeciydim ve Neil'in arkadaşıydım. Ve evet, yardıma ihtiyacı vardı. Ama tabii ki buradan hızla ayrılmaya da çalışıyordum.)

Pilot iki kişinin çok ağır olacağını söylediğinde motorun sesini bastırmak için bağırdım.

"Her zaman Neil'in yanında olmam lazım." Sonra da sesimi alçaltıp, "Parmakları her an kopabilir," diye ekledim.

Pilot bana ve kolumdaki beyaz haça baktı. Neil'i aşağıda bir yere bırakıp sonra da beni almaya geleceğine söz verdi.

"Harika! Siz gidin, ben buradayım," deyip pilotun elini sıktım.

Kimse bunun üzerine kafa yormadan bitirelim şu işi, diye mırıldandım kendi kendime.

Pilot havalanıp yavaşça gözden kayboldu. Mick ve Henry gülüyordu.

"Eğer bunu başarabilirsen çoraplarımı yiyeceğim Bear. Şansını zorlamak gerçekten hoşuna gidiyor, değil mi?" dedi Mick gülümseyerek.

"Evet, iyi deneme ama o pilotu bir daha görmeyeceğinden eminim," dedi Henry.

Pilotun cesareti sağ olsun, Henry haksız çıkmıştı. Helikopter boş şekilde geri döndü. Hemen içine atladım ve pervane hızla dönmeye devam ederken yerden yükseldi.

Biz yerçekimiyle mücadele ederken motorun uyarı ışığı yanıp sönüyordu ama sonra helikopterin önü aşağı indi ve kısa süre sonra kayaların üzerinden geçip kampı geride bırakarak buzullardan inmeye başladık. Havadaydım ve Mick çoraplarını çıkarmakla meşguldü.

Aşağı inince büyük bir arazide kocaman bir taşın üzerine oturmuş bekleyen bir insanın silüetini gördüm. Neil'ın ayaklarındaki beyaz bandajlar parlıyordu.

Harika!

Gülümsedim. Neil'ı aldık ve hemen yükselip özgür bırakılmış bir kartal gibi kocaman Himalaya vadilerinin üzerinden uçtuk. Neil ve ben helikopterde oturup yüzlerimizi cama dayamıştık. Hayatımızın son üç ayının uzaklarda titreyip duran bir ışığa dönüşmesini izliyorduk.

Kocaman dağ sisin içinde kayboldu. Neil'ın omzuna yaslanıp gözlerimi kapattım. Everest geride kalmıştı.

99

Kathmandu'ya dönünce Neil ve ben kendimizi tamamen saldık. Harika hissediyorduk. Bunu başarmak için çok çabalamıştık ve bazen biraz rahatına bakmak gerekirdi. Kesinlikle.

Sonraki sabah arka sokaklardaki küçük otelimizin eski görünen balkonunda tembelce dolandığımı hatırlıyorum. Dağın kuzey tarafından tırmanan Rus Everest ekibinin otelin koridorunda yerde oturduklarını gördüm. Bana yorgun gözlerle baktılar. Duygusal anlamda tükenmiş görünüyorlardı. Sonra da ağladıklarını fark ettim. Kocaman, sakallı Rus adamlar ağlıyordu.

Sergei ve Francys Arsentiev yeni evliymiş. Dağcılığa bayılıyorlarmış. Everest ikisinin de hayaliymiş ama tırmanışları çok korkunç sonuçlanmış. Francys dağdan inerken yığılıp kalmış. Kimse nedenini anlamamış; belki beyinde bir ödem, belki de sadece soğuk. Ya da belki Everest'teki öldürücü yorgunluk... İlerleyecek enerjisi yokmuş. Oturduğu yerde ölmüş. Kocası Sergei aşağı inip karısına yardım çağırmaya gitmiş. Yorgun, umutsuz ve serseme dönmüş bir hâlde koşarken o da aşağı düşüp ölmüş.

Ruslar bana cesetlerini ya da herhangi başka bir şey görüp görmediğimi sordu. Sesleri alçaktı. Düşük bir ihtimal olduğunu biliyorlardı ama şanslarını denemek zorundaydılar. Bakışları umutsuzdu. Sergei'nin ve karısının o dağda öldüğünü ama bizim nasıl olduysa hayatta kaldığımızı düşünürken içimi bir hissizlik doldurdu. İşte ölüm ve hayat arasındaki çizgi böyle çok ince olabiliyordu.

O öğlen yatağımda uzanırken neden bizim hayatta olduğumuzu ama başkalarının öldüğünü anlamaya çalıştım. Geçtiğimiz birkaç hafta ölen tek insanlar Sergei ve Francys Arsentiev değildi. Yeni Zelandalı bir dağcı, Roger Buick de kalp krizi geçirip ölmüştü. İngiltere'den gelen Mark Jennings zirveye ulaşmış ama geri dönerken ölmüştü. Hepsi de tecrübeli, formda dağcılardı.

Ne büyük, ne gereksiz bir ziyan...

Orada uzanırken bu soruma bir cevap bulamadım. Ama derin bir umutsuzluğa gömülen Ruslar bir cevap istemiyordu zaten. Sadece dostlarını kaybetmişlerdi.

İnsan doğası her zaman macera arar ve gerçek bir maceranın riskleri her zaman büyüktür. Herkes Everest'in tehlikeli olduğunu biliyor ama bunu birinci elden tecrübe etmek "macera" gibi kelimelerin çok boş görünmesine sebep oluyor.

Bunlar aileleri olan gerçek insanlardı ve ölümleri bugün bile beni şaşırtıyor. Ama bu aylar boyunca Everest'te ölen adamların ve kadınların gerçek kahramanlar olduğuna inancım değişmiyor. Bu, ailelerinin tek tesellisi olmalı.

***

İnsanın hayatında o kadar büyük bir etki bırakan zamanları hatırlaması her zaman ilginçtir. Everest'i düşününce, çok net olarak gördüğüm iki şey var; zor zamanlarımda edindiğim arkadaşlar ve iyi, kötü, çirkin her şeyi aşmamı sağlayan inancım.

Hayatta kalmamın ve zirveye ulaşmamın sebebi etrafımdakilerle kurduğum bağlardı. Bundan hiç şüphem yok. Mick ve Neil olmasa hiçbir şey yapamazdım. O karanlık yarıktan aşağı düşerken bazen birbirimize gerçekten ihtiyaç duyduğumuzu da öğrendim. Ve bu oldukça normaldi. Adalar gibi yaşamak için doğmamışız. Birbirimizle bağlar kurmak için yaratılmışız.

Hayat bize çoğu zaman her şeyi tek başımıza başarmamız gerektiğini öğretiyor ama o şekilde olsaydı çok yalnız hissederdik. Ben o dağda yaşadıklarımızı ancak birlikteliğimizi düşünerek anlamlandırabiliyorum; iyi şeyler, kötü şeyler, ölümler ve korku. Böyle şeylerin paylaşılması lazım.

Geri dönüp bakınca en çok değer verdiğim anların bir arada olduğumuz o kısa anlar olduğunu görüyorum. Mesela Neil'la Güney

Zirvesi'nde ayakta durabilmek için el ele tutuştuğumuz o an... Yorulduğumuzda, üşüdüğümüzde ve korktuğumuzda, defalarca birbirimizi ayağa kaldırıp yola devam edebilmemizin sebebi arkadaşlığımızın samimi olmasıydı.

Her zaman güçlü olmak zorunda değilsiniz. Bu öğrendiğim en büyük derslerden biriydi. Zayıflıklarımızı gösterdiğimizde diğer insanlarla yakınlık kurarız ve yakınlığın olduğu yerde güç de vardır.

Bugün hâlâ dağlara tırmanmamın ve geziler yapmamın asıl sebebi de bu. Böyle basit yakınlıkları koparmak zor...

İşte Everest bana bunu öğretti.

100

Everest'ten dönüşte fiziksel olarak kendime gelmem uzun zaman aldı. Deniz seviyesindeki kalın, zengin hava Everest'in neredeyse oksijensiz havasından sonra beni sarhoş ediyordu. Bazen gerçekten fazla geliyordu. Defalarca bayıldım ve çok kötü burun kanamaları yaşadım. Sanki oksijen çok fazlaymış gibi geliyordu.

Ama her şeyden önemlisi bebekler gibi uyuyordum. Yıllar sonra ilk kez hiçbir korkum, endişem, kötü bir şeyler olacakmış gibi hisler olmadan uyuyordum ve bu, harika bir histi.

Everest bütün kalbimi, ruhumu, enerjimi ve azmimi almıştı; tükenmiştim. Özel Kuvvetler sınavından sonra da böyle hissetmiştim.

İlginç değil mi? İyi şeyler nadiren kolayca elde ediliyor. Belki de onları özel yapan bu.

İngiltere yazının tadını çıkarmak ve arkadaşlarımla takılmak amacıyla biraz tatil yaptığım için kendimi çok da suçlu hissetmedim. Güvende olmak harika bir duyguydu.

Ayrıca ilk gazete röportajımı verdim. Başlığı, "Bu Yirmi Üç Yaşındaki Serseri Görünümlü Genci Bir Tibet Manzarası İçin Her Şeyi Riske Atmaya İten Neydi?" olmuştu. *Güzel*.

Tırmanıştan önce bu soruya çok daha düzgün cevaplar verebilirdim ama döndükten sonra sebeplerim çok da net değildi artık. Belki de eskisi kadar önemli değillerdi. Bilmiyorum.

Sadece evde olmanın güzel bir şey olduğunu biliyordum.

Aynı gazeteci beni Everest'i "fethettiğim" için de tebrik etmişti ama bu ifade bana içgüdüsel olarak çok yanlış geldi. Biz herhangi bir dağı fethetmiyorduk. Everest canımızı dişimize takarak tepesine çıkmamıza izin vermiş ve bizi öldürmeden geri göndermişti. Herkes bu kadar şanslı olamamıştı.

Everest hiçbir zaman fethedilmedi ve fethedilmeyecek. Bu yüzden bu kadar özel bir dağ...

Eve döndükten sonra bana en çok sorulan sorulardan biri, "Dağda Tanrı'yı buldun mu?" olmuştu. Bu sorunun gerçek cevabı şu; inanmak için büyük bir dağa tırmanmanıza gerek yok. İnanç çok daha basit bir şey, Tanrı'ya şükür!

Eğer Tanrı'nın bana orada yardım edip etmediğini sorsalardı cevabım, "Evet," olurdu. Hem de bocaladığım her adımda...

***

Her gün yanımızda hayatlarını tehlikeye atan Sherpalara da teşekkür etmezsem Everest hikâyem tamamlanmış olmazdı.

Pasang ve Ang-Sering hâlâ Sirdar liderleri Kami'nin emriyle iki dost olarak tırmanmaya devam ediyor. Khumba Buz Şelalesi uzmanı Nima hâlâ dağın eteklerindeki buz labirentinde büyük bir cesaretle görevini yapmaya devam ediyor ve tabii ki yolu düzeltip değiştiriyor. Mick Güney Zirvesi'nde oksijensiz kaldığında büyük bir cesaretle ona yardım etmeye gelen Chiri maalesef birkaç yıl sonra bir yarıktan düşerek öldü. Everest'te yılların tecrübesine sahip, çok büyük bir adamdı. Dağcılık ailesinin büyük bir kaybıydı.

Ama uzun süre tehlikeyle oynamaya devam ederseniz sonunda kaybedeceğiniz kesin... Yükseklerde dağcılık yapmanın acı gerçeği de bu. Sonsuza kadar dünyanın zirvelerinde kalamazsınız.

Geoffrey orduya, Neil da kendi işine döndü. Ayak parmaklarını hiçbir zaman tekrar hissedemedi ama onları kesmelerine de razı olmadı. Ama dedikleri gibi, Everest her zaman bir bedel istiyor ve Neil, kendisinin de dediği gibi, şanslı olanlardandı.

Mick'e gelince, Everest'te geçirdiği zamanı kendisi çok iyi anlatıyor aslında.

"Orada geçirdiğim üç ay boyunca hem hiç olmadığım kadar mutluydum hem de bir daha hiç yaşamak istemediğim kadar korkuyla doluydum."

Ah, bu da yükseklerde dağcılık yapmanın gerçeklerinden biri...

İkinci kampta birlikte uzun zaman geçirdiğim arkadaşım Thengba'ya Henry sonunda bir işitme cihazı almıştı. Şimdi hayatında ilk kez tam olarak duyabiliyor.

Bambaşka dünyalarda yaşamamıza rağmen bu harika Sherpa adamlarıyla bir bağ, bu inanılmaz dağın güçlendirdiği bir dostluk kurduk.

Julius Kugy'ye bir dağcının nasıl biri olmasını gerektiğini sorduklarında, "Dürüst, başkalarından farklı ve mütevazı olmalı," demiş. Bütün Sherpalar bunun birer örneği. Zirveye onlarla çıktım ve yardımlarından ötürü onlara kelimelerle ifade edemeyeceğim kadar minnettarım.

Büyük Everest yazarı Walt Unsworth, *Everest: Bir Dağcılık Tarihi* adlı kitabında her şeylerini bu dağa feda eden adamları ve kadınları oldukça etkileyici bir biçimde anlatıyor.

Bence çok doğru bir betimleme...

Ama imkânsızın inanılmaz bir çekiciliği olduğunu düşünen insanlar da var. Genelde uzman değiller; azimleri ve hayalleri daha dikkatli insanların taşıyabileceği endişeleri bir kenara itebilecek kadar güçlü. Kararlılık ve inanç en güçlü silahları. Böyle insanlar en iyi şekilde "ilginç", en kötü şekilde de "deli" olarak anılır. Hepsinde ortak olan üç şey var; kendilerine güvenleri, büyük bir kararlılık ve dayanıklılık.

O hastane yatağından dünyanın zirvesine gittiğim o yolculuğun benim için nasıl bir şey olduğunu özetlemem gerekirse, buna bir tökezleme seyahati derdim. Kendime güvenimi ve gücümü kaybedip bunları yeniden bulmamın hikâyesi. Umudumun ve inancımın parmaklarımın arasından kayıp gittiğini görmemin ve ikisini de tekrar canlandırmamın hikâyesi.

Sonuç olarak, eğer buradan çocuklarıma aktaracağım bir mesaj varsa, "Şans cesur olanın yanındadır," olurdu.

Çoğunlukla.

101

Shara beni havaalanında karşıladı. O çok sevdiğim mavi montunu giymişti. Heyecanla, küçük bir kız gibi olduğu yerde zıplıyordu. Onu görmeye kıyasla Everest'in hiçbir anlamı yoktu.

Zayıflamıştım, saçım uzundu ve Nepal'den aldığım çiçekli bir pantolon giymiştim. Kısaca, son derece pejmürde görünüyordum ama çok mutluydum.

Ana kamptayken Henry, Shara'yı gördüğümde "saçma sapan" bir şey yapmamam için beni uyarmış; bana pek çok dağcının büyük tırmanışlardan sonra evlenme teklif etmek gibi bir hata yaptıklarını söylemişti. "O yükseklik insanın mantığını bulutluyor," demişti.

Sonunda on iki ay bekledim ama bu süre zarfında evlenmek istediğim kızın o olduğunu biliyordum.

O yıl birlikte çok eğlendik. Shara'yı neredeyse her gün yayımcılık işinden erken çıkmaya ikna ederdim (ikna etmesi çok da zor değildi) ve birlikte bir sürü eğlenceli maceralar yaşardık.

Bir keresinde Londra'nın merkezindeki bir parka paten kaymaya gitmiştik. Bir yokuştan fazla hızlı inip kıyafetlerimle göle uçmuştum. Shara bunu komik bulmuştu. Başka bir zaman da paten kayarken kontrolü kaybetmiş (Lanet patenler!) ve kalabalık bir caddede sadece bir patenin üzerinde inanılmaz bir hızla ilerlemeye başlamıştım. Shara bunu korkutucu bulmuştu.

Çay içip öğleden sonraları uyurduk. Sırf bir şarkı için aldığım siyah Londra taksisi Dolly'yle gezerdik. Shara benimle birlikte saatlerce yolda oturup yol yardım hizmetlerinin Dolly'yi almasını ve tamir etmek için bir başka garaja götürmesini beklemeye istekli olan tek kızdı. *Yine.*

Birbirimize âşıktık. (Hâlâ öyleyiz!)

Bir tahta parçası ve bir döşek alıp arka koltuğa yerleştirdim ki taksinin içinde uyuyabileyim. Charlie Mackesy de arabanın içine komik resimler çizdi. (İronik bir şekilde bugün evimizin yanında bütün zarafetiyle oturan Dolly'nin en değerli kısımları bu çizimlerdir.) Çocuklarımız Dolly'nin içinde oyun oynamaya bayılıyor. Taksi paslanmaya başladığı için Shara artık onu götürmemi söylüyor ama ben Dolly'ye baktıkça hep o ilk zamanlarımızı hatırlıyorum. Nasıl onu hurdalığa gönderebilirim?

Aslında bu baharda Dolly'yi gökkuşağı renklerine boyayıp içinde düzgün kemerler takacak ve hep birlikte gezmeye gidecektik. Harika olurdu! Bu tür şeylerden hiçbir zaman vazgeçmemeliyiz. Bizi yakınlaştıran ve birlikte eğlenmemizi sağlayan hep böyle şeyler. Her gün biraz spontane yaşanmalı, yoksa o günü ziyan etmiş oluruz.

Shara sevgiyle gözlerini deviriyor.

***

1999'da Endülüs'te bir tarlası olan kuzenim Penny'yi ziyaret etmeye, İspanya'ya gittik. Ülkenin oldukça güzel ve yabani bir yerindeydik. Shara her gün uzun, bomboş Atlantik sahillerinde ve tepelerle dolu çam ormanlarında at binmeye giderdi. Bana küçük, Endülüs atları için fazla uzun olduğumu söylediler. *Hımm.*

Ama vazgeçmek istemiyordum. At binmek yerine Shara'nın yanında koşarak ata yetişmeye çalışıyordum. (İyi bir antrenmandı.)

Sonunda oradan ayrılacağımız Pazartesi sabahı Shara'yı sahile götürdüm ve benimle yüzmesini istedim. Kabul etti. (Gözlerini devirerek tabii.) Bir süre yüzdükten sonra Shara'yı kendime çektim, sarıldım ve evlenme teklif etmeye karar verdim.

Derin bir nefes aldım. Sakin kalmaya çalıştım. Ama tam ağzımı açmak üzereyken kocaman bir Atlantik dalgası ikimizi alıp oyuncak bebekler gibi sahile attı. Gülerek bir daha denize koştum. Shara hâlâ ne olacağının farkında değildi.

Sonunda konuşabildiğimde Shara bana inanamadı. Bana sahilde dizlerimin üzerine çökmemi (bir de çıplaktım) ve tekrar evlenme teklif etmemi söyledi.

Önce güldü, sonra gözyaşlarına boğuldu ve kabul etti. (İşin komik yanı döndüğümüzde Shara'nın babası Brian'a evlenmemize razı olup olmadığını sorduğumda o da gözyaşlarına boğulacaktı. Tabii bu sefer üzerimde bir ceket, boynumda bir kravat, altımda da... Geniş bir şort vardı.)

Onun gözyaşları mutluluktan mıydı, yoksa üzüntüden mi bilmiyordum. Ama önemli olan Shara'yla evlenecek olmamızdı.

Aynı gün bunu kutlamak için Seville'e gittik. Birilerine Seville'deki en şık otelin hangisi olduğunu sordum, Alfonso XIII olduğunu söylediler. İspanya kralı hep orada kalırmış. Oteli bulup içeri girdik. İnanılmaz görünüyordu. Shara benim şortum ve eski, üzerinde delikler olan bluzumdan ötürü utanmıştı ama ben gidip sevecen görünümlü bir görevli buldum ve durumu anlattım.

"Bize yardım edebilir misiniz? Çok paramız yok."

Bizi iyice süzüp durdu, sonra da gülümsedi.

"Müdürüme söylemeyin," diye fısıldadı.

Böylece gecesi 1.000 Dolarlık odada sadece 100 Dolar'a kaldık ve İspanya kralı gibi kutlama yaptık.

Sonraki sabah da yüzük almaya gittik. Oteldeki bir görevliye üniversiteden kalan İspanyolcamla nerede iyi (yani fiyatları çok yüksek olmayan) bir kuyumcu bulabileceğimi sormuştum. Biraz şaşırmış görünüyordu. Daha yavaş konuşmaya çalıştım. Sonunda aslında nerede bir kuyumcu bulabileceğimi değil, nerede bir "bıyıkçı" bulabileceğimi sorduğumu fark ettim. İspanyolcayı biraz unuttuğumu söyleyerek özür diledim. Shara yine gülümseyerek gözlerini devirdi.

Sonunda küçük bir kuyumcu bulduk. Aklımdan İspanyol pesetasını İngiliz Pound'una çevirip Shara'nın denediği yüzüklere paramın yetip yetmeyeceğini hesaplamaya çalışıyordum. Sonunda sade, güzel ve paramızın yettiği bir yüzükte karar kıldık. Bize uygun...

Aşk için pahalı takılar gerekmiyor. Ayrıca Shara her zaman sade şeyleri son derece zarif gösterebilen biri olmuştur. Şanslıyım.

102

Everest'ten döndükten kısa süre sonra Wight Adası'ndaki yelkencilik kulübümde Everest gezime dair bir konuşma yapmamı istediler. Bu, yıllar içinde yapmaya devam edeceğim konuşmaların ilki olacaktı ve Everest'ten döndükten sonra uzun bir süre asıl gelir kaynağım bu iş olmuştu.

Ama tabii o ilk konuşmalarım kimsenin gözünde çok da kaliteli değildi. İlk konuşmam iyi geçmişti. Bunun nedeni daha çok dinleyicilerin arasında ailemden pek çok kişinin bulunmasıydı. Annem ağladı, babam ağladı, Lara ağladı. Herkes mutluydu ve benimle gurur duyuyorlardı. Sonraki konuşmamı Özel Kuvvetler'den bir grup askere yaptım. Bu kez duygusal destek için seyircideki arkadaşlarıma güveniyordum. Hugo Mackenzie-Smith bugün hâlâ o konuşmam bittiğinde izleyicilerin yarısının uykuya daldığını söyleyip güler. (Dün bütün gece antrenman yaptıkları için uyanık kaldıklarını eklemek isterim ama yine de hakikaten çok iyi bir performans göstermemiştim.) Hepsini tek tek uyandırmamız gerekmişti.

Eğer konuşma yaparak para kazanacaksam hikâye anlatma konusunda kendimi eğitmem gerekiyordu. En kötü konuşmam Güney Afrika'da bir tıbbi ürünler şirketi için yaptığım konuşmaydı. Bana uçak masrafımla birlikte 1.000 dolar vermişlerdi. O zamanlar bu para benim için bir servet gibiydi, ne kadar şanslı olduğuma inanamıyordum. Bana ve Shara'ya aylarca yeterdi.

Kısa süre sonra Drakensberg Dağları'ndaki bir otelde altı yüz çalışanın konferans salonuna varmasını bekliyordum.

Yukarı yolculukları oldukça uzun olmuştu ve son beş gündür bu çalışanlara durmadan bira vermişlerdi. Yerlerine oturduklarında çantalarına takılıp düşüyor ve durmadan gülüyorlardı.

Kâbus!

Akşam yemeğinden sonra en az bir saat konuşmamı istemişlerdi. Ben bile yemekten sonraki bir saatlik bir konuşmanın intihar olacağının farkındaydım. Ama inat ediyor, 1.000 dolarlarının karşılığını almak istiyorlardı.

Bitmek bilmeyen, içki dolu bir akşam yemeğinden sonra görevliler yerlerinden kalkamayacak hâldeydi. Ben sahnenin arkasında başımı ellerimin arasına alıp oturmuştum. *Yüce Tanrım!* Sonra sahneye çıktığım gibi her yer karanlığa gömüldü. Elektrikler gitmişti. Şaka yapıyor olmalıydılar. Organizatörler odayı aydınlatmak için bir sürü mum yaktı. (Bu, aynı zamanda slayt kullanamayacağım anlamına geliyordu.) Konuşma başlıyordu.

Bu arada katılımcıların Güney Afrika dili konuştuklarını söylemiş miydim? Yani İngilizce en iyi ihtimalle ikinci dilleriydi. Ve tabii ki ben daha ağzımı açmadan şikâyetler başladı.

"Yemek sonrası konuşma istemiyoruz," diye bağırdı sarhoş bir adam. Neredeyse koltuğundan düşecekti.

Ben de istemiyorum dostum, diye düşündüm.

Bu saat benim için de bu adam için aynı düzeyde zor olacaktı. Ama pes etmedim. Nasıl güzel hikâye anlatabileceğimi öğrenmek için çaba harcamıştım. Sonuçta bu benim tek gelir kaynağımdı ve ileride gitmek istediğim geziler için sponsor bulmam bu konuşmalara bağlıydı.

Duyduğum en iyi tavsiye efsanevi aktör Sir John Mills'in sözleriydi. Sahne arkasında birlikte yapacağımız bir konuşma için oturmuş bekliyorduk. Bana bir topluluğun önünde konuşmanın altın kuralının şu olduğunu söyledi; "Samimi ol, kısa tut, ağırbaşlı davran."

İlham veren sözler... Ve o zamandan beri konuşmalarım değişti. *Kısa tut. Samimi ol.*

Sahnede komik, esprili, zeki olmamız gerektiğini düşünüyoruz. Öyle değil. Sadece dürüst olmalısınız. Samimi davranıp hikâyenin özünü;

duyguları, endişeleri, mücadeleyi, korkuları ve insanları anlatabilirseniz insanlar size karşılık verecek.

Sonrasında dünyanın en büyük şirketleri için her yerde konuşmalar yaptım ve bu kurallarla konuşmaya çalıştım. Kişiselleştir, o zaman insanlar senin yanında duracak.

Gitgide daha büyük şirketler için daha büyük konuşmalar yapmaya başlayınca yanlış bir biçimde daha zeki görünmem ve daha resmî konuşmam gerektiğini düşündüm. Tamamen yanlış bir kanıya kapılmıştım ve bunun hemen farkına vardım. Olmadığımız biri gibi davrandığımızda insanlar sıkılıyor. Kendiniz olarak kalın, samimi konuşun ve mesajınız anlaşılır, basit bir şey olsun. İşte o zaman ne giydiğinin hiçbir önemi yok.

Ama binlerce insanın önünde içinizi döküp kendinize inanmadığınızı söylemek cesaret istiyor. Özellikle onları motive etmek için konuşuyorsanız... Ama doğruları söylerseniz insanlar da size samimi tepkiler veriyor.

"O yapabilirse ben de yapabilirim," her zaman güçlü bir mesaj olacak. Çocuklar için, iş adamları için ve tabii ki maceraperestler için...

Ben gerçekten oldukça sıradan biriyim. Yemin ederim. Shara'ya sorun, Hugo'ya sorun. Sıradanım ama kararlıyım.

Ama bütün o şirketler bana daha büyük miktarlar ödemeye başlayınca gerçekten bu paraya değip değmediğimi düşünmeye başladım. Bütün bunlar bana biraz garip geliyordu. Şimdiki konuşmalarım gerçekten Drakensberg Dağları'ndaki konuşmamdan daha mı iyiydi? Hayır. Öte yandan eğer söylediklerinizle insanların daha güçlü ve daha yetenekli hissetmesini sağlıyorsanız bu sizi tutan şirketler için paha biçilemez bir şey oluyordu. Eğer bu doğru olmasaydı bugüne kadar bu kadar çok konuşma yapmamı istemezlerdi.

Ayrıca Everest hikâyesi her zaman hem hayat hem de iş için iyi bir metafor olacaktı. Birlikte çalışmanız, çok çabalamanız ve kendinizi zorlamanız lazım. Birbirine sahip çıkmanız, azimli olmanız ve zamanlamasını iyi yaptığınız riskler almanız lazım. Kalbinizi hedefinize vermeniz lazım, o zaman bir karşılık alacaksınız.

Şimdi bir işletmeden mi bahsediyoruz, yoksa dağdan mı? İşte bunu kastetmiştim.

103

Shara'yla evlenmeden önceki yıl Poole Harbour'daki küçük bir adanın sahiplerini kışın buralara bakmak karşılığında bedava kalmama izin vermeleri için ikna ettim. Harika bir anlaşmaydı. Odun kesmek, adaya sahip çıkmak, biraz tamir yapmak ve İngiltere'nin güney kıyısının açıklarındaki 80.000 m²'lik bu güzel adada krallar gibi yaşamak...

Birkaç ay önce Londra'nın dışında, nehir kıyısında yürüyordum ve arkasında 15 hp motoru olan küçücük bir tekne görmüştüm. Üzeri küfle kaplıydı ve batmak üzereymiş gibi görünüyordu ama kenarında boyayla yazılmış isim yine de gözüme takıldı. Adı *Shara*'ydı. Nasıl bir tesadüftü bu?

Son 800 Pound'umla botu aldım.

Shara gurur duyduğum ve çok sevdiğim bir bota dönüştü. Ayrıca motorunu çalıştırabilen tek kişi de bendim! Bu botu küçük adama gelip gitmek için kullanıyordum.

O kışın ortasında *Shara*'yla denizde oldukça zorlu zamanlar atlatmıştık. Genelde akşam arkadaşlarla takıldıktan sonra gecenin bir vakti adaya dönerken, hava kötüyse o birkaç kilometrelik yol oldukça tehlikeli olabiliyordu. Buz gibi dalgalar botu sallar ve devirmekle tehdit ederdi. Eski motor bazen çalışmayı tamamen bırakırdı. Ne ışığım ne su geçirmez bir formam ne can yeleğim ne de telsizim vardı. Bütün bunlar bir yedek planım olmadığını gösteriyordu ve bu çok kötü bir şeydi.

Son derece sorumsuzca bir davranış ama bir o kadar da eğlenceli...

Bekârlığa veda partimi hafta sonu o adada en yakın arkadaşlarımla kutladım; Ed, Mick, Neil, Charlie, Nige (Shara'nın üniversiteden bir arkadaşı, daha sonra bizim için harika bir dost oldu), Trucker, Watty, Stan ve Hugo. Çılgın bir partiydi.

Charlie limanın ortasındaki bir direğin üzerinde çıplak hâlde mahsur kalmıştı. Yeterince motor gücü olmayan Shara'nın arkasında ski yapmaya çalıştığımız için iki kez kurtarılmamız gerekmişti. Bir de ateş ışığında rugby oynamak için kocaman bir ateş yakmıştık.

Harika!

Bu noktada oldukça sağlıksız bir hayat yaşıyordum. Çok fazla yemek yiyordum, sigara içiyor ve alkol kullanıyordum. (Bunlar her zaman aptalca şeyler.) Ayrıca hiç spor yapmıyordum. Doğal olarak kilo almaya başladım ve gerçekten kötü görünüyordum. Ama sadece bütün o antrenmandan, fit olmaktan ve böyle şeylere odaklanmaktan biraz uzak kalmak; hayatımı yaşamak istiyordum. Ordudan ve dağlardan uzak, baskıdan uzak...

Üniversitede bütün arkadaşlarım gezip eğlenirken ben önce Özel Kuvvetler sınavını geçmek, sonra da Everest'e çıkmak için canımı çıkarmıştım. Artık sadece biraz ara vermek istiyordum.

Sonunda televizyonda verdiğim ilk röportajların birinden sonra kendimi izlerken içimi bir korku doldurdu. Şişman ve solgun görünüyordum. Eğer geçmişteki hâlime dönmezsem hayatım boyunca asla önemli bir şey başaramayacağımı fark ettim.

Benim planım bu değildi. Geçmişte yaşamak ve sürekli Everest'ten bahsedip eskiye takılı kalmış biri gibi görünmek istemiyordum. Eğer hayatta ilerlemek ve son birkaç yılda her şeyi feda ederek başardıklarımın üzerine bir hayat kurmak istiyorsam başkalarına söylediklerimi hayata geçirmem gerekiyordu.

Kilo verme zamanı gelmişti.

Ancak bu dönemden geçmek Shara'nın benimle param ya da görünüşüm için evlenmediğini kanıtlayan bir şey oldu. Çünkü hem beş parasız hem de şişmandım. Ve, Tanrı onu korusun, Shara beni yine de seviyordu.

104

Düğünümüz kışın ortasında, rüzgârlı bir günde gerçekleşti; 15 Ocak 2000. Fakat güneş bulutların arasında parıldıyordu.

Shara'nın babası Brian'da çoklu doku sertleşmesi olduğu için kiliseye ancak tekerlekli sandalyede gelmişti. Brian ağladı. Shara ağladı. Herkes ağladı.

Arkadaşlarımız, "Hey, Hey, We're the Monkees" ve "I'm a believer" şarkılarını enstrümansız söyledi.

Hiç olmadığım kadar mutluydum. Doğru kararlar verdiğinizde böyle hissediyordunuz.

Daha sonra Trucker'ın getirdiği Perulu bir müzik grubu şarkılar çalarken dans ettik. Uzun masalara oturup sosis ve patates püresi yedik. Her şeyden çok aşkla dolu bir gün geçirdik.

Arkadaş grubumuzda ilk ve en genç evlenen çift bizdik, o yüzden bu düğün herkese çok daha özel gelmişti. (O zamanlar düğün hepimiz için yeni bir şeydi.) Charlie ve Trucker sağdıç konuşmalarıyla herkesi ağlattı.

Birkaç ay önce Shara'yla birlikte bir ev almıştık. Daha doğrusu Londra'nın merkezinde, Thames Nehri'nin kıyısında bir dubaydı evimiz. Burayı bize Neil bulmuştu ve hemen görmeye gitmiştik. Gördüğüm gibi bayılmıştım.

Daha önce Londra'daki küçücük bir stüdyo daireyi almayı düşünüyorduk ama ben bu durumdan hiç hoşnut değildim. Öncelikle param yetmiyordu. Babam geri ödemesini kendim ödeyebilirsem ev kredisi almama yardım edeceğini söyledi ama her ay o parayı çıkarmanın benim için zor olacağını biliyordum. Dubaysa o evin yarı fiyatından daha aza geliyordu ve çok daha güzeldi.

Oldukça geniş, soğuk ve nemli bir yer olduğu için Shara ve ailesi burayı ilk gördüklerinde biraz çekimser kalmıştı. Ama insanları ikna etmek benim işimdi.

"Eğlenceli olacak. Burayı birlikte toparlayabiliriz. Bizim için iyi bir macera olur. Sonra da bu duba sıcacık bir yuva hâline gelir."

Shara hep yaptığı gibi başını yana yatırıp baktı.

"Macera kısmı konusunda biraz endişeliyim. Sıcacık yuva kısmına odaklansak olmaz mı sevgilim?"

Hâlâ tedirgin görünüyordu. (Tabii biz bir süre o dubada yaşadıktan sonra Shara değişti. Şimdi on, o evi satmaya kimse ikna edemez. Onun bu yönünü çok seviyorum. Onu ikna etmek hep çok zaman alıyor ama bir kere bir şeyin kendisine ait olduğuna karar verince asla vazgeçmiyor. Ben de dâhil.)

Yakın arkadaşımız Rob Cranham'la dubayı restore etmemiz iki ayımızı aldı. Rob bu işte harikaydı. Dubada kalıyor ve burayı bir eve dönüştürebilmemiz için durmadan çalışıyordu. Rob burayı tam hayal ettiğimiz gibi bir yere dönüştürdü. Artık güvertede eski bir küvet ve "zindan"da kaptan kamarasının yatağı vardı.[15]

Shara'nın babaannesinin eski kanepesini ve çekmesini çatıdan evin içine indirdik. Sonra da ikisini de iyice boyayıp vernikledik. Düğün zamanı geldiğinde her şey hazırdı.

Yatağımız güzelce düzeltilmiş, Shara'nın geceliği yastığın üzerine bırakılmıştı. Balayından döndüğümüzde geceyi evimizde geçirebilecektik.

Sabırsızlanıyordum.

Düğünümüzden sonraki gün balayına gittik. Düğünümüzden iki gün öncesine kadar balayı için bir yer ayırtmamıştım. Son anda harika bir indirim yakalayabileceğimi umuyordum. Bu her zaman tehlikeli bir taktikti. Shara'ya da sürpriz yapıyormuş gibi davrandım. Ama tahmin edebileceğiniz üzere o hafta için bir sürü harika indirim bulamadım.

---

15 Rob narkolepsi hastasıydı ve maalesef 2010'da bir kalp krizi geçirerek hayatını kaybetti. Şimdi iyi bir yerde ve güvende olduğunu umduğumuz bu arkadaşımız gerçek bir kahramandı.

Bulabildiğim en iyi yer Meksika'da, Cancun'a yakın bir yerdeki tek yıldızlı bir oteldi.

Birlikte olmak bizi çok mutlu ediyordu ama otelin korkunç olduğunu saklamaya gerek yok. Lağımın yanında bir oda vermişlerdi bize. Akşamları oturup karşımızdaki bakım-onarım hangarı manzarasını izlerken bir de o kokuya katlanmamız gerekiyordu.

Bir yıldızlı otellerde öğle yemeği olmadığı için kahvaltımızı öğlene saklamaya başladık. Kıyafetlerimin kollarına ekmek dilimleri saklardım, Shara çantasına bir paket yoğurt ve muz koyardı. Sonra biraz kitap okumak, öpüşmek ve lağımın kokusunu solumak için odamıza giderdik.

İngiltere'ye döndüğümüzde buz gibi bir Ocak ayıdı. Shara çok yorulmuştu ama ikimiz de güzel, şimdi merkezî ısıtmayla sıcacık olmuş evimize gideceğimiz için çok heyecanlıydık.

Shara'nın kardeşi Annabel'den biz eve varmadan ısıtma sistemini çalıştırmasını ve dolaba bir şeyler koymasını istemiştim. O da bunu harika bir şekilde yapmıştı. Fark etmediği şeyse o gittikten kısa süre sonra ısıtıcının durduğuydu.

Shara'yla Thames'ın kıyısına vardığımızda hava karanlıktı. Nefeslerimiz buz gibi havada buhar olarak çıkıyordu. Shara'yı kucağıma alıp merdivenlerden yukarı taşıdım.

Kapıyı açınca şaşkınlıkla birbirimize baktık. İçerisi gerçekten dondurucuydu. Eski, demirden gemiler kışın öyle oluyor. Etraflarındaki soğuk su herhangi bir ısıtma sistemi yoksa bu botları buz gibi yapıyor. Hâlâ birbirimize tutunarak içeri sendeledik. Geminin merkezindeki ısıtıcıya bakmaya gittik.

Shara önce dönüp bana baktı, sonra da çalışmayan ısıtıcıya. Yaptığı bu iki seçimin ne kadar mantıklı olduğunu sorguladığına şüphem yok.

***

Ve evimizdeydik. Paramız yoktu ve donuyorduk ama birlikte ve mutluyduk.

O gece battaniyelere sarınmışken Shara'ya bir söz verdim; onu sevecek ve ona sahip çıkacaktım. Birlikte geçireceğimiz hayatımızın her günü. Ve bu yolda inanılmaz bir macera yaşayacaktık. İkimiz de bunun daha sadece bir başlangıç olduğunun farkında değildik.

BEŞİNCİ BÖLÜM

BAŞLANGIÇ

"Bir top önüne yuvarlanırsa hemen onu yakala.
İkinci bir şansın nadiren olur. (Bazen mucizevi bir şekilde olsa da.)
Ve unutma, hayat sen onu neye dönüştürürsen o olur.
İşte bu yüzden ihtimaller o kadar heyecan vericidir."
Anneannem, Patsie Fisher

105

Shara ve ben evlilik hayatımıza zorlu ama sevgi dolu bir başlangıç yapmıştık. Sevgi dolu kısmı hiç değişmedi.

Shara hiçbir zaman benim işim konusunda hırslı davranmamıştı ve bunun için ona son derece minnettarım. Kocasının sürekli daha iyi olması için onu zorlayan bir kadın kadar insanı yoran ve güçsüz bırakan bir şey olamaz. Ben her zaman kendime kendim baskı yaptım. Shara en yakın arkadaşım ve eğlenceli, sadık, samimi, ailesini önemseyen bir kadın olduğu için çok mutlu oldum.

Ancak evlendikten bir yıl sonra ben de Shara da babalarımızı kaybettik. O kadar genç yaşta yaşadığımız en zor şeylerden biriydi bu. Birlikte çıktığımız yolculuk henüz başlamıştı.

Brian on beş yıl boyunca hastalığına karşı cesurca bir mücadele vermiş ama sonunda sessizce bizi bırakıp öbür tarafa gitmişti. Tanıdığım en eşsiz, kararlı ve cesur adamlardan biriydi. Güney Afrika'dan İngiltere'ye sadece küçük, kahverengi çantasıyla ve başarılı olma konusundaki kararlılığıyla gelmişti. Gerçekten harika bir aile kurmuş ve harika bir hayat yaşamıştı. Hepsinden önemlisi Brian ve eşi Vinnie bana eşim Shara'yı vermişti.

Brian en acımasız hastalıkların birinden muzdaripti. Bu hastalık onu yavaş yavaş güçsüzleştiriyordu. İlk başta tekerlekli sandalyeye mahkûm olmuş; sonra konuşma, giyinme, yemek yeme ve kendine bakma becerisini kaybetmişti. Fakat bütün bunlara rağmen o ışıltısını hiç kaybetmemiş, tamamen yatalak olmamak için ağır hastalığına rağmen sonuna kadar savaşmıştı.

Böyle bir cesarete sadece hayranlık duyabilirim. Keşke onu genç ve sağlıklıyken tanısaydım... Birlikte çok eğlenirdik eminim.

Ama ölümü Shara'yı çok üzdü. Her gece ağlıyordu ve yapabileceğim tek şey o yasını tutarken ona sarılmaktı.

Sonra aniden, hiç beklemediğimiz anda benim babam vefat etti. Brian'ın ölümünden sadece on hafta sonra... Korkunç bir eşek şakası gibi...

Kalp atışını kontrol edecek bir cihaz taktıracaktı. Ameliyat sırasında yanında olmamı istemişti. Eski Özel Kuvvetler sıhhiyeci kartımı kullanıp içeri girdim ve cerrahları izlemeye başladım. Babam elimi sıkıp uykuya dalarken içimde bir şeyler yanlış gidiyormuş gibi bir his vardı. Nitekim ameliyattan birkaç gün sonra babam öldü. Hiçbir şey yokken... Evdeki yatağında oturuyordu. Bir an hayattaydı, sonraki an ölmüştü.

Benim babam.

Kimse ne olduğunu bilmiyordu. Sadece tahminler vardı. Babam artık yoktu.

Shara da ben de yıkılmıştık. Ama birbirimize güç verdik ve birbirimizi teselli ettik. Eminim babam ve Brian da böyle yapmamızı isterdi.

Daha sonra Tanrı bizi birbirinden güzel üç çocukla ödüllendirdi. Bizim çocuklarımız. İlginç, değil mi?

Eski hayatlardan yeni hayatlara...

106

Tahmin ettiğim gibi üç çocuğumuz da erkek olmuştu. Jesse şu anda yedi yaşında, Marmaduke dört, Huckleberry ise sadece iki yaşında. Gerçekten melekler gibiler ve hiçbir şey, gerçekten hiçbir şey oğullarımla yatakta birbirimize sokulmamız ya da artık sahibi olduğumuz küçük Galler adasında ailece piknik yapmamız kadar güzel olamaz. Hayattan istediğim başka hiçbir şey yok.

Üçü de maceraperest görünüyor. Durmadan ağaçlara tırmanıyor, kamp yapıyor, solucanları ve böcekleri yakalamaya çalışıyorlar. Çamur onları demiri çeken bir mıknatıs gibi çekiyor. Sayelerinde dünyanın en gururlu babasıyım. Bana her gün hayattaki en değerli şeylerin parayla alınamayacağını bir kez daha kanıtlıyorlar.

İkimizin de babaları torunlarına bayılırdı eminim!

Çocuklarımızdan önce bütün hayatımızı değiştiren bir sürü şey oldu ancak. Bu olayların çoğu küçük, önemsiz görünen, beklenmedik olaylardı. Mesela bir yardım kuruluşu için konuşma yapmak amacıyla saatlerce yol gitmem, sonra da Channel 4'un sahibinin genç oğlunun orada olduğunu öğrenmem gibi... Bu genç, babasına kanallarında bir program yapmamın iyi olacağını söylemiş. Çocuklar işte.

Ya da bütün dünyada yayınlanacak "Sure for Men" adlı deodorantın reklamı için bir sürü dağcı içinden beni seçmeleri ve bu sebeple Discovery Channel tarafından keşfedilmem. (Garip bir biçimde, bu olay babam öldükten birkaç gün sonra gerçekleşmişti. Giderken bana bir hediye bırakmış gibi hissettim. Ve gerçekten hayatım boyunca babamın bana bıraktığı bir sürü küçük hediye olduğunu keşfettim.)

Böyle küçük şeyler olmasa daha büyük programlar yapar mıydım? Sanmıyorum. Keza büyük ağaçlar küçük tohumlardan çıkıp büyür.

Ancak hayatım boyunca açgözlü olmamak ve kolaydan para kazanmaya çalışmamak konusunda dikkatli oldum. Paraya çok ihtiyaç duyduğumuz ilk zamanlarda bile...

Maddi durumumuz sebebiyle *Survivor* ya da *Ben Ünlüyüm... Beni Buradan Çıkarın* gibi programların teklif ettiği büyük miktarları reddetmek benim için çok zor olmuştu ama aklımda hep başka bir hedef vardı; asıl işimin öyle kalması için uğraşıyor, küçük şeylerle dikkatimin dağılmasını istemiyordum. Böyle şeyler yerine güçlü yönlerinizi bilmelisiniz.

Ayrıca içgüdüsel olarak televizyondan ve ünden uzak durmaya çalışıyordum, çünkü kendine yeterince inanmayan biri olarak ne parayı ne de ünü hak ettiğimi düşünüyordum. (O zamandan beri tecrübelerim bana paranın ve ünün nadiren hak edenleri bulduğunu gösterdi. Bunların ikisinin de bizi çok etkilemesine izin vermemeliyiz. İnsanlara kim olduklarına göre, nasıl yaşadıklarına ve insanlığa ne kattıklarına göre değer verin. Bu çok daha iyi bir ölçüt.)

Bu yüzden televizyona çok direndim. Hatta "İnsan Doğaya Karşı /Born Survivor: Bear Grylls"in yapımcısı Rob McIver'ın teklifini üç kere reddettikten sonra ilk bölümü çekmeyi kabul ettim.

Ama ne budalaymışım!

Bear anneannenin yazdıklarını unuttun mu? "Bir top önüne yuvarlanırsa hemen onu yakala. İkinci bir şansın nadiren olur. (Bazen mucizevi bir şekilde olsa da.)"

Ama televizyon dünyasına girmek istemedim. Beni güçlü yapan şeylere odaklanıp yeteneklerime güvenmek istiyordum sadece.

Babam her zaman işinizi iyi yaparsanız paranın da bir şekilde geleceğini söylerdi. "Ancak paranın peşinden koşarsanız sürekli elinizden kaçacaktır." Ben bu sözü çok severdim.

Ancak iki işi birden yapabileceğimi, hem asıl becerilerimi kullanabileceğimi hem de televizyona çıkabileceğimi öğrenmek benim için büyük bir şeydi. Belki sürekli gülümseyen bir televizyon programı sunucusu olmadan da televizyona çıkabilirdim.

Emin değildim.

Anneanne?

"Tabii ki bir top önüne yuvarlanırsa –hemen onu yakala."

107

Bazen, sakin anlarda geri dönüp bütün o çılgınlığa bakmak bana gerçekdışı geliyor. *Bütün bunlar nasıl gerçekleşti?* diye düşünüyorum. "İnsan Doğaya Karşı" ve "Born Survivor: Bear Grylls" dünyanın en çok izlenen programları arasına girdi. 180 ayrı ülkede 1.2 milyar insana ulaştı. (BBC'nin "Top Gear" adlı programının izleyici sayısı 350 milyon kişi. Daha iyi anlamanıza yardımcı olur belki). Emmy Ödülü'ne aday gösterildik. İngiltere'de Channel 4 için üç sezon çektik. Amerika ve bütün dünya içinse altı sezon çektik. Hatta bu programlar Kuzey Amerika'da kablolu televizyonda en çok izlenen programlar oldu.

Amerika'daki programın başarısı uluslararasıydı. En yüksek reytingler Avustralya, Yeni Zelanda, Hindistan, Çin, Rusya, Meksika, Brezilya, Arjantin, İtalya, Almanya ve İspanya gibi ülkelerden geldi.

İnsanın aklı almıyordu.

Ancak en az tanındığım ülkenin İngiltere olması beni mutlu ediyor. Rahat ve gereken yerde normal bir hayat sürdürebiliyorum. Ailem evde çok zorlanmadan normal bir hayat sürdürebiliyor. Ancak yurtdışında nasıl bir hayatımız olduğu ailemin ve benim küçük bir sırrımız sayılır.

***

Programlarımın uluslararası ününden ötürü bazen çok garip ve rahatsız edici olaylar da yaşayabiliyorum.

Mesela Borneo'daki yağmur ormanlarında, küçük bir köyde bir tahta kulübeden diğerine çıplak ayaklarla koşturan çocuklar kim olduğumu biliyordu. Etrafta bir televizyon bile görmedim.

Kameramanlardan Dan, ben böyle şeyleri fark etmeden dolaşsam da bunun onu çok mutlu ettiğini söylüyor. Ama ben kendime sürekli bunun benim yaptığım bir şey olmadığını, televizyonun gücü olduğunu hatırlatıyorum.

Bu konuda anlamakta zorluk çektiğim çok şey var. Ancak çok net bir şekilde bildiğim bir şey var, o da "İnsan Doğaya Karşı"nın neden o kadar başarılı olduğu. Şanslı olmamız, harika bir takımımızın olması ve her şeyi riske atmaya istekli olmamızın büyüsüydü bunun sebebi. Benim büyülü üçlüm. Şansımızın ve zamanlamamızın bu başarının kalbinde yattığına şüphem yok.

Sık sık son derece yetenekli insanlarla tanışıyorum; bazen dünyaca ünlü dağcılar, serbest paraşütle atlama şampiyonları, doğada hayatta kalma uzmanları. Hepsi kesinlikle benden daha yetenekli ve maalesef benden daha yakışıklı ve kaslılar da. Açık konuşmak gerekirse benim işimi benden çok daha iyi yapabilirler. Öyleyse bu işi neden ben yapıyorum?

Çünkü şansım yaver gitti.

Kendimi ifade edebileceğim, hatalar yapıp bunlardan bir şeyler öğrenebileceğim ve kendimi geliştirebileceğim bir yer bulma ayrıcalığım vardı. Bunun karşılığında yeni sezonlar çektikçe ve program ilerledikçe bu konuda kendime güvenmeye başladım. Bu çok şeyi değiştiriyor.

Bu süre zarfında programın iptal edilme ihtimali de oldu. Yeni yönetmenler, görevliler, talepler.

Bunların hepsi programın bitmesine neden olabilirdi. Ama direndik ve reytingler yükseldi. Ben daha ne olduğunu anlamadan insanların sözcük hazinesinde ve zihinlerinde bir yerimiz olmuştu. Bu zaman alan bir şey ama bir kere gerçekleştikten sonra her şey daha basit hâle geliyor.

Açıklamama izin verin.

Bir televizyon programı başladığında kendini rekabet dolu bir ortamda bulurum. Yüz fikirden belki birinin ilk bölümü çekilir. O ilk bölümlerin yirmisi içinde sadece biri bir sezon yayınlanma şansını kazanabilir. Ve bütün o tek sezonluk programların ancak onda biri için ikinci bir sezon çekilir.

Bu kadar ilerlemek inanılmaz bir şans ve temiz kalplilik gerektirir. Ancak iki sezon çekildikten sonra beş sezondan daha fazlasını bile hemen çekme şansı edinebilirsiniz.

Yani şanslıydık. Buna şüphe yok. Ayrıca bunu beklemek bir yana ben böyle bir şey yapmamızı istememiştim bile. Böyle bir şey aklımın ucundan bile geçmiyordu.

Ama "İnsan Doğaya Karşı"yı çekerken bir sürü eleştirmenin ve basının eleştirilerine katlanmak zorunda kaldım. Başarılı olan her şey böyle bir süreçten geçiyor. (Övgünün nasıl hemen unutulabildiği ama en ufak bir eleştirinin yapışıp kalması çok ilginç. Kendinize güvenmemeniz sizi çok zorlayabiliyor sanırım.)

Programımızın sette çekildiği, sahte olduğu gibi bir sürü suçlamalara maruz kaldık. Hatta bir eleştirmen bütün programın bir stüdyoda çekildiğini ve arka planın bilgisayarla yapıldığını söylemişti. Keşke...

Bir başka tekrarlanıp duran negatif görüş benim tavsiyelerimin izleyiciler için tehlikeli olabileceğiydi. Aslında tehlikeliden ziyade, ölümcül...

Ama programın formatı hep doğada korkunç bir felaketle karşılaştığınızda ne yapacağınızı anlatmak üzerineydi. Ben kendi eğitimim ve becerilerimle böyle durumlarda hayatta kalmak için ne yapacağımı gösteriyorum.

İzleyin. Eğlenin. Belki bir gün hayatınızı da kurtarabilir.

Tabii böyle durumlar çok sık gerçekleşmiyor. Bu yüzden ekibim neyle karşılaşacağımı her zaman biliyor; şelaleler, uçurumlar, yılanlar ya da bataklıklar. Bu bizim programımız.

Ekip önceden araştırmasını yapıyor. Sonra bölgedeki avcılar, yerliler ve Arama Kurtarma ekipleri bizi bölge hakkında bilgilendiriyor. Bunların hepsi hazırlığımızın bir parçası. Çantalarımız, uydu telefonlarımız, iplerimiz, acil yardım ekipmanımız ve panzehirler gibi... Eğer yabani dünyayla mücadele edecekseniz hazırlıklı olmalısınız.

Gidip daha güvende olduğumuz, nereye gittiği tahmin edilebilen bir program yapsaydık, size nasıl arama kurtarma ekiplerini bekleyeceğinizi gösterseydik çok daha kolay olurdu tabii ki. İstediğiniz buysa doğada hayatta kalma konusunda alabileceğiniz bir sürü DVD var.

Bana gelince, ben sadece arkadaşlarımla doğada güzel vakit geçirmek istedim.

108

Bir keresinde uzun bir süre evden uzakta olmak zorunda kalmış, ben de Shara'yı çekim yaptığımız ormana çağırmıştım.

"Çocukları da getir sevgilim. Sizi özlüyorum."

O gece ekibimle birlikte otostop çekip bizi üssümüze götürecek bir helikopterin olduğu yere gittik. Ekibin kaldığı yatakhanelere girince Shara'nın orada beni beklediğini gördüm. Bütün geceyi ailemin kollarında geçirip sonraki gün çekime geri döndüm. Tehlikeli, biliyorum.

Basın her zaman olduğu gibi bundan da haberdar oldu ve bana saldırmaya başladılar. Bundan harika başlıklar çıkmıştı. Anlıyordum. Ama kim böyle hatalar yapmıyor ki? Şimdi dönüp bakınca bunun sadece tehlikeli olmakla kalmadığını görüyorum. Bir hataydı ve gazetelerin durmadan haber yapabilecekleri büyük bir olay olmuştu. Ama dürüst olmak gerekirse Shara'yı ve çocukları görmek benim için harika olmuştu.

Peki hangisi benim için daha önemliydi? Kahraman olmak mı, baba olmak mı?

Bir seçenek daha var Bear. Sabretmek...

Biliyorum. Sabretme konusunda hiçbir zaman iyi olmadım.

İşte bu programın iptal edilmesine sebep olabilecek bir başka olaydı ama Channel 4 ve Discovery Channel beni destekledi. Ne kadar çok çalıştığımın ve her gün aldığım bütün o risklerin farkındaydılar. Eleştirmenlere verebileceğimiz en iyi cevap programın bu olaydan sonraki inanılmaz başarısıydı.

***

Bu programın bu kadar başarılı olmasının bir sebebi daha var. Bilin bakalım ne? Yalnız olmamam.

Gerçekten harika, küçük ve birbirine bağlı bir ekiple çalışıyorum. Dört beş kişi. Benim için hepsi birer kahraman. Hepsi çok çalışıyor. Kimse onları tanımıyor. İşleri bitmek bilmiyor. Benimle birlikte hayal edemeyeceğiniz kadar korkunç yerlere geliyorlar. Çoğu Özel Kuvvetler'den tanıdığım eski dostlarım ve işinde çok iyi maceracı kameramanlar. Hepsi çok yakın arkadaşlarım ve güçlü adamlar. Bu yüzden kamera arkası bölümlerimizin o kadar popüler olması şaşılacak bir şey değil. İnsanlar gerçekten tehlikeli durumlarda ne olduğunu görmeyi seviyor ve sık sık böyle durumlara rastlıyoruz.

Ekibim gerçekten harika. Bu programı yapmam için beni onlar motive ediyor. Onlar olmasa ben bir hiç olurdum.

Simon Reay ilk bölümde bana şu harika cümleleri söylemişti; "Bu programı sunma Bear, sadece gerekeni yap ve bana neyi neden yaptığını anlat. Harika oluyor. Sen sadece anlat."

İşte programımız bu.

Bir de gerçek bir kahraman olan Danny Cane var. O da bana, "Bir solucanı dişlerinin arasına alıp canlıyken çiğne ve yut. Herkes buna bayılacak Bear. İnan bana!" demişti. İlham verici...

Yapımcılar, yönetmenler, ofis ekibi ve saha ekibi. Arkadaşlarım. Steve Rankin, Scott Tankard, Steve Shearman, Dave Pearce, Ian Dray, Nick Parks, Woody, Stani, Ross, Duncan, Gaudin, Rob Llewellyn, Pete Lee, Paul Ritz, Dan Etheridge ve İngiltere'de, sahne arkasından bize yardım eden bir sürü insan daha.

Bir sürü ekip, tek bir amaç. Birbirimizi hayatta tutmak.

Ah, peki saha ekibi benimle yiyeceklerini paylaşıyor, odun toplamama yardım ediyor, sallarımın düğümlerini atmaya dâhil oluyor mu? Her zaman! Biz bir takımız.

***

Son büyülü malzeme her şeyi riske atma konusunda istekli olmak... Her şeyimizle varız. Hiçbir şüphe yok.

Programın başında ve büyümeye başladığı zamanlarda hep sınırları zorlama konusunda kararlılıkla hareket ettik. *İmkânsızı yap. Tırmanılması mümkün olmayan yerlere tırman, yenilmeyecek şeyleri ye.*

Tabii ki o şelaleden ya da uçurumdan aşağı inmenin genelde daha kolay ve güvenli bir yolu da vardı ama ben nadiren o yoldan giderdim. Asıl amacım o değildi. Güvenli bir yol olmadığında nasıl hayatta kalabileceğinizi göstermeye çalışıyordum. Ve bu işe bayılıyordum.

Kısa süre önce ne zaman başarılı olsam bunun kendimi tamamen bu işe adamam sayesinde olduğunu öğrendim. Bütün kalbimle ve ruhumla. Hiç geri durmadan. Program ilk başladığında böyle çekilmesi gereken bir şey olduğunu fark etmiştim.

Roket bilimi değil bu. Eskiden beri bilinen bir kural; *kendinizi zorlamazsanız başarılı olamazsınız.*

Programı bugün olduğu yere getiren bu bağlılığımız. Ama aynı zamanda defalarca hayatımı tehlikeye atmış oldum. Bir sürü ölümün kıyısından döndüğüm olaylar yaşadık. Hiçbiriyle de gurur duymuyorum. Oldukça uzun bir liste. Eskileri hatırlamak için bu anları not ederdim ama on beşinciyi geçtikten sonra vazgeçtim. Neyse, o zamanları hatırlamak istemiyorum. Artık geçmişte kaldılar. Öğrenme sürecimin bir parçasıydılar. Beni güçlü yapan şeyin bir parçasıydılar.

Şimdi programımız hâlâ son derece heyecanlı ama ben riski kontrol etme konusunda çok daha iyiyim. Kameranın kaydetmediği zamanlarda ipleri çok daha fazla kullanıyorum. Atlamadan önce artık bir kere değil, iki kere düşünüyorum. Bunu daha önce hiç yapmazdım. Buna farkındalık deniyor. Bir eş olduğumun farkında olmak, bir baba olduğumun farkında olmak...

Her zaman öğrendiğim için kendimle gurur duyuyorum; hatalar sadece bir kereliktir.

109

"İnsan Doğaya Karşı"nın başarısında rol oynayan bir etken daha var; bu da altında yatan mesaj. Ben bunun en önemli etken olduğuna inanıyorum aslında.

Düşündüğünüz zaman hayatta kalmayla yaşam arasında aslında ne kadar güçlü bir bağ var. Hepimiz bir mücadelenin içinde değil miyiz? Hayatta kalmaya çalışıyoruz. Hatta bazen her gün ayrı bir mücadele veriyoruz.

Yetenek, beceri ve şans insanları ileri götüren her şeyin sadece çok küçük bir parçası... Çok küçük... Gerçek savaşçıları diğerlerinden ayıran çok daha büyük bir şey var; cesaret, umut ve kararlılık. Asıl önemli olanlar bu özellikler. Hayatta da böyle.

Birkaç gün önce sokakta beni gören bir genç yanıma geldi. Gözlerimin içine bakıp, "Zor bir durumda hayatta kalmamı sağlayabilecek bir tavsiye verir misin?" dedi.

Bir an için düşündüm. Ona düzgün bir cevap vermek istiyordum. Sonra da çok açık bir cevap verdim.

"Yağmur yağıyorsa gülümse ve cehennemden geçiyor olsan bile yürümeye devam et."

Genç adam bir an için düşündü. Sonra bana bakıp şöyle dedi; "Benim yaşadığım yerde çok yağmur yağıyor."

Hepimiz bu hissi biliyoruz. Belki bir gün bu tavsiyeye gerçekten ihtiyaç duyduğunda sözlerimi hatırlar.

***

Ve aniden bugüne geldik. Altı yıl geçmiş. Gerçekten "İnsan Doğaya Karşı"yı bırak altı sezon, altı bölüm çekeceğimize bile inanmıyordum. Bütün o zaman nereye gitti?

Bu küçücük gezegenimizin bize sunduğu kaç tane yağmur ormanına, korkunç kokan bataklıklara, yakıcı çöllere, ilerlemesi imkânsız ve son derece tehlikeli dağ eteklerine gittik bilmiyorum. İnsanlar unutuyor. Ben de dâhil...

Bugüne kadar neredeyse yetmiş bir saatlik bölümler çektiğimiz oldu. Worst Case Scenario'nun on iki bölümünü çektik. Bir de Fransız Yabancılar Lejyonu'nun temel antrenmanını yapmanın nasıl bir şey olduğunu gösteren bir program da yapmıştık. (Beni bir daha o tarz bir şey yapmama konusunda uyarın.)

Küçük bir endüstri oluşturduk.

On bir kitap yazdım, ikisi çok satanlar listesine girdi. (Bu kitapların çoğunu da uçaklarda yazdım.) "İnsan Doğaya Karşı"yı *Xbox*, *PlayStation* ve *Wii*'de oyun olarak sattık. Dünya çapında bir macera kıyafeti markam var. Ayrıca Rexona, Degree, Sure for Men, Nissan, Dos Equis bira ve diğer pek çok büyük markanın reklamlarında yer aldım.

2005'te Kraliyet Deniz Kuvvetleri'nde kıdemli yüzbaşı yapıldığımda kendimle çok gurur duymuştum. (Babam da çok mutlu olurdu eminim.) Ayrıca Antarktika, Himalayalar ve Kutup bölgesine yaptığım geziler sayesinde dünyanın pek çok yerindeki çocuklara yönelik yardım kuruluşlarına vermek üzere 2.5 milyon dolardan daha fazla para topladık. Bunlar benim için gerçekten önemliydi. Özellikle kurtarılan hayatları görebildiğimde... O küçük çocukların hikâyelerinde duyduğumda sert bir adam gibi davranamıyorum. Buna perspektif deniyor.

Ayrıca, biraz tedirgin edici bir şekilde Amerika'daki en etkili insanlar listesinin on üçüncü sırasındayım. *Hımm*. Bir sabah evimde, İngiltere'deyken de gazetede İngiltere'nin en havalı yedinci adamı olduğumu, ayrıca orta sınıfın en hayran olduğu ikinci insan olduğumu öğrendim. İlk kraliçeydi. İki kere "Hımm!" Bunların hepsi gerçekten onur verici ama pek de doğru değiller. Shara size ne kadar havalı olmadığımı anlatabilir!

Ancak bütün bunların sebep olduğu büyük bir şey var; dünya çapındaki yirmi sekiz milyon izcinin Şef İzcisi ve sembolik lideriyim. Gerçekten eğlenceli bir yolculuk oldu.

Hayatımın en büyük ayrıcalıklarından biri İzcilik Birliği'nin beni en genç Şef İzci yapmasıydı. (Benim için bunun en iyi yönü gençlerin bu seçimde rol oynamasıydı.)

İzciler benim hayatta en çok önem verdiğim değerleri yansıtıyor; arkadaşlık, aile, inanç ve macera.

Her geçen gün dünya çapındaki onca gençte eksik olanın azim değil, fırsat olduğunu görüyorum. İzciler de normalde dostluk, macera ve aidiyet hissi gibi şeyleri yaşama şansı olmayan çocuklara bu harika şeyleri tecrübe etme fırsatı veren bir ışık gibi...

İngiltere'de geziyoruz. Bir sürü grubu ve liderlerini ziyaret ediyoruz. Çekimleri bitirdiğimiz gibi yerel izci grubuyla bir buluşma ayarlamaya çalışıyorum, hangi ülkede olursak olalım. Tek bir hareket. Pek çok ulus. Bir değerler bütünü. Bu kadar iyi işlediği için herkesi kendine çekiyor. Çocuklardan bir kısmıyla tanışsanız siz de görürsünüz. Onlarla vakit geçirmekten çok hoşlanıyorum.

Her yaz Shara'yla birlikte en başarılı genç izcilerin katıldığı bir adada hayatta kalma kampı yapıyoruz. İzcilikte en yüksek seviyelere ve başarılara ulaşan izcilerin ödül törenlerini ben sunuyorum. Hem en yeni izcileri hem de en büyük liderlerin başarılarını kutluyoruz. Hikâyeleri her zaman inanılmaz...

Kraliyet ailesinin üyeleri bu ödül törenlerine her zaman katılıyor. Onlar da benim gibi izcilerin cesaret ve umutlarını görünce duygulanıyor. Hem de bu umut ve cesareti genelde imkânsızlıklara karşı gösteriyorlar.

Normal insanların kendi gruplarında lider oldukları, çocukların kendilerine güvenlerini kazanmasına yardım ettikleri, onlara birer amaç, hayat için önemli değerler verildiği, başka yerlerde öğrenmesi zor olan becerilerin öğretildiği bir yer...

Şef İzci olmak benim için büyük bir gurur kaynağı. Umarım bütün o gençlere hak ettiklerini verebilirim.

Ayrıca izcilerle zaman geçirdiğimde benim onlara ilham verdiğimi sanıyorsanız yanılıyorsunuz, asıl onlar bana ilham veriyor.

***

İzciler de dâhil bütün bu işlerle uğraşırken hayat son derece hızlı geçiyor. Bazen fazla hızlı oluyor ve yetişmekte güçlük çekiyorum. Bu durumdan da çok hoşlanmıyorum. Bu yüzden bu kadar harika bir ekip kurduğum için kendimle gurur duyuyorum.

Los Angeles ve Londra'daki iki ekip de çok eğlenceli ve inanılmaz derecede becerikli insanlardan oluşuyor. Ben fikirleri ortaya atıyorum, onlar bu fikirleri geliştirip netleştiriyor. Birlikte dua ediyor, birlikte gülüyor ve birlikte bir fark yaratmaya çalışıyoruz.

Para önemli şeyler listesinde çok da yukarıda değil ve bence her şeyin bu kadar iyi işlemesinin sebeplerinden biri de bu. Maddi kazanç birlikte, dostlar ve bir aile olarak eğlenceli zaman geçirmeye kıyasla çok sıkıcı bir hedef...

Dave Segel, Del, Todd, Michael, Colin, Jen, Nora, George ve diğerleri. Tanrım, birlikte bir sürü sushi yiyip meyve suyu içiyor; hava millerini sayıp konferans aramaları yapıyoruz. Ve bütün bunlar her şeyden çok eğlenceli...

Bu aralar sadece kameraman, kıyafet tasarımcısı, avukat veya yapımcı olarak işlerinde çok iyi olmakla kalmayan, bir de benim dostlarım olan bu harika takımın yüzü benim. İşin şirket başarısı kısmı harika insanlardan, harika fikirlerden, bunların düzgün bir şekilde hayata geçirilmesinden ve bir tutam da şanstan kaynaklanıyor. (Ama o şansı sonuna kadar değerlendirmek için elimden geleni de yaptım sanırım.)

Kendimi o resmî "Bear Grylls"ten kopuk hissettiğim konusunda hiçbir şüphem yok. Her sabah aynada bana bakan, gözleri buğulu, vücudu izleri geçmeyen yaralar ve sürekli tekrarlayan ağrılarla kaplı olan o adam farklı biri...

Televizyondaki Bear Grylls'i sadece işim ve bir marka olarak görüyorum. Ekibim ona kısaca BG diyor. Ama aynadaki adam Shara'nın kocası, çocuklarımızın babası ve hayatta olan herkesin yaşadığı sıradan mücadelelerle uğraşan, kendine güveniyle sorunlar yaşayan ve herkes gibi kusurları olan bir adam... Hem de bir sürü kusurları var. İnanın bana.

Size iki sır vereceğim; bazen kalabalıkların önünde o kadar geriliyorum ki gerginlikten gözüm seğirmeye başlıyor. İçten içe bundan çok utanıyorum. Düşünebildiğim tek şey bir seğirme oluyor. İnsanların bana baktığı gerçeğinden nefret ediyorum. Buna korku deniyor. Korkuyorum.

İşte böyle sıradan bir adamım.

Bir de yükseklikler var. Bazen bir yere tırmanırken ya da helikopterden aşağı bakarken içimdeki her şeyi boğan bir korkuya kapılıyorum. Ama bunu kimse görmüyor. İçimde saklıyorum. Bir an gayet iyiyim, sonraki an bir yaprak gibi titriyorum. Hiçbir sebep yokken...

Güvende olduğumu biliyorum. Ama gerçekten öyle mi acaba? Buna korku deniyor. Korkuyorum.

İşte böyle sıradan bir adamım.

Şimdi içim rahat mı? Rahat.

SON SÖZ

Bu kitabı buralarda bir yerde bitireceğim. Çocukluğum, Özel Kuvvetler sınavı, Shara'yla tanışmam ve Everest hayatımda çok büyük yeri olan gençlik tecrübelerim ve karakterimi genel olarak bunlar şekillendirdi. Ayrıca o zamandan bu yana katılma ayrıcalığına sahip olduğum pek çok maceranın da kapılarını açtılar.

Bu maceralar, donmuş Kuzey Atlantik Kutup Okyanusu'nu küçük bir botla geçen ilk ekiplerden birine öncülük etmem gibi olaylardan oluşuyor. Bunu yapmamızın sebebi Prince's Trust isimli, yoksul gençlerin hayallerin peşinden gitmesine yardım eden bir yardım kuruluşuna bağış yapmaktı.

Son derece güçlü bir rüzgârda, dolunun altında, dalgalar kıyıya çarparken en yakın karadan sekiz kilometre uzakta mahsur kaldığımızda o görev kötü bitecek gibi görünmüştü. Bütün elektronik eşyalarımız ve takip cihazlarımız kapanmıştı. Deniz Kuvvetleri Shara'ya radardan bile kaybolduğumuzu haber vermek zorunda kalmıştı. Muhtemelen fırtınada yolumuzu kaybettiğimizi söylemişlerdi.

Arama Kurtarma ekipleri gönderilmeden hemen önce İzlanda'nın kıyısında karaya çıktık. Korkmuştuk, soğuktan ölmek üzereydik ama hayattaydık. Zor da olsa. Ve gerçekten buhar gücüyle ilerliyorduk. Bu dört bin kilometrelik yolculuk soğuk, ıslak ve korku içinde geçirdiğimiz çok uzun bir zamandı.

Bir de Kuzey Afrika'ya gidip Fransız Yabancılar Lejyonu'nun korkulan antrenmanlarını yapmak gibi korkunç bir fikir vardı. Sahra Çölü'nün batısında, kumun içinde, insanı perişan eden sıcakta bir yaz geçirdik. Hayal edilebilecek en acımasız ve yorucu askerî eğitim teknikleri on iki kişiden geriye sadece dört kişiyi bıraktı. Yürüyüşler, yerde sürünme, şafaktan gün batımına kadar dövüşme, kayaların etrafında zikzak çizerek koşma, canlı gömülme ve 7/24 koşma. Ellerimiz, ayaklarımız baloncuklarla dolmuştu ve uykusuzduk. Bayat ekmek ve deve derisi yahnisi yiyorduk. Her gün, her hafta artık ceset gibi olan bedenlerimizi çantalarımızın ağırlığı altında kum dolu bir yere çökene kadar çölde sürüklüyorduk.

Takımımla harika yerlere gidecek kadar şanslı olduğum da oldu. Jimmy Angel'ın kayıp hazinesini bulmak için Venezuela'daki yağmur ormanlarının "Kayıp Dünya" denilen kısmını gezdik. Bir keresinde de beyaz çöl denilen Antarktika'nın kimsenin tırmanmadığı zirvelerine tırmandığım oldu. (O yolculukta aşağı inerken bir omzumu kırmıştım. Her konuda da şanslı olamam ya!)

Sonra Himalayalar'a geri döndük ve oradaki arkadaşım Gilo'yla motorlu yamaç paraşütü ekipmanıyla Everest'in yüksekliğine çıktık. Buradayken yine dünyanın her yerindeki ihtiyaç sahibi çocuklara yardım eden Global Angels adlı bir yardım kuruluşu için bağış topluyorduk. Ama uçuşumuz o kadar tehlikeliydi ki neredeyse ölümcül sonuçları olacaktı.

Bütün uçuş ve hava durumu uzmanları bir felaket olacağını söylüyordu; paraşütler donabilir, kasırga kadar güçlü rüzgârlar dengemizi kaybetmemize sebep olabilirdi, kalkışımız imkânsızdı ve inişimiz bütün kemiklerimizi kırabilirdi. Ayrıca ancak tek kişiyi taşıyabilecek kadar küçük bir makine o kadar yukarı çıkamazdı.

O kadar yükseğe çıksak bile paraşütlerin arkamızda kalması mümkün olmazdı. Ama başardık; Gilo tarihteki en güçlü, basınçla çalışan ve benzinle giden tek kişilik motorlu paraşütü tasarladı ve Tanrı'nın yardımıyla sırtımızda bu kocaman makinelerle uçmayı başardık.

Harika bir hava vardı ama uçuşumuz çok korkutucuydu. Yine de bize inanmayanlara yapabileceğimizi kanıtlamıştık. Hatta sonunda Everest'in eteklerine hiç zorlanmadan, yere hafifçe dokunarak indik. Görev tamamlanmıştı.

Ama son zamanlarda Kutup'un insanları korkutan Kuzeybatı Geçidi'ne sert bir şişme botla yapılan ilk gezide öncülük etme fırsatım oldu. Bana kesinlikle görme şansı edindiğim en uzak yerlerden birine gitme imkânı sağlayan bir görevdi. Beaufort Denizi'ndeki ve onun da ötesindeki gerçekten korkunç büyülükte dalgalara da tanık oldum. Yabani, kötü bir şey olursa yardım için ulaşılması neredeyse imkânsız bir yer... Ama bir şekilde henüz keşfedilmemiş, etrafı buz kütleleriyle kaplı o binlerce küçük adadan birinde Avrupa'daki gibi insan yapımı mezarlar, insan kafatası ve bir sürü kemik bulduk. Bu bulgularımız Kaptan Franklin'in Kraliçe Victoria dönemi keşif gezisinde ne olduğuna ışık tutabilecek şeylerdi. Kuzeybatı Geçidi'nden geçmeye çalışırken soğuğun ve açlığın en kötüsüne dayanmak zorunda kalıp yavaş yavaş ölmüşlerdi.

Böyle maceralar ve bunun gibi neler neler...

Bütün bunların arasında ölüme çok yaklaştığım anlar da oldu. Şimdi geriye bakıp hatırladıkça kendimden utanıyorum. Ama sanırım hayat bizi sürekli eğitmeye devam ediyor. Tecrübe gerçekten en iyi öğretmen...

Bir de son derece garip maceralarımız var; İngiltere'nin cankurtaran botlarına yardım sağlamak amacıyla adanın etrafında jet ski yapmam gibi. İskoçya ve İrlanda denizlerinin yabani kıyılarında denize karşı savaş veren küçücük karıncalar gibiydik. (O zamandan beri kolumda dışa çıkmış gibi görünen bir kas var!)

Ya da Edinburgh Dükü'nün çocukları için bir ödül töreninde bir sıcak hava balonuyla çıktığımız yüksek bir noktada beklerken en yüksekte yapılan açık hava akşam yemeğini sunduğum zaman...

O iş de biraz zor olmuştu. -40 derecede birkaç yüz metre altımda, havada asılı duran metal masaya ulaşmak için aşağı gitmeye çalışmıştım ve bütün bunlar yaklaşık yedi kilometre yukarıda gerçekleşiyordu. Tabii *Guinness Rekorlar Kitabı*'nın gerektirdiği gibi üzerimde Deniz Kuvvetleri'nin üniforması vardı ve üç tabak yemek yemek zorundaydım. Sonra da Kraliçe'nin şerefine bardaklarımızı kaldırdık. Arada bir yanımızdaki oksijen tüplerinden de nefes alırdık. Sabahın erken saatlerinde, her yer karanlıkken masayı düşürecek olmuştuk bir ara. Tabii ki her şey sonunda dondu ama görevimizi tamamlamıştık. Sonra da paraşütle atladık. Aynı anda arkamızdan patates ve portakallı ördek tabaklarını da attılar. Hepsi son hız yere düşüyordu.

Bir keresinde de Charlie Mackesy ile bir arkadaşımızın protez bacakları için bağış toplamak amacıyla bir küvetin içinde çıplak bir şekilde Thames Nehri'ni geçmiştik.

Bu liste uzayıp gidiyor ve hâlâ devam ettiğini söylemekten gurur duyuyorum. Ama bütün bu hikâyeleri başka zaman, başka bir yerde anlatırım. Zor işlerden saçma olanlara, tehlikeli olanlardan utanarak hatırladıklarıma kadar bir sürü macera yaşadık. Ama ben bu kitapta köklerimi anlatmak istedim. Beni şekillendiren eski maceralarım ve beni bu yöne itmiş daha küçük ve eski anlar...

O zamandan bu yana ünü kabullenmek ve basınla anlaşmak konusunda sorunlar yaşadım. İşimin gerektirdiği riskleri almakla küçük çocuklu güzel bir ailenin babası olmayı dengelemekte güçlükler çektim. Bunların ikisi de henüz çözülmüş değil.

Bir sürü hatalar yaptım. Başarısızlıklarım ve kayıplarım oldu. Hem de anlatamayacağım kadar çok... Ama bütün bunlara rağmen bunun bana verilen büyük bir hediye olduğunun farkındayım.

Yanlış anlamayın, şans bugüne kadar yaşadığım her şeyde çok büyük bir paya sahipti ve bunun farkında olmadan geçirdiğim bir gün bile yok. Ne kadar şanslı olduğumun farkında olmam da toplumumuzun bazı değerlerine karşı olsa da alçakgönüllü bir şekilde yaşamayı ve yardıma ihtiyacı olanlara yardım etmeyi öğrenmemi sağlıyor. Basit dersler ama bunlar benim ve Shara'nın hayatımızı yaşama biçimimizi şekillendiriyor.

Ve bunu kabul eden ilk ben olacağım; çoğu zaman yanlış adımlar atıyoruz.

Hayat bir macera olarak kalmaya devam ediyor. Her zamankinden büyük bir macera...

Hâlâ evimden istemediğim kadar uzaktayım. (Ama yine de ailemle geçirdiğim zaman insanların zannettiğinden çok daha fazla.) Ayrıca evdeyken evde olduğumu, basınla uğraşmadığımı ve basın toplantıları yapmadığımı da öğrenmiş oldum ki çok sıkıcılar gerçekten!

Hayatta neleri ön plana koyacağımı da öğrendim; güvende olmak, eve çabuk dönmek ve eğlenmek. Gerisi ayrıntı.

Hâlâ beni rahatsız edecek kadar çok risk alıyorum ve her zaman şansa güvenmek mümkün değil. Şansınızla kurtulduğunuz anlar için minnettar olun ama bunlara o kadar da güvenmeyin.

Uzaklarda bir yerde çekim yapıyorken hayatımın her günü risk almaktan kaçınmam mümkün değil. Sadece şu son birkaç ayda bile bir beyaz su akıntısına kapıldım, bir yağmur ormanında kızgın bir yılan tarafından ısırıldım, neredeyse bir uçurumdan düştüm, Avustralya bataklıklarında neredeyse bir timsaha yem oluyordum ve Kutup platosundan 1.500 metre yukarıdayken asıl paraşütümü kesip yedek paraşütümü açmak zorunda kaldım.

Bütün bu çılgınlık ne zaman benim hayatım oldu? Sanki, neredeyse kazara, gerçekleşti bu ve beni yanlış anlamayın, buna aslında bayılıyorum. Artık bu bir hayatta kalma oyunu ama.

Her gün, bana verilen en harika hediyelerden biri ve hiçbir zaman yeni bir günün değerini hafife almıyorum.

Ah, bütün o yaralar, kırılan kemikler, ağrıyan kollarım, bacaklarım ve belim mi? Onlar da bana hayatın ne kadar kıymetli olduğunu ve belki de, sadece belki, düşündüğümden daha kırılgan olduğumu hatırlatıyor.